# 徐复观全集

徐复观全集

# 偶思与随笔

九州出版社

图书在版编目（CIP）数据

偶思与随笔 / 徐复观著. -- 北京 : 九州出版社,
2013.12（2017.1重印）
（徐复观全集）
ISBN 978-7-5108-2550-7

Ⅰ. ①偶… Ⅱ. ①徐… Ⅲ. ①社会问题－中国－文集
Ⅳ. ①D669-53

中国版本图书馆CIP数据核字(2013)第304284号

偶思与随笔

| | |
|---|---|
| 作　　者 | 徐复观　著 |
| 出版发行 | 九州出版社 |
| 地　　址 | 北京市西城区阜外大街甲 35 号 (100037) |
| 发行电话 | (010)68992190/3/5/6 |
| 网　　址 | www.jiuzhoupress.com |
| 电子信箱 | jiuzhou@jiuzhoupress.com |
| 印　　刷 | 三河市九洲财鑫印刷有限公司 |
| 开　　本 | 650 毫米 ×950 毫米　16 开 |
| 插页印张 | 0.5 |
| 印　　张 | 27.75 |
| 字　　数 | 301 千字 |
| 版　　次 | 2014 年 4 月第 1 版 |
| 印　　次 | 2017 年 1 月第 2 次印刷 |
| 书　　号 | ISBN 978-7-5108-2550-7 |
| 定　　价 | 69.00 元 |

徐复观先生与夫人王世高女士

民国廿七年夏天
由武汉出发参加
田家镇马头山战役我
带夫人郑媛四婶
水老家

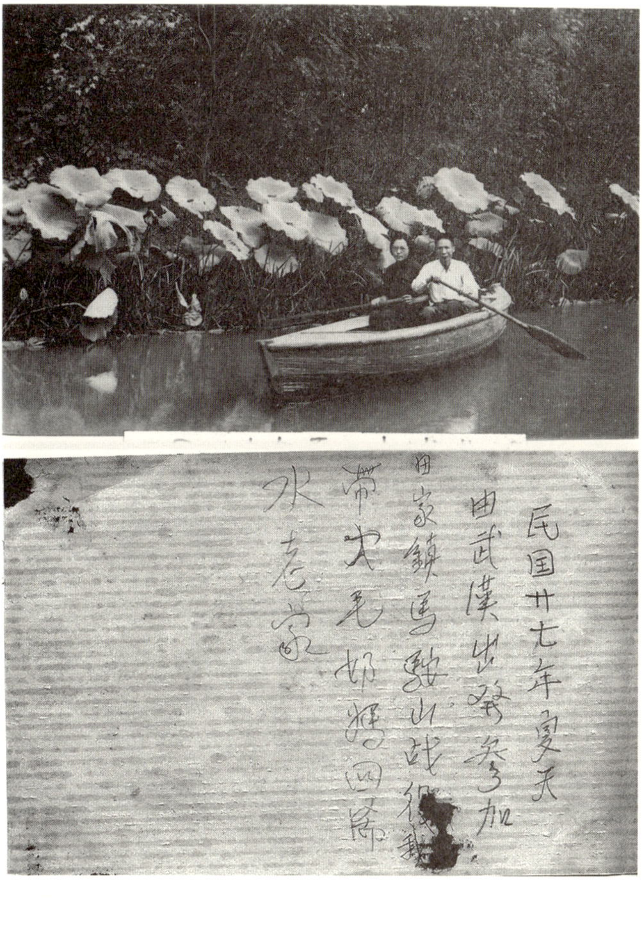

徐复观先生与夫人王世高女士

# 出版前言

徐复观先生的著作散见于海内外多家出版社，选录文章、编辑体例不尽相同。现将他的著作重新编辑校订整理，名为《徐复观全集》出版。

《全集》共二十六册，书目如下：

一至十二册为徐复观先生译著、专著，过去已出版单行本，《全集》基本按原定稿成书时间顺序排列如下：

一、《中国人之思维方法》与《诗的原理》

二、《学术与政治之间》

三、《中国思想史论集》

四、《中国人性论史·先秦篇》

五、《中国艺术精神》与《石涛之一研究》

六、《中国文学论集》

七、《两汉思想史》(一)

八、《两汉思想史》(二)

九、《两汉思想史》(三)

十、《中国文学论集续篇》

十一、《中国经学史的基础》与《周官成立之时代及其思想性格》

十二、《中国思想史论集续篇》。编辑《全集》时，编者补入若干文章，并将原单行本《公孙龙子讲疏》一书收入其中。

十三至二十五册，将徐复观先生散篇文章分类拟题编辑成书：

十三、《儒家思想与现代社会》

十四、《论智识分子》

十五、《论文化》(一)

十六、《论文化》(二)

十七、《青年与教育》

十八、《论文学》

十九、《论艺术》。并将原单行本《黄大痴两山水长卷的真伪问题》一书收入其中。

二十、《偶思与随笔》

二十一、《学术与政治之间续篇》(一)

二十二、《学术与政治之间续篇》(二)

二十三、《学术与政治之间续篇》(三)

(二十一至二十三册是按《学术与政治之间》的题意，将作者关于中外时政的文论汇编成册，拟名为《学术与政治之间续篇》。)

二十四、《无惭尺布裹头归·生平》。并将原单行本《无惭尺布裹头归——徐复观最后日记》收入其中。

二十五、《无惭尺布裹头归·交往集》

二十六、《追怀》。编入亲友学生及各界对徐复观先生的追思怀念以及后学私淑对他治学理念、人格精神的阐明与发挥。

徐复观先生的著作，以前有各种编辑版本，其中原编者加入的注释，在《全集》中依然保留的，以“原编者注”标明；编辑《全集》时，编者另外加入注释的，以“编者注”标明。

为更完整体现徐复观先生的思想脉络，编者将个别文章，在不同分类的卷中，酌情少量选取重复收入。

《全集》的编辑由徐复观先生哲嗣、台湾东海大学徐武军教授，台湾大学王晓波教授，武汉大学郭齐勇教授，台湾东海大学薛顺雄教授协力完成。

九州出版社

二〇一三年十二月

# 编者前言

徐复观教授，始名秉常，字佛观，于一九〇三年元月卅一日出生于湖北省浠水县徐家坳凤形塆。八岁从父执中公启蒙，续在武昌高等师范及国学馆接受中国传统经典训练。一九二八年赴日，大量接触社会主义思潮，后入日本士官学校，因九一八事件返国。授身军职，参与娘子关战役及武汉保卫战。一九四三年任军令部派驻延安联络参谋，与共产党高层多次直接接触。返重庆后，参与决策内层，同时拜入熊十力先生门下。在熊先生的开导下，重启对中国传统文化的信心，并从自身的实际经验中，体会出结合中国儒家思想及民主政治以救中国的理念。年近五十而志不遂，一九五一年转而致力于教育，择菁去芜地阐扬中国文化，并秉持理念评论时事。一九七〇年后迁居香港，诲人笔耕不辍。徐教授于一九八二年四月一日辞世。他是新儒学的大家之一，亦是台、港最具社会影响力的政论家，是二十世纪中国智识分子的典范。

我们参与《徐复观全集》的选编工作，是以诚敬的态度，完整地呈现徐复观教授对中华民族的热爱和执著，对理念的坚持，以及独特的人生轨迹。

九州出版社出版《徐复观全集》，使得徐复观教授累积的智慧，能完整地呈现给世人，我们相信徐复观教授是会感到非常欣慰的。

王晓波　郭齐勇　谨志
薛顺雄　徐武军

# 目 录

# 何应钦在日本

有一位七十多岁的日本学者兼政治家同我说："日本人真倒霉，真无出息，接受了中国的文化，几十年来，却偏偏在中国身上打主意。可是在失败的困难中，想来想去，觉得只有中国人才亲切。这次何应钦将军来日，日本人借此机会，把这种潜伏的感情，尽情地发挥出来了。希望中、日两国，今后基于共同的文化感情，有真诚的合作。"另外一位日本朋友对我说："我们日本人这次对于何将军的诚恳招待，可以说是竭其所能。除了天皇未接触以外，上自亲王首相，元老名流，下至社会各个方隅，各种岗位，在这几个月中，形式上、情绪上，都给何将军以最大的敬意。"真的，何氏这次在日本的几个月，虽然没有什么伟大惊奇的场面，可是其接触方面之广，与融洽程度之深，不是寻常国际应酬可以比拟于万一。我可以这样地说：麦帅在风雷震撼中，赢得了日本人最大的感激；而何将军却在风和日暖中，赢得了日本人最厚的温情。感激在空间的波动上，是表现其壮阔；而温情在时间的浸透上，是表现其久长。这都是历史上可贵之一页。

何氏之所以能如此赢得日本人的温情，当时有其具体条件。日本投降时，蒋总统对日以德报怨的广播，曾使日人感激涕零，因而引起日人对中国政府的许多期待。可是过去中国的驻日代表团，是以统治者的姿态而出现的。中国人做官既会摆官僚架子，一旦作为异国统治者，自然也会摆统治者的架子。这种架子，日本人应该忍受，却也未必甘心忍受。加以中国多年来外交官选择的标准，多半是懂外国话而不懂外国的文明，是中国籍而不懂中国的文化，甚至根本不知道中国有文化才为合格。代表团大概也是这种大人事方针中之一部。这种人，既不知道人家，也不是知道自己。自然谈不上互通款曲之情于外交仪节之外。这样一来，使日本人在反省中对中国所发生的亲切之感，却找不到发纾的对象。何将军在中国是仅次于蒋总统一等的人物。在代表受降中，力之所及，总是尽量给日本的侨民与俘虏以便利和安慰，绝无普通人矜夸浮薄之气。他这次在日本，一本他平日乐易而带一种天真自然的态度，与日本人士相往还。日本人士，在何氏的态度上，得到了对中国平日所希望的感情上的满足。于是把对中国亲切之感，集中到他的身上来，可以说是自然之事。

但是，何氏在日本友谊上的收获，不能说仅是个人的收获。这实在有一个伟大的民族背景。有一位地位相当高的日本朋友曾慨叹地对我说："朝鲜人对于我们日本的仇恨和报复心理，简直可说是无可挽回。日本降伏后，在日的朝鲜人纵横跋扈，几乎令日本的秩序无法维持。现在朝鲜的战事，共产党方面不待说；即使在南韩方面，许多人都和我说，假使日本有兵到朝鲜去帮我们打共产党，我们便要先打日本。所以日、韩的关系前途，绝对是悲观的。"这一段话，引起我许多感想。首先是感到日本过去对朝鲜统治之酷，必然会有今日的结果。但是另外想到日本在中国八年的残暴行为，何尝减于朝鲜？而日本对台湾的统治，在方法与时间的长短上，与朝鲜也约略相同。中国人对于日本军阀的种种罪行，当然永矢弗忘；但日本投降后，中国绝大多数的人，因悲悯而同情之念，远超过因愤恨而想报复之念。中国内地是如此，台湾的人们也是如此。即以我个人而论，在日本最强盛的时候，是一个最热烈的抗日者。但当民国三十四年八月十日，听到日本投降的消息，却躺在病床上，对于日本民族的各种长处，和日本倒下去以后东亚局势的艰难，一齐涌上心头，不觉万分慨叹。我想，这不止是我个人特有的感觉。由此，我体认到中国伟大的文化，常常把中国人的感情，在紧要关头上，总是从直接的利害中推扩出去，从仇恨中转出人类真正的爱来，这便是中国五千年不断凝结融和，衰乱而不消亡的真正原因之所在。数十年来，日本人研究中国，比中国人自己要周密百倍。可惜却不曾将此段精神研究出来而加以肯定，以致造成今日东亚的大悲剧。我希望日本人士，不要因为今日中国局势的困难，而对中国的这种精神，再度加以误解。同时，日本在明治维新以前，是真能吸收中国的文化。但在维新以后，一方面是举国趋向于欧洲智性的文化，沿流而不知返。一方面，少数的汉学家，承清代考据的余风，日精密而日趋末梢化，对中国文化的基本精神，反愈离愈远，以致“受用”之学，多为炫耀之学。今天的日本人士，不仅对中、日的关系，应有所反省，更重要的是对中国文化尤应有所反省。则日本今后文化的受用，自然会更深厚笃实。而中、日的关系与共同的责任，自然会由何应钦将军此次来日所获得的友情，建立起新的基础。

何氏此次来日，自称全系陪夫人医病，毫无政治使命。这从种种迹象看，可以断定是真确的。不过，照庄子无用成其大用的说法，则何氏此次正惟是没有使命，所以能真正完成其使命了。

四月三十日发

一九五一年五月四日《华侨日报》，署名司托噶

# 史达林的笑话

## 极权者的愚妄

近代极权主义者，正和历史上许多暴君昏王一样，自己认为他正在完成某种伟大使命，认为某种伟大使命是全靠他自己的权力，因而他可以把自己的权力加以神化；但在除开他自己以外的一切人看来，他不仅是在为人类制造悲剧，而且也是在为历史制造笑话。统一了区宇的秦始皇，权力欲迷住了他的心窍，一面想无限延长自己的生命，不惜殚精竭力地求神仙不死之药，结果反死在路上，尸体和臭鱼放在一起，拖回咸阳。一面要把权力传之子孙万世，不惜焚书坑儒，销毁天下的兵器，想形成只有他个人聪明而天下皆愚，只有他个人有权力而天下皆弱的局面，但结果不二世而天下亡在一个亭长手上。当他为了神化权力，巩固权力而作为一番的时候，他自己会觉得他的作为都有最高理论的根据，可以使人对他歌功颂德；并且把“功德”刻在石头上，要使后人相信他的佞臣为他所制造的历史。但在后世历史家的观照中，他的一切一切，只是尽其愚妄地为历史制造了许多笑话。

## 笑话中的笑话

近代的极权主义者，究其极，只不过是秦始皇的再版。史达林是极权主义的大宗师。盖棺论定，他的能耐也不过是尽其愚妄地为历史制造笑话。这是对他们所作所为的正当评价。因为他们的所作所为，逃不出笑话的范围，才可证明真理之成为真理而能得真理自身的保证。

史达林的权力核心，当然是他的特务系统。只有他最相信的人，才能当到特务系统的头子。可是当了十五年特务头子的贝利亚，据猜测，在史氏临死之前，已经是要置之其死地。而事实上，史氏的骨灰未寒，贝利亚已经由最忠实变而为最不忠实，由最红变而为最黑，黑到非把这一批人肃清处死不可，这算不算天下的大笑话？

六月十七日晚上，莫斯科要人们的观剧群中，未看到贝利亚，这真是细如牛毛的寻常小事。但举世因此而引起纷纷揣测，时经一旬，这种常情以外的揣测，居然猜中了。这算不算笑话中的笑话？

## 小史不再飞了

现在笑话又来了。笑话的资料出在他儿子的身上。史达林在世时，每逢五月和十一月的大检阅，及夏季的空军节，总是由他的儿子小史达林驾着一架轰炸机，“驾空”领导地表演一番。其意若曰：“空军是现代的中坚，空军在我儿子手中，我还怕什么？”其意又若曰：“我儿子虽然是无功升级，但他‘驾空表演’的雄姿，正不下于我的领导力的伟大。你们既服从我，难说就不服从我的儿子？”这种外强中干的变态心理，已经是一个笑话。但据八月廿五日路透社电，小史达林的“驾空表演”，随老史达林的完蛋而完蛋了。小史达林“驾空”的本领，原是以老史达林为转移。老史达林活着，小史达林便能“驾空”万丈；老史达林一死，小史达林便只好就地打滚了。你还能说这不是历史上的大笑话吗？

## 小史要被开刀

就我看，小史达林的笑话资料，还不过是在开始，热闹的恐怕在后面。第一，贝利亚和小史达林既系同居于最被老史达林亲信的地位，则平日彼此之间，免不了往还密切，于是贝利亚的笑话可能牵连到小史达林身上。第二，老史达林虽然很聪明，知道自己的利害，重于儿子的利害，所以并不曾为小史达林作继承大统的全面安排；但作为一个极权主义者的儿子的小史达林，整年整月所看到的，都是在他父亲面前的奴颜婢膝之徒，便会于不知不觉中养成自己也随着父亲而同高同大。父亲死了，平日奴颜婢膝的马连可夫，一转眼踩在自己的头上，九五称尊，反要自己奴颜婢膝，这会使他无法忍受。他的心里想：“你们平时总说一切是属于史达林，为什么一切不可以属于史达林的儿子呢？”于是小史达林的存在，便成为马连可夫的莫大威胁，使马连可夫非向他开刀不可。观剧时缺少了贝利亚，共产党中便永远没有了贝利亚；驾空表演中缺少了小史达林，谁能保证共产党中便能留住小史达林呢？共产世界中，一切事情的演进，好像一个笨伯所编的传奇小说。你说传奇的故事不应该是这样连接的，但它偏偏是这样地连接下去。连接故事的方法，其本身就是一个笑话。

普通人的笑话，多是出于偶然；而极权主义者的笑话，稍加分析，便知其乃出于必然。所以看了普通人的笑话，使人感到轻松；而看了极权主义者的笑话，则于轻松之中，总不免为了人类，为了极权者的自身，多少感到有些悲哀和酸痛。

一九五三年九月五日《自由人》第二六二期

# 中国人与美国人

世界需要美国，但有许多地方却不谅解美国。这种不谅解，有的是出于共产党的挑拨，有的是出于人类的嫉妒心，有的则是来自各民族历史文化所塑造的不同的态度与风格。

作者在本文中，指出中国人之不了解美国人，也和美国人之不了解中国人一样。作者不欲评论谁是谁非，但愿彼此应作互相了解的努力。命意纯正，发人深省。

美国，是今日自由世界的支柱，自由世界，正借重美国的经济力量和智慧力量以渡过人类历史上最大的难关。美国自身，也正在意识的或不意识地，背负着亘古所无的历史重担而向前迈进。但是，世界需要美国，世界在许多地方却也不谅解美国。这种不谅解，有的是出于共产党的挑拨，有的是出于人类天生的嫉妒心，有的则是来自各民族历史文化所塑造的不同的态度与风格。至于美国人在不知不觉中流露出自高自大的神情，因而引起其他民族的反感，也是很自然而很寻常之事。这其中最根本的原因，还是对各民族历史文化的了解问题。苏联为了它政治上的统治，要以自己的模型去改造人类的文化，所以它要推翻各个民族自有的文化。自由世界则是要求在各民族文化的互相了解、互相融和的基础上不断产生更高的文化。美国朋友假定不了解这一点，不承认这一点，不向这一点上作更大的努力，便莫想能好好地负起领导世界的责任，而历史的启示：今天没有了世界，也没有了美国，所以美国无从逃避这一种责任。

中国文化，中国知识分子中真能了解的已经是很少。尤其是留洋学生，它们离开了中国广大的农村，不仅是很少接触到自己国家人民大众的生活，而且生存一种厌恶卑视的心理来看自己国家人民大众的生活；在它们心目中的祖国文化，好像市侩们看到一位乡下佬初次走进都市一样，除了可怜可笑之外，一无是处。外国人想了解中国文化，常常只能通过这些留洋学生去了解；甚至以为在文化虚脱状态下所产生的一般留洋学生，就是中国文化的代表，则其不能了解中国文化，误解中国文化，可以说是当然之事。不过，中国文化，虽然在知识分子中没落，但在人民大众的生活态度中，依然是根深蒂固，可以说，中国文化，现在不是表现于文字之上，而是表现于一般人的日常生活之中。这一点，也可以说明中国知识分子在自己的社会上为什么没有生根，因而这一代的知识分子，为什么是中国历史中最懦弱得没有丝毫气力的知识分子。

我这里不想正面地谈中国文化，这不是一篇短文字可以谈得了的。我只想就自己耳目所接触的几件小故事，以看中国人和美国人在生活态度上的不同，因而引发了我个人的一点感想。或许，在这些小故事中，也藏着有真实的文化问题在里面。

我邻居的一位朋友的孩子，学英文学得非常起劲，总想得个机会和外国人谈谈，测验自己英语会话的能力。有一天，住在附近的一位美国朋友的孩子在外面玩，他便跑拢去“会话”几分钟。

过了几天，警察局找这位朋友的孩子去，说他骂了美国孩子的“父亲是狗”，美国孩子的父亲到警察局里去告了一状。我那位朋友的孩子，才知道自己英语会话的能力出了毛病；为了息事宁人，罚台币十五元了事。假定中国人遇着这种事情，大约有三种态度：多数人对于自己的小孩子在外面和人家的孩子闹了起来，总是劝戒自己的小孩子。因为中国人觉得小孩子所闹的问题，不必认真当作一个问题，并且认为对自己小孩子的教戒，可以养成小孩子的忍让和宽恕的美德。其次，若真正认为自己小孩子吃了亏，有时便直接去找对方小孩子的父亲母亲，请他转告他的小孩子：下一次再不可如此。很少有人把这种事诉之于法律，因为中国人认为小孩子们的事，是教育问题而不是法律问题。此外，也有一种母亲，当自己的孩子和旁的孩子闹了架，哭着回来的时候，便牵着自己的孩子到旁的孩子家门口去大骂一顿。但社会上对于这种过分袒护自己孩子的女人，常众口同声地说她“泼妇”，所以这种妇人实际是很少的。总之，中国人遇着这种事情总是先从人情上想，从人情上首先原谅他人。美国人似乎遇着这种事情，便先从法律上想，要在法律上先保护着自己。

我十二岁的小女儿，有一天看了电影回来，在吃饭的时候，我问她看的是什么片子，她不高兴地说：“又是打红番。”过了一会儿，她问我：“爸爸，美国人为什么常常演打红番的故事呢？”我说：“大概他们的祖先去开辟美洲时，是和红番作了许多生死斗争，他们才能有今日，所以他们对于这种故事特别有兴趣。”“哼！我觉得文明人去残杀无知无识的野蛮人，算不得英雄。看电影的情节，好像白人的生命才值钱，红番越死得多越好，看了心里总难过。”我的女儿这样地回答我。我想：这也不错。中国的文化，本是向弱者同情，而“单打天下硬汉”的，才算是英雄豪杰。但想不到连小孩子也不知不觉地浸透了这种观点，而对荷里活的老板们苦心孤诣的作品，无意地投以轻视的一瞥。

有位教授，兴高采烈地得到赴美国进修一年的机会。但由台中跑到台北去办手续，顶少花了三个月的时间，坐了十几趟火车。最后手续办妥了，朋友们为他饯行祝贺。那位先生不觉叹了一口气说：“真是受够了，早知如此，便不动这个念头。先前的兴趣，现在一起没有了。”大家问这是怎样一回事，他说：“向美国大使馆办签证手续，先要经过使馆的一个中国人。那位中国人，不仅在手续上百般刁难，并且说起话来，凶狠狡猾，不断与人以难堪、以侮辱，恰似以前日本特务机关里豢养的低级汉奸一样。可说没有一个办手续的人，不受他的侮辱过。”大家冷了半天以后，有人问：“日本的特务机关养这类的下流汉奸，那还可以了解。为什么美国堂堂的大使馆，却养着这一种人为美国结怨呢？”其中一位朋友说：“这也难怪。美国大使馆所用的那一位人，大概具备了三个条件：第一，英文好而没有多大知识，第二，在美国人面前一定很恭顺，第三,一定瞧不起中国人，糟蹋中国人。有这三个条件，美国朋友认为这才是可靠的。”大家一想：事实大概是如此，饯行的空气，因此吹进了一阵冷风。

从前年说起，美国教会要在台湾办个大学，而这个大学，是根据基督的博爱的精神，挟带着学术自由的空气来办的。此风一出，鼓舞了全台湾的人心，各地争着这个理想的大学能在各自的家园左近实现。结果，在校址的选择上，台中市中了选，台中市民引为莫大的光荣，我还从侧面提供了一个“东海大学”的名称。筹备工作，逐步进行了，美国教会派来的代表，第一个要求是教职员要一律是基督教徒。经中国人的再三争执，才放宽为五分之一，可以用非基督教徒。共产党坚持学术思想的“党派性”，排斥异己，所以我们要打倒它。二十世纪五十年代的美国教会，也一样地坚持学术思想的“教派性”，他们觉得基督徒与非基督徒所教的物理、化学、数学、文学等等，有大大的不同，觉得基督的博爱精神，便是永远地要在教徒与非教徒之间划一条不可逾越的界线，所以这座理想的大学，须对非基督教徒加以限制，这是什么学术独立、学术自由？其用心和共产党有什么分别？这是使自由中国的人们无法了解的。时至今日，该校还产生不出校长。中国人方面所希望的是一个有学术成就的人，而美方教会则只愿意是一个傀儡，所以至今，相持不决；而社会上，也渐渐忘记这一件事情了。教会在中国办过不少的大学，正因为这种宗派性，所以有血性的学生激愤而跑到共产党方面去。纨袴子弟们则充当各形各色的买办，只有最少数的作宗教活动或学术活动。这种情形，美国教会朋友反省的结果，却认为是“教派化”的程度不够。这和我们自由中国的政治领袖们所作的政治反省，如出一辙。

在上述的小故事中，中国人之不了解美国人，也和美国人之不了解中国人一样。我不愿说这些故事中的谁是谁非，但彼此应该去作相互了解的努力，大概是不会错误的。

一九五四年十月廿五日《华侨日报》

# 低微的人性呼吁

我们与共产党之争，简单地说，即是人性之争。这种说法，我觉得明快确切，比之心物合一那一类不可方物的哲学，实在简要而有力。

## 人性是反共的法宝

共产党拿着阶级性以反对人性，于是不仅不承认人类有共同的利害，并且也不承认人类有共同的知识与道德。所以人与人之间，没有可以互通的桥梁，没有可以互信的保证，只有靠劫制斗争，一如古代奴隶社会中奴隶主的对待奴隶；其间决无由人性而来的所谓人格，乃至人格尊严这类观念的存在。

针对上述情形，所以人性才是反共的真正法宝。人性是在我们这一边，我们才有人格的尊严和人与人的信赖，以构成真正有人味，人把人当人的社会。不过，这件事并不像说来那样简单，有时候，也免不了令人发出难以抑制的呼声："我们的人性又到什么地方去了？"下面这一件小事，只能算是一个不经意的例子。

## 我们的人性何处去了

穷教书匠可以请求子女教育补助金，这原是政府的德政。为了请求每一子女半年几十元的补助金，在开学之初，有“户口名簿”的校正，接着就是子女“在学证明书”。我三个儿女，恰恰是大、中、小学，一样一个；分别把证明书集齐之后，送到人事室填申请书。申请书上列明直属长官、主管长官的层层核准，我已经吓得心魂不定：原来压在我们头上的是一堆一堆的“长官”，“长官”谁不爱干？难怪年来为了争夺这些长官，而头破血流者不少，这且不在话下。一一依照填就后，又有“联保人”一项，非要找两个保人，而且是联保联坐的“联保人”，经过几重“长官”的“核准”，时经半年，才得到近两百元台币的补助费。假定没有两人联保，我们这些穷教书匠，便会假报户口，捏造证件，来混领这样一笔“巨款”。天哪！我们忝为“教授”，在接受聘书之后，已经填过联保联坐的切结。现在为了这百把几十元，每半年又来一次，难道说这就是人格的尊严，人与人的信赖吗？我们的人性又跑到什么地方去了呢？为了我这起码的人格尊严，只好扯掉三张证明书，牺牲这近二百元的收入算了。这正与司马迁“怯夫慕义，何处不勉焉”的话相暗合。

## 做官的只顾自己乱扯

当然，农学院这套做法，不会是自今日始，同时恐怕也不过是一种例行的做法。因此，我便感到有不少的办公事的人，能向老百姓找多少麻烦，便找上多少麻烦，能磨折老百姓多少人格，便磨折多少人格。一件事情，手续烦琐而没有一定可靠的标准，“临表涕泣”之外，常常是石沉大海，莫测高深。这是做事的周密吗？这是做事的效率吗？连办公事的人自己也多摆头不知所以。其实，这只是说明这一代的风气，大家随着风气转。在此种风气之下，包含两种意义：第一是事情应该怎样下手去做，大家还是胡然而天的莫名其妙；好像狗屁不通的学生作起国文来，只有抛下正题去乱扯。第二是做官的人只顾自己乱扯，不顾在此种乱扯之下，置对方于何地。因为大家没有人格尊严的观念，根本不感到这类的乱扯，是有伤他人的人格尊严；更想不到伤害他人的人格尊严，即是把人不当人，即是证明自己不是人，没有人性，所以没有同类之感。一个教授，连百把元台币的信赖都没有了，难道说，这就是人性的证明吗？

## 当前政治要求合人性

现在的时代，可说是人性的灾难时代。共产党正在发掘人性的根，“大力”地要把人性从根灭绝。我们自然比共产党好得多，在政治的间隙中，依然允许人性在潜存状态中存在。不过，要反共反得有力量，则只有在政治的正面，把人性发扬起来，使政治成为人性的集中表现。这话说起来容易，实行起来也并不困难，所困难的是在于若干人物对于“人性”的观念，应当作点深切的反省。人性为人所共有，对自己的人性认为是可信可赖的，则对他人的人性也应当认为是可信赖的；觉得自己是一种人格的存在，则对他人也应当承认他一样是人格的存在。把他人不当人，同时也是把自己不当人。我们既基于人性而有共同的知识，有共同的良心，则一切问题应在共同的知识良心上求解决，而不要在共同的知识与良心以外去求解决。假定真愿这样做，便会发现在当前政治中，会有不少亟待改弦易辙，以求符合人性要求的地方；同时，政治的面貌也会立刻为之一变。农学院的联保，不过是可以举出的可怜之一例。因此，我此刻倒怀念起傅孟真先生的伟大来了。听说台湾大学因为他的面子，至今尚免除了“联保”之辱。为读书人多留一分颜面，即多为读书人保留了一分人格，“岂曰小补之哉”！

一九五五年三月十九日《自由人》第四二二期

# 论政治领导的艺术

所谓领导艺术，上不混同于政治上的原则，但一定会相通于政治上的原则。下近于实现政治原则的手段，但也决不是指的权谋术数这一类的手段。它附丽于法律制度而行，但法律制度是刚性的，而它却是软性的。因此，领导艺术，虽有关法律制度，但并不等于法律制度。我们可以这样说，领导艺术，是基于一个领导者内心的构想，并将此构想加以形象化，而成为政治活动中的一种路数、手法，有如书画家的构图、线条笔法一样。

我在这一篇短文里，不能更深入底将此问题作详细的叙述，而只能用比喻的方法，把领导艺术中两大典型，略加比较。

第一种领导的典型，我可以称之为“百货公司”的典型。大的百货公司，统办环球百货，但自己并不一定需要特别制造哪一样货物。百货公司的经理人，最大的本领是表现在能够“识货”，能够了解市场的“行情”；从世界所有的工厂中选择出最适宜于行情的货色，定出适宜的价格，以适应市场的需要，它的经营目的即已达到。它可以没有一样专门技能，但凭它的常识可以衡量各种专门技能。它可以没有一家工厂，却可以利用一切的工厂。这拿到政治领导上说，一个领导者，因社会的潜力，以解决社会的问题；因国家的人才，以担当国家的责任，自己只要有“识”加以鉴别，有“量”加以容纳，开诚心，布公道，加以适当的安排，自己不要特殊的才能而天下的才能都效其用，自己不制造特殊的势力，而社会的势力都是政治的支持。此一做法，就是中国过去所说的“无为而无不为”的道理。无为而无不为，这岂不是政治领导上的最高艺术吗？此一艺术，虽不必一定出于民主政治，而实可通于民主政治。并且民主政治的领导人物，大体上非修养得此种艺术不可。

此外的一种领导典型，我可以假设为“万能工厂”的典型。世界上决不能有万能工厂。假定有一个人，觉得他自己应具备一切专门技能，他的工厂，应制造社会需要的一切货品，他的商店，非自己厂里一手制造出来的东西便不肯收容陈列；这样一来，纵使是一个最能干的人，也会变成一个四不像的人，纵使是一个最有能力的工厂，也会变成一事无成的工厂，而它所开的商店，也一定是推销劣货的商店。这是现代的常识所不能允许的，所以现代只有百货公司而决无万能工厂，只好归之于假设。但在政治上，这却成为今日流行的领导艺术。此种领导艺术的要点是要在社会现成的潜力之外，创造出专属于我的势力；在社会现成的人材之外，培养出专属于我的人材。甚至于为了使“我化”能够彻底起见，要使属之于我的势力与人材，进而专属于我的精神系统；因此便不能不创造出专属于我的许多专门学说，并在社会一般标准之外，以大力提拔出独家经理而又要大众承认的特别标准。这样一来，一个政治领导者所担当的任务，不是“因民之利而利之”的因势利导的工作，而是要在洪荒草昧中来做开天辟地的工作。于是领导者自身纵然不要求成为一个神，其势也非使自己成为一万能博士不可。即使自己变成了万能博士，但也没有理由断定说天下一切的东西非出乎一个人的创造不可，因为万能博士之外，还有各般各样的博士。但是有许多领导者硬以为一切若非出于一人的创造，便未尽到领导的责任，于是宵旰忧勤，苦心焦虑地去创造。这样创造出来的货色，当然不问可知的。何况在事实上，若不能像共产党一样地彻底去摧毁一个社会，则任何领导者决不能创造出一个力量来与既成的社会相匹敌，以至取既成的社会而代之。结果，这类的辛勤创造工作，与社会并不相干；不仅不曾解决社会的问题，并且会阻碍社会的发展，蕴酿出许多新的社会问题，以形成个人与社会对决的形势。这是古今中外最笨拙的领导艺术，而领导者自身也一定会成为悲剧的导演人。此种导演人的动机不一定是出于独裁，但一定会由此而落入独裁的窠臼，与独裁者共同其命运。

此类笨拙的艺术，大概是来自对于革命含义的误解。近代一谈到革命，无形中都含有若干社会革命的意味与成分。社会革命是要推翻原有的社会秩序而加以重建。由于此一含义，便可慢慢地使人认为革命即是对于既成社会的不信任，而要自力来再创造一个社会，于是无形中把自己与社会对立起来，不相信社会而只相信自己，一切要由自己去创造；自己的领导工作，即是“万能工厂”的工作。

但我应该指出，革命观念本身的是非，此处可置之不论；我只指出凡是一个成功的革命，依然是以社会之力去推翻或改造一个社会，而决非什么个人的天才创作。打倒军阀的国民党，是向广大的社会开门，从社会各个角落有志之士所集合起来的国民党，它是社会精英的集结，而不是什么人的临时创造。凡是向社会关门的领导，不论他的动机如何纯洁，用力如何辛勤，目标如何正确，也一定是失败的领导。因为假定领导者有意或无意地向对社会关门，社会也会慢慢地向领导者关门。等到社会完全向领导的个人或集团关了门的时候，这一幕悲剧只好留待后人唏嘘凭吊了。

一九五五年三月卅一日《华侨日报》

# 尊重人格的政治

编辑先生：

三月三十日贵刊的读者论坛上，有署名“小言”先生的《读徐复观先生人性论有感》的大文。我读后，只觉得小言先生的感想太复杂了，令人难于捉摸。谨写出我的“读后感”，乞刊出向小言先生领教。

我原文的意思是觉得为了请领百把元的子女教育补助费，除了户口名簿及子女所住学校的“在学证明书”外，还要两个人的联保联坐的切结，这就损害到了对方人格的尊严。我更由此希望反共的政治，能成为真正人性的集中表现。这是我原文的主要意思。小言先生对于我的意思，可以赞成，可以反对；可以某一部分赞成，某一部分反对。把自己的意见清清楚楚地说出来，这是拿起笔杆写议论文章的人的起码态度。

小言先生的《有感》中说：“这，我认为是当局应郑重注意的，应该及早改善办法的。”似乎是赞成我的意见。

但接着举出美国纽约州的选举法规定每一选民要在司选事务所当众拿一本书来读，然后准予登记的这一事来问我：“不知尊为教授的徐先生，假如亲身碰到这场合，又作何感想？”这似乎是以旁敲侧击的方法来反对我的意见。选举制度初行的时候，对于选民资格，常有资产或教育程度的限制，及普选实行之后，这种限制已经取消了。美国纽约州现在是否依然保留着此种遗迹，我不敢断定。即使是如此，那是对于人的一种能力的考验，等于当教授、副教授要审查著作而不能靠伪造文书一样的道理。而我所说的是对于人的人格的考验，这是两种范畴不同的问题。即使是如此，每一个人在社会性的生活中，在某种场合，人格也一样应有相当的考验，所以我并不反对需要“在学证明书”。但联保联坐便是太过。谈问题应先把“问题”的界线和分寸弄清楚。假如我说“吃东西应清洁”，你便举出广东人吃蛇肉的例子来反对；我说“吃东西不可吃得太饱”，你便举出有人因未吃东西而饿死的例子来反对，那还有什么问题可谈吧？

最后小言先生引李广“故李将军”的一段故事，而结之以“许多事的毛病就出在声音容貌之间呢！”这更令人莫测高深了。这意思是不是说农学院承办的先生当时假定对我的态度好，我便不会反对这种办法？抑或指的是假定当时我对承办先生的态度好，便可以取消此一办法呢？在我那篇文章中，分明说这种办法，恐怕农学院是照一般规定的例行办法；这与我和农学院承办人之间，有什么“声音容貌”的问题夹在里面，而要小言先生用闪烁影射的笔调来加以关心呢？做事不可以“乱扯”，写文字也不可以“乱扯”，更不可弄这种影射的小伎俩，一面模糊正面的问题，一面对他人放暗箭。像这样的“小言”，便不是“小言詹詹”的“小言”，而是今日所流行的“说小话”的“小言”了。

徐复观上　三月卅一日

一九五五年四月六日《自由人》第四二七期

# 在中国最成功的一个美国人
## ——萧查礼博士

山居岑寂，忽得少夫兄自港寄来对我的命令二道：一道只有我和少夫可以清楚；另一道是“去年你答应写的文章，限你本月底以前寄到，切切凛遵勿违”。少夫分明了解我更无题目可写，但他又知道我的人生哲学是：一个人不论如何放浪，但对于内而太太，外而朋友的命令，总不能不服从，于是我只好在限定的期限内“缴令”。不过，我得预先申明两点：一、文章虽系逼出，题目则并非逼出，因为这确是我愿写的一个题目。二、这短短的一篇文章中，偷了我学生的不少材料。这是应深致歉意的。

三月二十四日

萧查礼博士（Dr. Charles N. Sheet），已经于本月二十日回美国去了。在回国前的惜别会中，主人和客人，都不知不觉地流露出真挚的感情，欢笑声中，笼罩着漠漠无端的怅惘。这是一个名符其实的惜别会。我不会说一句英语，萧博士恐怕也不会讲两句中国话。平时，彼此遇着时，各人举起只手来点头微笑；此外，谁也不能作进一步的接触，谁也不想作进一步的接触。但是，时间一久了，我也自然而然地很喜爱这位美国老人，仿佛觉得自己也很能了解这位老人一样。所以在惜别会上，我也陪着大家欢笑，陪着大家怅惘。萧博士到东海大学来，是为了要在东海大学建立一个劳作制度。关于东大的劳作制度，已掀动了自由中国，而成为一条热新闻。我是一向不爱报导热新闻的。不过，我也得就自己观察所及，提出一点侧面的报导。

萧博士不是先决定一套完整计划再去实行，而是在一点一滴的实行中来决定计划。这十足地表现了美国人实用主义（Pragmatism）的精神；实用主义所蕴含的特征之一，是在不矜奇立异中，有坚韧的效率观念。因此，萧博士的工作领导，也和流行的群众运动者不同。群众运动者是要造成几个紧张镜头，煽动群众的情绪，因而来一套戏剧性的表演。萧博士则只是从早到晚背着扫帚，拿着铁锹，找着工作来做。在他的心目中，打扫一个厕所，填平一个小坑，捡去一个石子，都有同等的价值，都用同样的精神去做，因此到处都是值得他做的工作。他只是自己平凡地做，带着学生平凡地做。不仅做得实际，并且也做得快乐。他的噱头不是出在工作惊人成绩上面，而是经常流露在工作的情绪上面。学生年轻，他比学生更年轻。他在工作中有比年轻人更多的愉快，所以年轻人在为工作而流汗的时候，和他们在为自己所喜爱的运动而流汗的时候，并无两样。东大劳作制度的真正生命，是建立在这些不由纸笔所规定的情景之上。假定抱着东大的劳作计划来找东大的劳作制度，那将会使人一无所得的。

## 喜欢和年轻人混在一起

但是，我称萧博士是在自由中国最成功的一个美国朋友，并不在于上述的劳动工作，而是在于他对我们学生的态度。一般地说，外国人对中国人的态度，约略可分三种：美国人是在天真中带着粗鲁，英国人是绅士气中挟着兀傲，日本人是在礼貌中藏着狡诈。三种不同的态度，却有一个共同点，即是在不知不觉中所流露出的真实的计较之心。民族的计较，眼前现实利害的计较，从一块点心、一杯红茶或咖啡计较起。这其中自然也有例外。譬如像我所认识的不会讲中国话的几位日本朋友，却都是肝胆照人，富于风义的人物。这三种态度中最可怕的是日本的“支那通”，他们曾造成了中、日两国八年的战乱。最可笑的是美国人，它在世界上花了最多的钱，但也挨了最多的骂。作为一个国家看，不能不说它有气魄，但作为一个一个的美国人看，几乎没有一个不是初出茅庐的小气鬼。一群小气鬼跑到世界各地去花有气魄的钱，结果当然不会达到他们所期望的一般的友谊。中国人对于外国人的态度，也可分为三种：下流人见了外国人便捧，一般人则敬鬼神而远之，另一部分人则是在某范围内互相利用。这三种态度中，也有一个共同之点，即是不知不觉地对外国人所划的一道鸿沟，因之很不容易和外国人发展一种双方有利的合作关系。当然其中也有例外，但这种例外也是不足重轻的少数。萧博士的最大成功，与其说是表现在事上，不如说是表现在人上。他经常以天真无邪的态度，和学生们生活在一起。有时固然显得有点呆头呆脑，但决看不出半分做作。东海大学有一个唯一公用的“红头车”，因为学校的经济政策的关系，它不蔽风雨的设备，和所发出的特殊噪音，从没有改善的机会。校中有地位的人士可以坐在红头车的前面，即是司机侧边，这是东海第二号的高贵位置。一般人当然只可坐在车的正常座位，据不太合乎科学的舆论，中年以上的人，坐它一次会短半年的寿命。萧博士，第一是顾问，第二是年纪大，第三是从美国远来的朋友，三者加在一起，谁也会承认他是富有坐车头的资格。但他从来不坐车头，这并非完全出自他的刻苦精神，而是为了和年轻的孩子们混在一起。有一次，风和雨从没有遮拦的前面吹打向坐在车头后面的每一个人的脸上身上，谁也没可奈何。萧博士此时自然而然地又展开了他的劳作，他从自己手提包中扯出了一块白布，和学生们左右上下地拉住布的四角。一块不够，又扯出一块来，遮住风雨的进路，这才勉强对付过去。说来也真幸运，假使这位老人不是到台中去买了这两块白布，恐怕他的劳作也是有心无力。但他为什么凑巧地买上了这两块白布，在我的想象中至今还是一个谜。有一天夜晚，几个学生到我的寓所，站在大门前，说是向我“拜年”，后面却跟着有萧博士。于是我托学生翻译一句客气话：“进来坐坐吧！”他也由学生作翻译回答我：“我随他们（学生）的意见。他们进来我也进来，他们不进来我也不进来。”他既不是要来看我，更不是要向谁拜年，而只是毫无目的地挤在学生们的后面。

## 没有计较之心

就我的印象来说，他似乎完全没有一毫计较之心：没有民族间的计较，没有地位的计较，没有年龄的计较。他真有点中国所说的“光风霁月”、“与物为春”的神气。所以学生于不知不觉之中，也以不计较之心报答他。学生对他是不厌、不捧，更说不上有什么利用，而只是彼此一体的合作。这里只有合作的观念，决没有“领导者”、“被领导者”那一套符箓。了解到这一点，才算对于他在东大工作上的成功，获得了更深而正确的根据。人与人之间，是可以而且也应该通过工作来结合的。可是许多人确实做了不少的工作，但人与人的关系，并没有通过他们的工作而结合起来，则我称萧博士为在自由中国的一位最成功的美国朋友，应该可以得到大家首肯。

萧博士经常服务于美国贝利亚大学。据接近他的朋友说，他的年龄大约有六十九岁，但据萧博士自己确切的表示，则只有六十二岁。两说不同的共同根据，都在他有一位年轻的太太的这一事实之上。至于要进一步加以确定，则只好留待中、美两国富有考据兴趣的史学家们去加以考订了。

一九五六年四月七日《新闻天地》第四二五期

# 春蚕篇

我的故乡，不是蚕桑区域。但一到每年的蚕月，村里的姊妹们，都聚精会神地用小筐小篮，各人养着百把几十个蚕。从孵卵起，她们整天做的、说的、想的，都是为了各人所养的这一撮小动物。有时拿出来互相比较，“你看，我这个长得多么旺呀！”她们似乎觉得每一个蚕都是随着自己的希望、喜笑而生长。一直到蚕上了小小的架子，开始摇着头来吐丝，大家心里才感到轻松，但每天还要去看几次。一下子发现已经是亮晶晶的或黄或白的茧了，那种欢天喜地的情形，只有我们陪着帮过闲的小孩子们，到现在还可以在追忆中仿佛一二。茧摘下来以后，到底作了什么用场，我倒说不清楚。因为父母伯叔们，总是把这一个蚕月分给姊妹们作私房（私房是私人的存积），姊妹们可以随意处理，很少打算在家计之内。我们故乡的蚕，与其说是被姊妹们养大的，倒不如说是被她们欣赏大的，更为适当。所以在我心目中的蚕，这是几千年，甚至是几万年，由中国女儿们的心，由中国女儿们的魂，所共同塑造成的最高艺术。是中国女儿们纯洁高贵的心与魂的具像化。没有参加过这一伟大民族艺术塑造工作的摩登女人们，我除了到化妆店里去了解你们以外，你们还能给我了解一些甚么呢？

壮年时代，我曾在浙江住过三年，这才是中国有名的蚕丝出产地。我曾看到绿荫似海的桑田，也曾看到高烟囱林立的缫丝工厂，又看到一些改良蚕桑的意见书，却没有看到蚕，更没有看到乡下养蚕的女儿们的实际活动。在我的脑子里，觉得江浙的蚕只是特产，只是经济，只是商场，只是工业，而不是艺术。女儿们纯洁高贵的心魂，早被商人的算盘，经济家的计画，污浊得一干二净；我不能回忆它，我不愿回忆它。在我脑子里的春蚕，永远只许它和“女桑”、“香闺”绾带在一起的。

春蚕在我生命中另一个永远不能抹掉的痕迹，是由李义山“春蚕到死丝方尽”的一句诗刻上的。这是十几岁似懂不懂的时候所喜爱的一句诗，现当迟暮之年，依然常在无端的怅惘中，无端地想起；而一想起之后，总是不知从什么地方吹来一息凄恻的微风，使我的心情得到一两小时的寂静。这句无题诗，为什么对我有这样一股永恒的魅力呢？我有时也私自嘲笑我是如此的不长进。

春蚕的丝，是从它自己的生命力中化出来的。它的生命力何以不消停在自己的生命之中，而一定要化成一缕一缕的丝，把它吐出在自己躯壳的外面？而且一直要到把自己的生命力化完吐完为止？这真是一个生命的谜，也是一个生命的悲剧性的谜。李商隐便抓住这样的生命悲剧性的谜，来象征他无可奈何的爱情；而爱情的本身，对于任何人，对于任何时代，都是无可奈何的，都是谜的，都是悲剧性的，都是从自己的生命力中化出来随风飘荡，不可捉摸而却又是剪不断，理还乱，并且一直要把它化完为止的。每个人接触到这句诗，每个人便接触到隐藏在自己内心深处的这一部分的生命力，所以这句诗的魅力，只是每个人生命的魅力。生命力的魅力无穷，这句诗的魅力，作为这句诗的春蚕的魅力，也是不尽。

一般人，容易把“爱”和“感情”混淆在一起。其实，不仅“感情”不是“爱情”，所以再好的朋友，也只能说彼此有深厚的感情，却不能说彼此有深厚的爱情。即使是“父子之爱”、“母子之爱”，或“伟大的母爱”，若把“爱”字下面加上一个“情”字，便自然感到不很妥当。在这些地方，“爱”和“爱情”的分别是很显然的。爱与情的混淆，常是来自夫妻的关系。某某夫妻的情感很好，容易误称为某某夫妻的“爱情”很好。其实，再美满的夫妻，也只能有“爱”，而决不能有“爱情”。爱情与夫妻，是势不两立的两种情景。夫妻一开始，爱情便死亡；继着而来的，只是在“爱情”的尸体上所蜕变而成的一般人所说的“爱”。

爱和爱情的分别在什么地方呢？“爱”的内容是单纯的，情境是明朗的，味道是甜甜的，情意是欢笑的；并且爱是可以清楚地意识得到，而又可以把握得住的。美满的爱，好似一篇美满的散文，它的条理、情调，我们可以清清楚楚地说了出来的。“爱情”的内容却经常是混沌、矛盾的，情境是如在醉中，如在梦里，暧昧难明。使人有时觉得它是在自己生命之中，有时又觉得它是远离生命而他去。味道是甜酸苦辣的杂拌，情意是悲欢离合的混合。人永远不会意识到它，当你意识得到它时，它已经随风飘去；人永远想把它抓住，却又永远抓不住它，所以只有化出全部的生命力去作无穷的追逐，一直追逐到生命的天涯。因此，没含有矛盾混乱的不是爱情，没有甜中带苦，笑中带泪的不是爱情；不是如醉如梦，于不知不觉之中，抛掷出自己全部生命力的不是爱情。夫妻们刚刚接完了一个吻，立刻浮上柴米油盐的问题，这如何可以说是爱情呢？我们原始的生命力，常常被普通的理智之光而弱化，而浅薄化了，只靠了爱情才能把这种浮光掠影的理智，唾弃在一旁，让原始的生命力和盘托出，以完成它自己。蚕的尸体是用它自己生命力所化出的丝来包裹，这比用其他任何东西来包裹更为庄严。人的尸体也应当用它自己生命力所化出的爱情来包裹，这才证明人性的崇高伟大。哥德为了要表现这一点，所以着手写下一部《少年维特的烦恼》，并且因此而造成少年维特的风潮。其实，十多万字的小说所要表达，所能表达的，并没有比这“春蚕到死丝方尽”的七个字的诗多出一点什么。现代人的生命，被机器、被权力欲，熏染得已经僵化了。这些人，只有“撒野”，决没有爱情，更不能从原始生命力中流出一滴眼泪。于是春蚕的位置，只好让人造丝、尼龙等等来代替了。

一九五七年三月十六日《新闻天地》第四七四期

刚由台湾大学中文系毕业的陈君昭瑛，天质高，思考力强，文笔清劲生动，是一位特出的青年。顷接她元月十三日来信，批评我写的《海峡东西第一人》的文章。信中又说《文录选粹》中未选《春蚕篇》，是一憾事。她认为此文写得很美。回忆此文刊出后，有好几位先生和作，亦一时之盛。兹为尊重陈君意见，特补录于此。一九八一年元月十九日志于九龙。[1]

---

① 编者注：本补志系本文收入《徐复观杂文续集》（台北学生书局，一九八一年五月）时所加。

# 良心的呼吁

四年前瞿荆洲先生充驻日大使馆的商务参赞，我把他寄回《世界美术全集》的最后六本，他连同其他书籍交招商局的船运回台湾。照例，日文书籍，要由海关扣下交联检处检查的；我想，《美术全集》决没有什么问题，等检查后的发还通知好了。可是一等半年，渺无消息，没办法，去找保安司令部的朋友帮忙，保安司令部的朋友也热心地代我清查了一番，但人海茫茫，辜负了朋友们的好意，我只好再买第二次配成完璧。

最近，我托李秋生先生带回几张音乐唱片，照例，也要由海关留下检查、纳税。唱片未取出前，《香港时报》的记者某先生，是对朋友热心，对音乐内行的人，他告诉我："你放心好了，我已拜托检查的机关——省新闻处的朋友，顶好不必试听。因为一经他们试听便糟了。他们常常用大针头去试三十三转的唱片，这便会给唱片以无可补救的伤痕。"我一面感谢这位朋友的关注，一面觉得总不致如此。

我对音乐根本缺少欣赏能力，一直等小孩们放了假，他们才开始试听新买的唱片，听后大声嚷着说："爸爸糟了！这中间最精彩的是贝多芬的第九交响乐，可是已经给大头针伤得一塌糊涂，检查的人太没良心啦！"我叫他们试给我听听，果然又破又沙，而且有一段，唱针因大伤痕跳动，不能循着原有的轨道走，使我当下也感到非常难过。本来听音乐的人，听到音乐片上划伤的声音，好像是划伤在自己的心上一样。老百姓买一张好唱片，固然是一件大事；但在此一时代中，破坏一张好唱片，却是小而又小。像这种小事，让天真的小孩们每天晚上叽咕几句，也就算了。我之所以不能已于言者，因为觉得用适当的针头去检试他人的唱片，我相信政府有此力量，有此责任，而主持的先生们也会有此常识。他们之所以偏偏不合理底去处理，只因他们在对人对物上，根本没有这样起码的责任感。总统蒋公年来颇提倡王阳明的学说。王阳明的学说，主要是想唤醒人类的良心的。他在《大学问》中，阐明人心一体之仁说，“岂惟大人，虽小人之心亦莫不然……见草木之摧折而必有悯惜之心焉”，“见瓦石之毁坏而必有顾惜之心焉。是其仁之与瓦石（草木）而为一体也。是其一体之仁也，虽小人之心亦必有之”。王阳明所以要用“必”字，是因为只要是一个人，便必有此心。有此心，便有此种作用。这是人之所以成其为人的见证，所以非用“必”字不可。在职务上经常不以伤害人或物为意，这是说明人之所以为人的心已经死掉了。古人说：哀莫大心死。大家应当承认心死之为可“哀”，则一念之间把它（心）活转来，这对个人，对国家，都是起死回生的基点。

七月三日于东大

一九五七年七月十三日《自由人》第六六三期

# 作为一个中国人的感慨

我为了能稍稍了解大陆沦陷后的一般文化工作者的情形，在可能范围内，总是想找点大陆出版的“学术性”的东西看看。就我所看到的极有限的东西来说，很粗略地得出了以下的三种印象。

第一种印象是他们对传统文化，还停留在五四运动初期的阶段。五四运动初期是反儒家，反儒家的道德精神，讲小考据，提倡文化传统中的旁支侧派，特别提倡《红楼梦》。现时大陆的学风，也是反儒家，反儒家的道德精神，讲小考据，提倡文化传统中的旁支侧派，特别提倡《红楼梦》。《红楼梦》几乎是他们的考证中心。他们把贾宝玉、林黛玉捧到天上，拿顾亭林、黄梨洲、王船山、颜习斋一般人来和贾宝玉、林黛玉作比较，认为没有一个比得上他两人的有反抗性、有革命性，没有哪一个有他两人的伟大。贾宝玉、林黛玉是曹雪芹所塑造出的人物典型，所以在中国文化传统中，曹雪芹代替了孔老夫子的地位。贾宝玉主张焚书，这当然很合他们的味口；但贾宝玉又主张把四书保留下来，他们对这点反动气氛，却没有正式表示什么意见。可是五四运动的真正内容，在于科学和民主，他们却用专政来代替了民主；此一本质上的演变，真不知又把中国的历史拉回头多少年。

第二，在他们带点学术性的东西中，我决没有发见一本根据马列主义、根据唯物辩证法，写出了一本像样点的著作。他们在这方面，可以说是完全交了白卷，和苏联革命初期，在理论方面活跃的情形恰恰相反。这并不是因为他们的学术头脑赶不上苏联人。我的看法是，马列主义的所谓科学性、理想性，早被苏联、中共的现实政治，揭得穿而又穿，不能使人再在这一方面去认真地用思想，作研究，所以现在苏联也出不出一本像样点的著作来。其次，此一现象，也说明了中国知识分子的根器特厚，生命力特强，虽然经过共产党的大力改造，但在每一个人的内心深处，并没有接受共产党的浅薄教条，所以共产党的思想，并没有在他们身上生根。

第三，我又发现在他们的著作中，常常牵强附会，生吞活剥地插入几句马列主义的教条，以作为搪塞涂饰之具。在他们所引的教条中，不仅不能发生理论的解释作用，并且更显明地对照出这些教条在解释学术上的具体问题时的根本破产。但从这些搪塞涂饰的词句中，很容易看出这些学人的无可奈何的心情，乃至被逼到无法形容的可怜的地步。王力在他的《中国语法理论》新版自序中说："在史达林语言学的光辉未照耀到中国以前，我们是怎样遭受资产阶级语言学者唯心主义的影响。"试问，杀人的魔王，和语言学有何关系？而中国的语言学者，需要他的光辉来照耀？又如何其芳在《论〈红楼梦〉》中说："许多论文都重复地引用这些公式（按即典型的政治性问题），并根据它们来说明贾宝玉和林黛玉这样一些人物。现在苏联已经批评了这些错误的公式，这对于我们要比较完全地了解贾宝玉、林黛玉以及其他许多文学中的典型，是很有帮助的。"试问，公式是由客观事实所归纳而成，反转来用以解释性质相同的客观事实。幼稚的公式，不能解释活生生的事实时，中国人为什么不能自己加以批评，而一直要等到苏联人的教示？难说出现在中国的许多事实，也和中国的共产党一样，是在苏联生根的吗？难说在中国人的五官百体中，单单缺少了一副发生认识作用的头脑吗？作为一个中国人的我，看了这类东西，心里真是万千感慨。但我也原谅他们，他们若不如此地卑屈，他们的生存便得不到保障。这种耻辱，不应落在他们身上，而是应当落在毛泽东身上。何以要弄得全中国的知识分子，匍匐在苏联人的面前，现出这样的卑微渺小？我不幸而是一个中国人，对这一点还是想向毛泽东请教一个明白；正和民国三十二年，在陕北的窑洞里，我告诉他"没有一个民族而可以为什么国际利益作牺牲"的一样（这是为了刘少奇的一篇文章所引起的争论）。当时毛泽东在送我出窑洞时，握住我的手说："我将认真考虑你的意见。"现在，当然连这种语言上的策略也可以不用。

今天我在《人生》一七一期辛心先生《董显光的文化意识》的一篇文章里，看到我国驻美大使董显光于一九五六年十月廿一日，在华盛顿青年会的"国际十字路星期日晨餐会"上发表演说的结末说：

> ……我们一旦回去（按指回大陆）后，将置基督教于我们宗教活动的第一位。……主持国家政务的人们，将会大部分是基督教徒的。我们已注意到儒教、佛教、道教大半衰落了……在中国永不会恢复其从前重要性了。它们没有什么东西可以献给人们……（该文后面，附有董氏英文原文）

我看完后，真是由作呕而心痛。

第一，从文化上说，董显光只能算是一个文化西崽，连文化买办的资格都不够。儒、佛、道是中国传统文化的整体，它有没有东西献给人们，像你这种西崽怎么会知道？（在重庆某次的会报席上，会报的主席公开向与会的大员说："用董显光这种西崽管国际宣传，怎会有办法？"可知他的西崽的地位是早有定论。）

第二，宗教信仰，是属于私人的事；纵使将来主持国家政务的都是基督徒，又谁有权力能把基督教"置"于宗教活动的第一位？若说由你们加以提倡，则近三十年来的事实证明，社会的趋向，总是走向你们的反面，所以为了基督教在中国的前途，你们最好是少开尊口。现在台湾的佛教徒便有一百多万，他们虽然没有面包屑子作支持，但你这些政府的大员，将"置"他们于第几位？

第三，中国的文化衰微了，难道说你这些东西都很兴旺？希腊、罗马的文化，在中世纪的欧洲，衰微得几乎绝了种子。但它们会因此而没有东西可以献给人类吗？像你这种小势利鬼，只可以揩揩眼、摸摸头去钻个门路，怎好狂妄到文化的评价上去？

第四，使节对外讲话，是要代表他自己的国家的。自有使节以来，公开讲到文化问题时，只有介绍本国文化，赞扬驻在国的文化，以希望能在文化上彼此合作交流。像董显光这种无知无耻的话，只要稍有良心知识，并对中国文化又稍有点常识的外国人听了，真不知作何感想，岂仅每一个中国人会加以唾弃？蒋总统是基督徒，但当他以国家元首的地位和外国友人谈到文化问题时，他忍心说出"我们自己的文化已经完蛋了，因为它毫无贡献"的话吗？

前东海大学校长曾约农先生屡次谈基督十二个门徒，分别四出传教，只有传到希腊、罗马文化范围内的一支，才得到文化土壤的培植而发荣滋长，其余的，则都没没无闻。所以他认为基督教会在中国生根，有赖于中国传统文化的复兴与结合。他的话，证以汤用彤氏所著的《汉魏两晋南北朝佛教史》（这真是一部权威的著作）中所述佛教与中土文化互相影响的各种事实，是一种很可靠的意见。所以真正的基督徒，决不会希望中国文化继续衰微下去。

我对这位董大使深刻的印象，是在民国三十四年重庆曾家岩某处的一次会议席上。当时美国的舆论，已因指摘我们的不民主而天天在恶化，大家正因此而焦虑。董先生以国民党宣传部国际宣传处处长的资格慷慨地站起来说："美国所看重的只是实际的力量，并不是什么民主不民主。他们骂我们不民主，只不过是表面文章，不要重视它，不必理它。"当时各位大员听后，面面相觑，静悄悄地几分钟没有人讲话。我不是基督教徒，此次不幸而拜读了董大使这一段话后，立刻想跪在地上向基督作虔诚的祷告说："慈悲的天父，您伟大的教义，是含有以色列民族争生存的血和泪在里面。假定有这样的一个人，为了自己个人的利益，在袁世凯帝制自为时，曾当过袁世凯的小走狗，在九一八后，又曾受过日本人对报纸的收买；他随时准备出卖他的国家，但他说是为了您，您会不会让这种人进到您的天国呢？我祈求您，让我能真正知道您的意旨，让所有您的子民都能知道您的意旨。阿们！"

一九五八年一月二十日《祖国周刊》第廿一卷第四期

# 闲话旧闻

少夫兄来函为《新天》索稿，而山中仅有旧闻，辄闲话数则奉寄，其出于赖债之情也明矣。

六月二十九日于大度山东大

## 一　我不信胡适之有这样伟大

两个月来，不知有多少朋友问我看过《胡适与国运》没有，我总是摇头。最近又有朋友以质问的口气问："现在《续篇》都出来了，难道说你还没有看过？我送一本给你看好吧！"我的答复是："天气热，最好请我吃一块西瓜。书桌旁的字纸篓总是满满的，何必麻烦我？"

其实，我之决心不看《胡适与国运》，第一，并不是假装学者的臭架子，认为没有学术性的东西便不看。庄生已经过说："道在屎尿。"谁能断定什么有学术性，什么没有学术性？第二，更不是认为胡适系神圣不可侵犯，他的思想言论，无可批评，或不应批评。我的决心，是来自不服这口气。

今日是什么国运？毫无疑问的，是亡国的国运。顾亭林说得好："天下兴亡，匹夫有责。"以一人居兴天下之功，固然是僭窃；以一人负亡天下之罪，也近于诬罔。何况胡适之也不过是一介书生，并无三头六臂。假定他一个人能单独肩起了亡国的国运，则我们这般昂藏七尺之躯，岂非形同木偶？即使把我们这些区区不说在话下，那又将置我们伟大的领袖总统蒋公于何地？我们伟大的领袖总统蒋公提挈国家的全力，以驾御区宇、奔走海内者凡三十余年，真所谓猛将如云，谋臣如雨；其以理论、文学、词说、技艺效其忠贞者，都万千百数。顾乃让一介书生如胡适之者“偷天换日，断送国运”，而莫可奈何，则我们领袖的伟大到什么地方去了？所以我觉得，出刊《胡适与国运》的先生们，以中国之大，五万万人口之众，而竟一切抹煞不顾，心目中只有胡适一人，纵使忠贞之士不为之切齿，区区不才，总有点不服这口气的。或曰，此事乃一小旧军阀而冒充斯文者出资为之，盖将以是为再进的羔鹰。果尔，亦见其弄巧反拙也。

## 二　不看黄色黑色书刊

昨天接到邮局送来的信件，信封上盖着“不看黄色黑色书刊”的大印，使我怔住了半天。随后下山找医生诊病，看到一幅红布黑字的长方形标语，横挂在一条巷子口上面，写的是“不看黄色黑色书刊宣传周”，我心里才明白，这又是一个运动。或者可以说，这是在修改出版法成功以后的应有的一个运动。所可惜的是，在修改出版法的争论中，许多人针对官方“修改出版法，是为了取缔黄色刊物”论调，而提出“什么是黄色刊物”的问题；拥护修改的先生们，始终未曾作明确的解答，所以黄色刊物的本身便是一个谜。这一个基本的谜未解开以前，又添上了一个什么是黑色书刊的谜，这倒是很耐人玩味的。

谜题既已悬，解谜应当人人有责。“黄色”在中国过去认为是最贵重的颜色。因黄色是象征土德的，而土又是居中央以应四方、四时，有大中至正的气象，所以历史上多半是把黄色用在珍贵的事物上面。《诗经》上的“绿衣黄裳”，是比喻上下倒置；赵匡胤做皇帝，是黄袍加身；而满清的黄马褂、黄龙旗，都以黄色而象征尊贵。现在是民国时代，传统的那一套，当然被打倒了，但大家口头上还不断地说“我们都是黄帝的子孙”，以黄帝的子孙而不能读黄色刊物，对于这一谜底，我只好交白卷了。

说到黑色书刊，似乎容易猜透，但也并非绝无困难。中国一向是不很喜欢黑色的。黑人物、黑社会、塞黑、黑吃黑，都不是好东西，则黑色书刊，自然也不是好货；因此而运动人不要去看它，倒是顺理成章之事。不过问题是出在，什么书刊才算是黑色书刊呢？除极少数的例外，书刊都是白纸上印黑字。若因黑字而称之为黑色书刊，那将变成天下老鸦一般黑，等于叫人不要看书刊了。若系指不曾登记而私自发行的报章杂志，这在台湾乃绝无此可能，说“不看黑色书刊”，等于无的放矢。搞社会运动的先生们决不会干这种冤枉事。

思之思之，郑重思之。或许答案是这样的：书刊，都是立言的先生们写出的；而“言为心声”，所以书刊实际是立言的先生们的心。心就是良心，良心不应当用颜色来表现，但一般人又常认为社会上有种人是黑了良心的人。由此不难想见，是积累一些黑了良心的人所写成的书刊（为了生活而实逼处此的人，似乎不应列在黑了良心的范围以内），即是不顾公是公非，不顾大利大害，专为求得一人身家的享受，迎合权贵，发为吹牛拍马之词；尽可将来灭子绝孙，决不放过当前一丝半缕。像这类出于黑良心的书刊，当然是黑色书刊；这类的黑色书刊，自然应当运动人们不去读它的。不过，我常常记得朱元晦的两句话："盖人心之灵，莫不有知；而天下之物，莫不有理。"所以黑色刊物尽管多，但除了强销情赠以外，市面上又找得出几个人去买它读它呢？所以"不看黑色书刊"的运动，早已收到成功了。

## 三　恶性补习与免试升学

盖闻有非常之人，必有非常之功；欲立非常之功，必有非常之法。台湾今日正处于革命的非常时代，所以用非常之法以立非常之功的非常之人，所在多有；而免试升学，乃其中之一焉。

所谓免试升学，乃小学生住完六年小学后，不经考试，依其志愿即可升入初中之意。这在我国的学制上，是一大跃进。此一大跃进的目的，据教育部长张其昀的再三再四说明，是为了解决恶性补习的问题。

所谓恶性补习，指的是小学五、六年级的时候，学生除了正课以外，还要由教师加以补习。这种补习的分量，几乎与正课相等，并且教师常常集中精力在补习上面，而忽视了正课；所以不参加补习的学生，连正课也学不好。一位能教算术四则题的教师，正规收入大约四百元左右，而补习的收入可以达到一千余元。其他的教师，也常常是补习收入多于薪金收入。所以称之为"恶性"，不是没有道理的。问题是在免试升学是不是解决此种恶性补习的正常途径。

根据我们当家长的人的了解，恶性补习发生的原因，不外下列几种：

第一，台湾六年的国民小学教育，因历年教室及合格教员的增加率，远赶不上学龄儿童的增加率，所以多数的小学，变成了三部制或四部制，即一个学生有的每天只上三分之一的课，有的只上四分之一的课；高雄地方，甚至有实行五部制的。少数几个有名的小学，学生虽全日上课，但每班学生常多至六十名以上，由一个教师包办，教课的注意力不周，改本子的时间更不足，便也只有马虎过去。所以台湾六年的国民教育，实际只等于三年、四年的程度。于是要升学的学生，便只好靠补习来补救。所以要消灭恶性补习的第一件基本工作，应当从健全六年的国民教育着手，使六年的国民教育，能名符其实。

第二，台湾的中学，有省立、市立、县立、私立几种。（另外有换校长最多，自打校长以至捉学生事故最频繁的华侨中学，系由教育部直辖，大概是国立的，但幸而只此一校。）大体地说，市立不及省立，县立不及市立，私立又不及县立。而在省立中学之中，又只有十来个中学办得不错。于是全省的家长，为了要他的子弟挤进这十来个好的中学，便只好加强补习，作升学考试上的竞争。事实上，能挤进这十来个好中学的，考进大学的希望最大，实关系于子弟的一生前途。于是发生少数中学不容易挤进去，而另有许多中学却招不够学生的情形。所以补救恶性补习的另一重要工作，便是要帮助已有的水准低的中学，向水准高的中学看齐。这一点能办得到，自然可以消灭因集中目标于少数几个中学而发生过分考试竞争的现象。

第三，补习出于家长要求的只占少数，出于教师的威迫利诱，使学生无可奈何，不能不参加补习的，则占绝对的多数。教师在上正课时随随便便，对于不参加补习的学生，平时加以歧视甚至虐待；考试的时候，又不出课本上的题，而只出他补习上的题。在上述情形之下，学生纵不想将来升入好的中学，甚至不想升学，但为了怕吃眼前亏，也只好参加补习。教师之所以如此，一方面是因为待遇菲薄，一方面是因为教育行政的废弛。所以解决恶性补习的另一课题是要提高待遇，并加强行政上的督导。

第四，还有与上述有连带关系的一种情形，台湾稳赚钱的出版事业是印教科书，教书匠赚外快的办法便是编参考书。推销参考书的有效方法则是补习，而保证补习的有效方法则是考试时出参考书上的题。所以解决恶性补习的最容易的一种方法，便是限制考试题目的范围。昨天报上载有教育厅通令限制中学考试试题，大约即为此而发。但还要进一步推到平时的考试上面及大学的考试上面去，才算彻底。

由上所述，只要不是想出国，或者是想拿什么特别稿费的人，乃至只要不是夫妇整天在外面打牌跳舞，宁愿自己的儿女当太保的人，都可以承认，免试升学，没有丝毫治理到发生恶性补习的那一件真正原因；因而免试升学之与恶性补习二者间，实系风马牛不相及。然而实行免试升学的新竹县和高雄市，恶性补习的现象的确是停止了，这岂不是秘传单方，药到病除吗？但是要知道，医生去掉病人的病，并不困难，困难是在去掉病而病人依然能活着。假定只求去病而不管病人的死活，则任何人都可当医生。用免试升学来除恶性补习，正是只求去病而却不管病人死活的办法。好像把驼子用两块木板子夹得紧紧的，夹了几天，驼子可能夹直了，可是驼子可能已经死掉了。

最显明的是，由恶性补习所反映出来的，如上所述的台湾教育问题，都是今日最根本、最迫切的问题。只有先解决这些最根本而迫切的问题，才能谈到进一步的设施。否则不止是废话，并且会把整个的教育搅乱，使各级的学校破产，以致无法收拾。

新竹县、高雄市实施免试升学，首先是大量扩充初中。旁的设备不必谈，课室和教员总得有。因经费限制，教室除临时添建一部分外，便只有挤用国小的教室。因合格的中、小学教员本已不够，只好由小学教员来兼任中学的教员。更因系志愿升学，各班级学生的程度过于悬殊，致使起码的教学效率也无法进行，遂使张部长又有天才创造的机会，在免试升学区增设许多职业训练中心，让免试升学的初中学生，可志愿去加入职业训练。这些中心的设备从何而来呢？挪用中学的。训练人员从何而来呢？还是由国校兼到中学，再由中学兼到中心。然而中学本无设备，国中教育又本无职业教育的技能，又怎样办呢？这样地追问下去，只是表现问者缺乏革命精神。革命要“从无变有”，而这种变，并不必经过什么程序，凭借什么条件，只是像孙悟空样，说变就变。

实施免试升学的结果：把原来已经百孔千疮的国民小学教育，因大量扩充的中学所作的有形无形的侵蚀，而更增大其伤痕。并且进一步把国民小学中的病象，扩大到中学里面去。不仅原有水准低的中学无法提高，并且把原本水准较好的中学（如新竹省中及高雄省中的初中部）都向下拉垮。逼得原来要自己的子弟用补习来达到升入水准较好中学的家长们，力量大点的，将十二岁左右的子弟送入未实施免试升学的邻区去升学；力量小点的，只好把小学未补习过的，再加上初中不补习便摸不到毛的功课，合并起来，加倍地补习。这好像本来吃 APC 可以退热的感冒症，硬说应当用科学内功；结果愈拖愈深，只有住医院。据教育机关负责的统计表示，四年来台湾的中小学教育的程度，是一年低落过一年；所以一般人的共同看法，台湾目前的教育方针，应该是质重于量。但据几位负责教育的先生们的亲身观察，认为免试升学的初中毕业生，决考不取现时水准的省立高中，除非把高中的水准大力地向下拉。高中水准拉下后，决考不取现时水准的大学，除非把大学的水准再大力地向下拉。年来因为大批借读生的分发，台湾大学的水准已被拉下不少。假定免试升学扩大继续下去，结果必把台湾的教育水准完全拉垮。世界上办教育的，说是要求向上发展；而免试升学，则是要它向下发展。真所谓百年积累之而不足，一旦破坏之而有余。

但即使要新竹县、高雄市维持上述的现局，也已陷于无可奈何的窘境，因为起码的钱总是要的。钱的来源不外下述三种：一是人民的捐款，一是省府的津贴，一是出卖县市的公产。他们的公产已经卖光了，捐款则可一而不可再，而因班次必随小学毕业生之逐年增多而增多，经费也必随班次之多而增大，于是他们只有仰望于省府增加津贴。但省府为了弥补自身的四亿赤字，已经是大费经营。所以除非省府对国民教育、中等教育等紧迫问题，闭眼忍心不管，是很难有多的津贴的，所以新竹县、高雄市的负责人们，真是进退两难，火烧乌龟肚内痛。

台湾省政府在严家淦时代已开始内部化脓。周至柔先生走马上任后的硬派作风，好似一针盘尼西林，多少发生了一些阻遏继续化脓的现象。在台湾教育的生死关头，多少人希望周先生肯站稳教育原则、法理、事实的立场，再打几针金霉素之类，阻遏这已开始溃烂的杨梅大疮，并使它好好收口。山中万事不关心，但对于下一代孩子们的前途，谁又能忘记得干干净净呢？

一九五八年七月十二日《新闻天地》第五四三期

# 刘备白帝城托孤

一九五九年元月二日一大早，便接到少夫催文章的信，信里并指定这样一个“开笔不利”的题目，使我预感到一九五九年是一个晦气年。但纳闷了几天以后，想到中国民间神秘哲学“说破了不灵”的话，觉得既已经遇着了这样的一个晦气题目，便只有把它“说破”，使它再不会灵验。

照中国读书的传统，论史即所以论今。当前我所恳切希求的是，精神上的宁静，所以决不再来“论今”的玩意。“托孤”恰好是专制时代的把戏，与“今”是绝不相干的；因此，我现在不仅是在为《新闻天地》写“旧闻”，而且是在《新闻天地》的一个角落中，以怀古之幽情，唱中郎的往事。这是想先交代清楚的。

共产党一开口便骂中国历史是封建社会、封建文化，它正高高在上地作末日的审判。其实，就政治压迫这一点来说，则专制甚于封建，而极权又甚于专制。例如政治的领导地位问题，在专制之下，某人做了皇帝，他的儿子是太子，可以接着做皇帝，这是为大家所公认，不必另外多费手脚，因而社会也少受池鱼之殃的。但极权政治，是以一个独裁者为中心的政治。即使是在极权国家里，某人可以根据法理取得政治元首的地位，但他的法理并不规定他应当独裁，并且反独裁可以说是人类的天性。所以为了达到个人独裁的目的，只有把国家自然形成出来的各种社会力量，一概打倒，而代替以自己所豢养的走狗型的奴才。社会在此一过程中，便会剥掉几层皮，抽掉几条筋，使社会完全变成一种在奴才统治下的下流的社会。这是在专制政治中所能避免的。尤其是一个人当了父亲的奴才，未必一定就肯当儿子的奴才，除了极少数的无耻到了极点的人以外。假使在极权政治之下，而仍要“传子”、“托孤”的话，势必又要在自己所养的奴才中干掉一大批，再为儿子养出些更幼稚的哈巴狗型的奴才，方能作用。于是社会在剥了皮之后再剥皮，抽了筋之后再抽筋，下了流之后再下流，这还成何世界？幸而史达林的儿子只当到空军中将，而史魔已死，毛泽东的儿子则死在韩国战场。不然，那还有得瞧的。所以，在今天，民主国家不会托孤，极权国家不能有托孤，这正是人类前途之所系。“托孤”才真正是历史的古董。

古董尽管是古董，但我们只要想到历史上皇室里孤儿寡妇的惨剧，便知道托孤是如何的困难，是如何的一件大事。所以曾子把“可以寄百里之命，可以托六尺之孤”的人，称为“君子人也”。刘备将“阿斗”托给诸葛亮，不仅换得诸葛亮的“鞠躬尽瘁，死而后已”；并且连他的儿子诸葛瞻，也战死绵竹，真是一门忠义。而阿斗对诸葛亮，不仅推心于生前，实也置腹于死后，实践了“父事”的遗嘱。若就托孤这一事而论，实为周公旦以后唯一的历史佳话，甚至可以说是历史奇迹。但周室的托孤，主要应归功于周公旦一人；而后汉的托孤，则实由刘备及诸葛亮两人共济其美。并且有了刘备，才能发挥诸葛亮的志节。所以在政治权力的关系上，刘备更为难能可贵。难怪陈寿《三国志》称他“及其举国托孤于诸葛亮，而心神无贰，诚君臣之至公，古今之盛轨也”。这是陈氏经历过了汉魏之际、魏晋之际的孤儿寡妇的惨局，由悲恸的情怀中所发出的真诚赞叹之声。

说到托孤，当然首先要想到知人的问题。被托孤的人，必须具备三大条件，“有良心”、“有能力”、“有权柄”。大凡奸猾出身的开国之主，到了他的末年，一定把有能力的人杀个干净，有如刘邦、朱元璋，只留下毫无能力的奴才，作他的看家狗，所以他们身后都遭遇到家庭的惨变。到了守成的衰世，权力自然会落到外戚、宦官、奸雄三种人手中，孤儿寡妇，只有被玩弄在这般人的股掌之上。从整个的历史看，诸葛亮才真是自周公旦以后，俱备了上述三大条件的值得托孤的唯一人物。

但是刘备能使诸葛亮鞠躬尽瘁，并非仅靠他的知人之明，而是靠他由性情宽厚（陈寿称他是“宏毅宽厚”）中转出来的对个人权力的开明态度。因为他有由宽厚而来的开明态度，所以他之对诸葛亮，绝不同于刘邦之对张良、萧何，没有半点猜嫌意味夹在里面。张良、萧何，决不是造反型的人物，但他两人在晚年是用最大的心机来求保全自己的生命，还说得上什么作为？这非刘邦知人之明不及刘备，而是刘邦那种性情刻毒的人物，太重视私人的权力、私人的产业，自然会对人发生猜忌之心，自然会觉得一切人都不可靠；你既猜忌他人，他人便在心理上发生本能的自卫反应。韩、彭一连贯的惨案，都是因对私人权力抓得太紧而来的猜忌心理所造成的。刘备对于陶谦、对于刘表，在权力的紧要关头，颇能从容进退，表现出陈寿所称的“宽厚”，所以在私人权力上比较看得开，因而猜嫌之心也较少，使诸葛管乐志，不受到无谓的干扰。也正因他把权力比较看得开，所以他的托孤并不是完全注重在要诸葛帮自己的儿子守住自己留下的产业，而只是顺随当时的情势，要诸葛担当起这一分“讨贼”的责任。他对诸葛说：“若嗣子可辅，辅之，如其不才，君可自取。”初看，这好像是无可奈何、情不由衷的话；但看他在《遗诏敕阿斗》中说“汝兄弟父事丞相，令卿与丞相共事而已”。这说得是如何的恳笃！把他两段说的话合起来看，便可断定“君可自取”，是他出于对私人权力的一种开明态度的由衷之言。陈寿说他托孤是“心神无贰，诚君臣之至公”，真是良史的特识。“心神无贰”，是形容他在托孤时无半毫猜忌之心。“诚君臣之至公”，是形容他们心中只有一个共同的责任，而且无私人权力的观念。因为是至公而无私人的权力观念，所以才能托得心神无贰，诸葛也便可受之不疑。诸葛的人格与事业，陈寿用“公”与“诚”两字加以概括。所以他说“公诚之心，形于文墨”，又说他的治略是“开诚心，布公道”。但任何人的公与诚，在愚昧自私、猜忌阴狠的气氛中，不仅不能发挥，并且一定要受到摧毁。可见有“君臣之至公”，才能有刘备和诸葛的鱼水结合，才能有白帝城的托孤。白帝城托孤，本是一个历史悲剧，但这却是纯洁而高贵的悲剧，这才使偏安一隅的短命政权，依然有其历史上的光辉，也使阿斗的结局较之曹氏子孙的结局似还稍胜一筹。假使刘备在托孤时，稍存疑忌，则淡泊明志的诸葛，虽然不会因此而改变他自己的公与诚，但刘备的疑忌之心，一定会给阿斗的心理以暗示，阿斗就不会那样死心塌地地“父事”诸葛，政治上的问题便多起来了。读历史的人，若没有体认到陈寿所说的“诚君臣之至公”的“至公”两字，岂但不能了解到白帝城托孤的历史价值，便也理会不到历史上祸福兴亡的契机，而一任“后之人哀后人”了。

一九五九年元月八日

# 卖文买画记

## ——《故宫名画三百种》印行的感念

两年以前，听说有些先生们受了某种刺激，想把藏在台湾的故宫名画，也好好地选印一番的时候，便常常有些念头在脑筋里起伏：第一，自由中国，毕竟还有不少的有心人，这是难得的好现象。第二，此次一定不会像四十三年所印的《中华文物集成》那样糟；因为那一次是自己的作风，而这一次却有其他的对比。第三，假使自己能购下一部，使干枯的生命，也能得到一点艺术的滋润，那将是莫大的幸福。但价钱恐怕很贵。

以后一有机会，便打听消息。接着，听说计划实行了，并且实际负业务之责的黎子玉先生，经常任在台北的《民主评论》分社，努力于业务的推进，更增加我对此一盛举的信心。但是麻雀想吃天鹅肉，几乎是不可能的。于是一看到孔圣人时，便向他建议：除整装以外，最好还发售零幅；同时希望发行预约，减轻购者的负担。我的理由，虽然说是为了使社会大众也有分享一脔的机会；而实际，则在社会大众中藏着有自己的面影。但这类的意见，不会引起理事先生们的认真考虑的，所以还是要作更实际的打算。

去年下季，东海大学决心要办《学报》，并且《学报》的文章，有一百二十元到一百五十元的稿费；而文章又可以长到三万字。于是我想，这未尝不是一个办法。听说这次为了印行《故宫名画》，虽然向政府借了十万（或者是十二万）美金，但和日本商人是以六万美金订约；理事长王云五先生，现在既不是商务印书馆的老板，无妨推想定价不致太高；假使我能写恰恰长三万字的文章，而《东海学报》又能给我以最高的稿费，这岂不是一个现成的如意算盘？问题是每周五天中要上三种课，我的经验，教课和写文章，很难并行不悖；至于不满一个月的年假，又常在人事匆忙中过去。所以卖文章也并不简单。

转瞬年假已到，台北有位本家，在旧历正月二日结婚，希望我去参加他的婚礼，于是灵机一动，临时请太太带着小孩，顶我的名字前往；我便从平日的人事圈子中逃避出来，关上门写《〈文心雕龙〉的文体论》。这个题目，如果只抓住一部分来写，一、两万字也可以写完，但稿费一定不够买画的需要。如果就我当时所展开的内容——几乎涉及传统文学基本理论的全部——而加以充实，并且把引用的许多材料，多引用一点，也可以写成一部十万字左右的书，但写成了一部书，能向什么地方卖稿费呢？我平时提笔写文章，从来不想到稿费问题，但此番却常常想到稿费，打算字数，因此便写成了分析得相当深细，而表达得不够条畅，连我自己也不喜欢的文章，虽然它在沟通中西文学理论上或许有点贡献。这篇文章的内容，有若干点似乎不曾被时贤发掘过，所以写的时候，相当的费力，整整写了十天；计算字数，却超过三万字的三分之一以上，还加上七十条附注。假定没有《故宫名画》的魅惑，有如年青人追求一位已被她陶醉了的小姐一样，则这篇文章能否写成，真是难说的。最难过的是，当我坐在书桌上，听到门铃声响，女工用假话挡回山下远来贺节的少数亲友时，觉得我既不曾做过官，如何也变成装腔作势，了无人味的东西了呢？

文章写成后，并非就没有烦恼。第一，怎样也打听不出《名画》的定价来，叫人不能作确切的打算。第二,万一《名画》印出在先，而发稿费的时间在后，将会遇到至亲好友，赊欠免言的困难。五月下旬，我特地跑到文物保管处去，打听一个确实消息，并问能否以批发价钱为东海大学图书馆及我私人各买一部。这次才真正问清楚了，画已印就，六月底可以到台，定价美金一百五十元，台币则是五千四百元。理事会不直接发售，以六折批发给香港马千里先生主持的什么开发公司，和台湾由王云五先生所创办的华国书店。批发价钱买是不可能的，但或者有其他相宜的办法。我怀着满腔的喜悦回家来把这些消息告诉太太。

真是无巧不成话，当《名画》到台之日，亦即《东海学报》以四万七千字发给我的稿费之时。杭立慈老弟，昨天为我从台北把两函六大本带了回来，据说，相宜的办法不行了，我即遵照华国书店经理王德芳先生照定价打九折的厚意，把款子汇去。不值钱的文章，和无价宝的《三百名画》，两相抵补，居然还能剩下一点稿费来为儿女们买冰淇淋吃，在这一刹那间，我确实感到东海大学的伟大。

《名画》到手，我只以暴发户的心情，读完两篇序文，并和太太忙忙的翻弄一遍，即把它放下，有如小孩子怕把口里的糖一下子融掉了似的，好像舍不得细看。

这次《三百名画》的得以印行，当然首先要感谢王雪艇先生。他早岁是北大系的名教授；没有这一点，他便无法和这些古物发生关涉。后来他又是达官显宦，而近年来却稍受了点蹉跌；不如此，便打不通非打通就寸步难行的人事关节，并不能留下一些闲空时间。同时他更是业余鉴赏家，使他对此感到浓厚兴趣。为了印这批名画，不仅上述的这些条件，缺一不行；并且即使由数大绅士分领这些条件，也难合作得浑融无间。集必不可缺少的这些条件于一身，这在王先生个人，固然是生命中的偶然；即站在国家的文化政策上讲，也是千载尚未必能一逢的幸运。我希望能手此一篇的先生们，知道我们并不仅是花钱买了一部名贵的画册，而实是花钱参与了千秋的盛会。我认为这比以前花钱捐监生，买封诰，实在光荣得更多。大家想到这一点，当和我同样的以感激之情来看待此一伟大成就。

不过，在感激之余，也有一点轻微的感慨。

首先是关于选择问题。外人没有机会看到一千三百余精品的全部，只有信任王先生们的鉴赏能力。但在王云五先生的序中说“然其最精品，殆鲜遗漏”，王雪艇先生的序中说“故可目为现存清宫名画之最精品”。这种说法所给与人的印象，是未经此次选印的只是一些次等货色，因而是无足轻重的；所以中国人对名画流布的责任，已由诸公一肩挑尽，后人可不必再作努力。这种说法，未免宣传得太过分，过分到不惜贬抑古人来抬高自己了。从常识上说，艺术品的鉴定，图章款志的考证为一类，纯美的鉴赏又为一类。两者各有其本身的困难和极限，所以应互相补助，缺一不可，但又极难兼备于一人之身的。这次选画的阵容，似乎是偏长于前一类的人物；因为其中没有一位有直接的体验，也没有一位具备点近代美学的知识。比较具备传统的两类条件的如溥心畬、张大千诸先生，都未曾设法借重；何况其中还夹杂有小聪明型的假内行人物，这能尽鉴定之能事吗？再就事实说，我有两次曾躬逢选美之盛。一次看到假内行拿着作品会心微笑，而真内行却在侧轻轻地摇头；假内行正绉鼻摆头，而真内行却在侧沉吟不语；这一切，都经过得非常匆忙，更没有讨论。而假内行的决定力量，常大过于真内行，这能不使人担心吗？另一次是我和彭醇士先生同去，当王雪艇先生从印章款志上解说某一幅画的真伪时（我不记得是什么画），彭先生立即提出反驳；一位是中国式的名士，一位是英国式的绅士，两人当然不能相互讨论问题的。但我当时直觉到彭先生的理由比较充足，因为他的反证，合于中国人由名取字的传统习惯；虽然我并不怀疑王先生是假内行。从这两件小事看，我觉得王先生们只能说到“尽现在的力量，只能先印行这三百幅，希望将来能继续选印下去”。我虽然在私人方面十分佩服这两位王先生，但在对文化的良心上，我应指出没有人能断定这次印行的三百幅名画，便能概括一千三百余件中的最精品。我应对天下、后世，喝破真实中的虚妄，使天下、后世，知道在这一方面还要作更多的努力。

其次，从美学的观点来评鉴画，是要在它的统一体中领会其风格神味；画的每一构成部分必须在其统一体中取得其地位、价值，这是一般所共同承认的常识。因此画的设色与不设色，并不同于一位漂亮小姐有时穿华丽的衣服，有时穿朴素的衣服。因为衣服与小姐，本非同体，所以可以互相调换而不致影响到小姐本身的美。但一位伟大的画家，假定在他的画中设色，则他所设的色，实为构成他的艺术统一印象所不可缺少的一部分；甚至在表现气氛神味上形成它主要的部分，这不是可以随意和其他的部分分开的。所以把设色画印成水墨画，这在艺术上是一种莫大的损失。原系用水墨作画的，水墨即其精神、技巧之所寄；原系用彩色作画的，彩色即其精神、技巧之所寄。所以印出的真正水墨画，率皆明净、生动；而把原系设色，改印成水墨的，率皆晦暗、呆滞，精神面貌，大大地打了折扣。现在印刷技术，已经进步到能将设色加以套印了，这是对艺术品流传的一大贡献。我们应当尽量利用此一贡献。虽然套色的工本要贵得多，但这次可以说是以政府之力来作艺术品的流传，所以凡是设色画，应该尽量保持它的设色。即使因此而把向政府借来的钱，全部投资下去，也应当是值得。至于定价方面，姑从宽估定此次一千五百部的成本为八万美元，以六折批发出去，约可获净利五万五千美元（此等数字皆系以大冢影艺社六万美元得标估定，实际当小有出入），则即使投下全部财力，而仍照现时价钱出售，也可获净利三万余美元，而在原作品价值的保持上会收到更大的效果。但套色制的只占十分之一：唐代的二十五幅设色画，只套色六幅；五代的十五幅设色画，只套色六幅，北宋的十六幅设色画，只套色七幅。这便在三十幅套色中占了十九幅。套色的重点放在唐、五代、北宋上面，是非常合理的。但对于这种极难保存的珍贵设色画，实应全部加以套色。剩下的十一幅套色版，分配三幅到帝王像方面去了；南宋、元、明、清四代，只占八幅，这种分配算得合理吗？其中有不少设色的花鸟画，十分之九，也用珂罗版印，何不干脆选印水墨山水画呢？中国画的人物，本不长于写实而长于传神，所以这一方面的成就是仙佛、隐逸、仕女。至于帝王像，选一两幅聊备一格，已经很够了，但居然选印了十一幅，并占了套色版的十分之一，可以说是浪费。这次《名画》的印行，在自由中国是一件大事，几乎是一遇而难再遇的。我不知道这一代的先生们，何以在实际作为上，远不及在宣传上的气概？

至于五千四百元台币的定价，和两巨函、六大册的成品对照，应该不算太贵。问题只在台湾的购买力，而台湾的居民，也一样有欣赏的愿望和权利的。因此，我始终不明了何以不在台湾以批发价钱发行预约，并且把定价守秘到最后？以批发价发行预约，可以使台湾各公私学校的图书馆及一般艺术爱好者，减去经纪商百分之四十的利润剥削，使自由中国的人士，多一点购买的机会。这对理事会有何损失，有何困难呢？同时，我对于总统府、行政院、教育部、外交部的高级官吏，可以用五折购买，是无条件的赞成，因为这合于收入多的负担轻的传统习惯。但最低限度，各重要军事单位的图书室，可否也能享受这种优待？而对金、马前线的将士，可否各赠送一部？因为如果王雪艇先生在序文中所指陈的这些名画对人生的效用，是可靠的话，则我感到今日自由中国最需要这种精神食粮的人，当莫过于前方的将士了。我决不相信时下流行的说法，中国的大知识分子，多是看上不看下、看己不看人、看外不看内的三看三不看的特性。我希望各位先生多作一点考虑。

我虽然有上面的微末感慨，但决无损于我以感激之忱来庆贺此一盛举的成功。并希望这些先生们肯作继续的努力。

七月一日灯下

一九五九年七月十六日《民主评论》第十卷第十四期

# 拉克们！恐怕你们白白地焦急了

昨天早上在图书馆，有位朋友把我招到侧边问："你看到《××评论》[1]上骂你的文章吗？"

"严某的吧！因为他们按东大的名单，每人送一份，也有一份送给我。但我早已看到严某印发的油印传单了。"

这位朋友继续沉重地说：

"不是的，又有一篇。标题是代你对严某的答复，内容却完全是下流、刻毒的人身攻击。真想不到！"

"啊！这次倒没有寄给我，我回头到你那里找着看看。"

"我叫小孩子送来。"

一直到晚上，我也没有去找了看，朋友的小孩子也没有送来。

晚上九点钟，另外一位朋友到我寓所来，又谈到这件事。我问：

"你看过吗？到底指的些什么具体内容？"

"我看过了，完全是用嬉皮笑脸的方法，作人身的攻击；无所

① 原编者按：此即《政治评论》，该刊第五卷第四期及第六期分别登载严灵峰和孔祥龄斥责徐先生的文章。

不骂，但又没有一桩具体的内容。你最好不把它放在心下，不为此生气。”

我笑了一笑说：“假使这种刊物突然有一篇文章恭维我，我便会因此而怀疑自己的人格，感到不安的。他们骂我，我倒觉得是很自然，没有什么。”

朋友也笑了一笑：“那便很好。”

我是一个最沉不住气的人，坐着没事便又问：“即使骂得没有具体内容，你也可以举一个例给我听。”

“例如说你生财有道，顶好请你去当经济部长。都是这类无聊的话。”

我听后，觉得他们骂得很有道理。餐餐有人喂他们，他们尚且感到吃得不太饱。徐复观不要人喂，居然也能吃得饱饱的。这当然是他们百思不得其解，望着非常眼红的事。其实，农人、工人都是不要人喂而自己吃饱的。

他们的用意，不仅是如此。

我听说，舐惯了人血的狗，见了生人便眼睛发红，张爪狂吠，意思是告诉他的主人：“他是来抢你的金银财宝啦！你还不动刀吗？”它只想舐主人动刀后的血，便只好情不得已地一个接连一个地狂吠下去。

他们现在的目标，大概选择到我身上。他们计算着：狗咬了人，被咬的人只会找主人算账，而不会找狗。尤其是像徐复观这种傻子，他一旦找到主人，惹得主人火起，钢刀亮处，徐复观的鲜血四流；流出的血，有的化为台北名厨的嘉肴，可以饱餐几顿；有的化为台湾银行的钞票，大家可以进拍卖店去买一套西装。这该多么要得！

拉克们！我的心血，正用在学生身上，用在祖国的文化身上。你们目前对我所用的方式，多半是无效，而会使你们白白地焦急的。不妨再试用旁的方式吧！

十一月廿七日于东海大学宿舍

一九六〇年十二月十六日《民主评论》第十一卷第二十四期

# 工业江湖

所谓“江湖”，是指我国下级社会中的一种半公开式的结社而言。他们结合的纽带，自及时雨宋公明以来，全凭“义气”二字。时代的进展，这种江湖义气，不仅可以维持旧社会里下级阶层的团结，并且更可以抢救现代工业的危机，创造经济的奇迹，成为太空时代我们中国人的伟大发现。所以我感到有综合最近报纸的材料，略加表扬的价值。

## 一

前几年，有一个从日本来的访问团，来到台湾。经过盛情招待，照例参观之后，在座谈会中，那些日本的产业家、经济家们，一个一个地，对于台湾工业建设进步的伟大，都倾吐出了东洋式的感佩之情；使我们主持这次招待的人，觉得这是最成功的招待之一。其中只有老经济学人高田保马，始终默默不出一语。有位朋友私下问他，他说：“你们这样发展经济，基础是不健全的。譬如，形成你们工业巨擘的唐荣铁工厂，便有不少的问题。第一，炼钢需要很高的技术，但它里面没有一个够现代技术水准的工程师。第二，我们日本炼钢用煤，你们用电。官营的电力公司，须专为它花百万美元的设备，来供给它的需要，但收回的代价，却微不足道。这实际是政府赔本去培植它。这样赔下去，日子长久了，如何吃得消？”这几个月来，拥有四千多工人的唐荣铁工厂，果然摇摇欲坠，朝不保夕，好像这位老学人的见解是征实了。但是，用常情常理来衡断我们的问题，这就说明他的研究，还未真正到家，依然相隔一间。我们的问题，不是这样简单的。

## 二

许多人讲，唐荣铁工厂的失败，是因为他们把工厂家庭化了。家庭经营的方式，是农业社会经营的方式，不能适用于计算精确、组织严密的工业时代。这种说法，总算触到了问题的核心；因为唐荣的财务，根本没有成本会计的。但家庭经营，常表现为两个特色：一是劳资不分，全家的劳力，无限制地投入，而不计算报酬。二是省吃俭用，没有人事费的开支，很少有交际应酬的浪费。外省人在台湾做生意所以做不过台湾人的原因，即系抵挡不住这种家庭的经营方式。假使唐荣铁工厂，真是用的家庭经营方式，这在技术上及组织管理上，固然不能与现代化的工业相适应；但其失败也决不至如此之惨，而其抢救工作，也决不会是这样的神奇。唐荣的经营方式，实际是江湖做法的经营方式。

江湖做法的特点是大斗分银，大秤分金，大块吃肉，大碗吃酒，以结交天下各路的英雄好汉，靠各路英雄好汉的大场面、大声势，以达到目的，满足野心的做法。而作为这一做法的精神力量的便是“义气”二字。唐荣的这种做法，不仅是表现在儿子婚礼的两千桌酒席上，而主要是靠他的三大法宝。第一是对政府高级官员、民意有力代表的豪华而曲尽的招待；这种招待费，大概不少于平日的人事管理费。第二是每年送三万元到五万元的顾问，大约有五十人左右；这些顾问，当然是从有力官员和民意代表中选择出来的亲军。第三是在约五亿元的借款中，大约六千万元的利息支出，其利息高达四分或五分，不扣所得费，并且内中还有虚数的本钱。这当然也是结纳达官贵人，及有力的民意代表的小小意思。最难得的是，借张院长道藩的话说："立法院同人就有几百万贷借给唐荣，各院会公私放款给唐荣的，大概有六千万。唐荣很有'义气'，始终不肯发表这些债权人的名单。"（见《新闻天地》六六七期）引用抗日时期的总动员法来抢救唐荣铁工厂，正是由唐荣的义气结纳下来的这群英雄好汉共同创造出来的奇迹。

## 三

报上早已透露过，唐荣铁工厂利用襄阳大演习，各路英雄齐集南部的时候，大肆活动。其中最突出的是张院长在工厂里打电话给行政院秘书长，催促赶快通过抢救办法。现在《新闻天地》又登出他在立法院的院会中，曾经为此而痛哭流涕，这似乎有点太难为情了吧！其实，并不一定是如此。这位张院长，较之过去的院长，在公私经济上，最为分明。他之敢于痛哭流涕，恐怕真的是出于"义气"的感召为多，出于直接利益的关连较少。他本是以慷慨、打斗而起家的人。他在政府中，大概是唯一的良心血性之士。大家只要想到三十二位立法委员，硬是抓破面皮，要政府代唐荣还他们的高利贷，相形之下，张院长岂不是在天上吗？

唐荣铁工厂，好像梁山泊。总经理唐传宗先生即是大哥宋公明。那些顾问，经常受特殊招待、取得特殊高利贷者，则是一百〇七条英雄好汉，而颁布总动员法的好像是其中的军师吴用。四千左右的小债主，大概是掮旗打伞的小喽啰。这一江湖的结构是喽啰们垫众英雄好汉的脚，从英雄好汉分唐大哥的金，唐大哥打政府的劫。打劫的数目，就现在可以知道的，台银垫付了公司债二千万元，信托局垫付原料，电厂不收电费，税局不收税金。此外则尚有三大谜底，不能揭开。一是资产到底多少？二是欠债到底多少？三是政府负担的到底多少？不过记载梁山英雄的《水浒传》，有两种本子。一百二十回本子的收场是“宋公明神聚蓼儿洼，徽宗帝梦游梁山泊”。七十四回本子的收场是“忠义堂，石碣受天文；梁山泊，英雄惊恶梦”。现在写《新水浒传》的人们，还是向哪一种本子去发展呢？

本文主要取材：《征信新闻》十一月廿九日的《一张债权人名单，支持唐荣不垮台》，十二月四日的《唐荣工厂的一糊涂账》；《联合报》十一月廿九日的《黑白集 · 皮漏唯大》；《自立晚报》十二月二日的《微言 · 唐荣的成功》；《新闻天地》六六七期《张道藩痛哭》。

一九六〇年十二月二十八日《自由报》第九十一期

# 人口问题的忧郁

当十八世纪末英国正经历着产业革命的时候，新机器不断地出现，工厂制的工业代替了传统的小手工工业。一方面是生产力飞跃上升，一方面却因劳资对立，贫富悬殊，使社会问题显得非常尖锐。当时无政府主义者高道文（William Godwin），在一七九三年，发表了《政治的正义论》，一七九七年，又公布了《研究录》，认为只要改革社会环境和社会制度，便可以驱逐一切的罪恶与贫穷，人和社会即可达到完全的状态。他的立足点在于对人类理性的无穷信赖，认为通过人类的理性，这种改革是一定可以实现的。

高道文对人类前途的乐观看法，给当时英国思想界以极大的影响。但是马尔萨斯（Thomas Robert Malthus）在一七九八年，和自己的父亲作了一场辩论之后，出版了有名的《人口论》的第一版，认为人口若不加以限制，便会以几何级数的比例而增加，即是以一、二、四、十六的比例而增加。人类所必不可缺的食物，则只能以算术级数的比例而增加，即是以一、二、三、四、五的比例而增加。此种增加比例的不平衡，成为人类贫困与罪恶的不可克服的根源，与高道文所说的社会制度没有关系。马尔萨斯人口论问世后的世界情势，在科学进步的西欧，否定了他的预言；

在科学落后的地区，却大体合乎他的估计。他提出了人类问题的一面，但并不能因此而否定了高道文们所提出的另一面。

在马尔萨斯《人口论》出版后的一百五十二年，即是一九五〇年，英国著名的评论家阿道斯·赫胥黎（Aldous Leonard Huxley）氏，在其《主题与变奏曲》中，对人口问题，又提出了更崭新、更为忧郁的警告。十年以来，渐渐形成新人口政策的动力。

据赫胥黎氏的看法，世界正面临着两重的危机：高次元的危机是政治经济，低次元的危机却是人口学的、生态学的危机。不解决低次元的危机，只有使政治经济的危机更为恶化。他针对“丰富中的贫困”的口号，而提出了“贫困中的贫困”的口号。所谓丰富中的贫困，是许多人以为地球的资源，可以供给增加的人口以充足的衣食和快乐。当前人类陷于悲惨的原因，乃在错误的生产方法与错误的分配方法。只要将这种原因除去，全地球便可成为一个广大的“糕饼之国”。但赫胥黎氏认为一个人的食物便需要二点五英亩，所以就现时可利用的土地来养现时人口，已经大有问题，何况人口在十年间约以二亿人的比例增加，这怎能不说是贫困中的贫困呢？

更严重的问题是生长粮食的土地却一天一天地变得贫瘠。他完全同意雪巴特在《食物与饥馑》一文中所说的，原子战争可以破坏文明母体的社会环境，而土壤侵蚀则可以破坏文明基础的自然环境。“若是土壤侵蚀不能加以防止，将使任何文明的可能性归于消灭。”赫胥黎更严肃指出，在现时人口过多地区，拼命榨取土地的生产力，本来是为了保存自己，但实在是破坏自己。他于是大声急呼地说：“人类，即是他自己的火星人。”“由这种火星人入侵的悲惨结果，不是由任何急进的革命所能解消的。”

因为问题是这样的严重，所以赫胥黎氏觉得西欧的人们虽然发展不出可以为一般人所接受的哲学，但很容易找出一个积极的、现实的、普遍而有魅力的政策——这即是缓和人类低次元的危机，限制世界的人口，恢复并增加地球的肥沃度的政策。若是苏俄对此一政策采取合作的态度更好，否则民主主义国家方面，可以把此一政策作为强力的外交、宣传上的武器。纵然因此而不能保证我们这一代的和平，“但在近的将来、远的将来，可以减少战争的可能性”。

但是，人口问题在世界上也并不是一样的。据赫胥黎说，在西欧和北美，这五六十年以来，全体的出生率正急遽地减少。因为死亡率低，所以出生率的减少尚未成为人口总额的减少。到一九七〇年，西欧人口，较之现在，大约要减少九百万，但苏俄则大约可以增加五千万。全亚洲，当然更会大大地增加。

并且在出生率低下的国家另外还有一个可怕的共同倾向——即是愈有教养、愈有才能的人们，出生率减少得特别大。所以他认为“将来西欧与北美的人口，大概是由现时住在此一地域里智能程度很低的人们的子孙所构成”。现时英国极有权威的心理学家巴特，认为在本世纪告终时，英国有学问才能的儿童只能有现在的半数，全人口的平均智能指数要减低百分之五。其他，西欧各国，乃至北美，随着出生率的减少，同样还有质的降低。

由上可知，限制人口政策，对于亚洲是全面的要求，对于西欧、北美却特别要找出可以促进有智能的人多多生育儿女的方法。但他认为国家主义的偶像崇拜，是廿世纪真正有力的宗教，这是妨碍实行人口政策最大的障碍。为了克服这种障碍，需要长期的努力。同时，为了恢复并增加地球的肥沃度，他提出了三个方案，也是须要世界性的长期奋斗的。

最后，赫胥黎氏，对于人口问题，他指出了一种难以避免的矛盾——即是“从生物学、历史学方面说，大家族较之小家族为正常。生五六个小孩的女性，较之以人工限制而仅生一两个小孩的女性，更近于自然。出生率迅速降低的国家，在这四十年间，精神变态这类的病有显著的增加……部分的原因，是由于限制生产而来的性生活、家庭生活的形态，常对大人、小孩给与以某种意味的非常不满。生物学的正常行动成为近代文明的牺牲时，我们缺乏调整均衡。然而，若保持生物学的正常行动，则我们更将陷入于饥饿，更缺乏自由，更卷入于战争与革命的危险”。所以两害相权，他主张依然选择限制人口的一条路。

不过，我感到赫胥黎的高见是否也和马尔萨斯一样，以为人口问题可以掩盖其他社会问题，亦即可以作为现时抵抗苏俄攻势的一个盾牌呢？是否含有西欧、北美对于亚洲人口增加的恐惧心理呢？所以他的意见，只有抽去上面两种政治因素，才在一定范围之内有其意义。

一九六一年二月二十五日《华侨日报》

# 政治的艺术与魔术
## ——谈法国大革命前夕的三级会议

政治的成败，主要决定于政治的目的、方向；但实行中的效率，却常常关系于政治运用上的技巧。当然，这种技巧，最后总是为政治的目的、方向所制约的；不过这里却只从运用的技巧上着眼。

世人每好以政治艺术来表明某种运用成功的技巧。但艺术之与魔术，常是差之毫厘，谬以千里。于是负实际政治责任的人，便容易以自己所玩弄的政治魔术，沾沾自喜地当作自己的政治艺术；许多政治中的悲剧，多是由此而来。所以于二者之间，应该知所辨别。

艺术和魔术，都是为了化除政治运行中的障碍。但化除障碍是为了达到大多数人所共同要求的目的，这便是一种艺术。化除障碍以保障极少数人的特殊权益，这便会自然而然地流为魔术。从结果看，大众对于艺术品，认为是真的，所以也是有效的。而对于魔术，最后总会知道是受了骗，因而可能引起更大报复的心理。

像上面那种抽象的说法，或者还不易为人所了解。我便提出法国大革命前夕开三级会议的情形来作一例证。因为到现在为止，历史才是人类了解自己的最重要方法。

## 一

法国当路易十六时代，启蒙运动已经收到相当的效果，许多知识分子不再能安于现状，而政治上却败象丛生，上下交困。不扩大政治的基础，获得人民的拥护，便不能继续支持下去。一七八八年十二月二十七日，宰相芮克便说："我要以一份大年礼送给法国。"即是要决定召集立法议会。议会代表分为三级：一级产生自贵族，二级产生自僧侣，三级产生自平民。这一消息传播后，赢得了法国各阶层的欢欣鼓舞，为了新的希望，有的人连眼泪都流了出来。一、二级中的特权阶级，当然不赞成这一套。在他们看，如要开，每级的代表人数，也应当相等，即是想从代表名额分配上来支配此一议会，使其成为贵族、僧侣的会议。结果大势所趋，还是第三级的人数，比第一、二级的加倍。

由三级所组成的会议，各代表间的意见当然有许多不同。但除了整天在宫廷里打滚，和王后混在一起的极少数卑劣横蛮的贵幸以外，对下列几点要求却是大致相同的：(一)设立成为决策而不是为了"护航"的代议院；(二)成立名符其实的宪法；(三)担保个人自由；(四)司法彻底独立，不许国王以命令去干涉审判；(五)纳税义务平等。这说明法国当时并不是没有大团结之道；并且当时大家所要求的，是改良而不是革命。

路易十六，在当时依然是人民的偶像；人民以为召开会议，改良政治，是出于他的诚意。在一七八九年五月四日举行宗教仪式之际，主教拉非耳在讲道中，批评了宫廷一顿，批评是改良的起点，这是古今中外的通例。王后当场听见这种批评，咬了一次牙。但路易十六却睡着了没有听见；他醒来后神情表现得很高兴，笑容满面，似乎很以主教所说的话为然。代表们看到他这种高兴的样子，大家也高兴起来，以为他知道了民间的疾苦和自己政治上的不德，而有意与大家从头再来。对于会议的前途，浮出许多乐观的幻想。这是说明路易十六在睡梦中来了一次真正政治的艺术，收效甚宏。假定他醒了以后，也能了解政治艺术，只不过是因势利导，照着这一方向表演下去，那法国的历史就会完全改写的。但这对于恣睢成性、权力熏心的统治者，是根本不可能的。

他一上场所表演的，都是焚琴煮鹤，大煞风景的反艺术的愚蠢勾当。但他和他的贵幸们，却自以为在表演天才艺术。

## 二

会议的主力当然是平民代表。但路易十六把贵族和高级僧侣的代表，当作自己的心腹干部，而视平民代表为眼中钉。首先在礼貌上给以差别待遇，他想用这种方法来抹煞平民代表的重要性。他在书房中很隆重地接见贵族与僧侣，而把平民代表挤在一个栅栏中间，让他们等候三点钟之久，才一个一个地走到他面前行一个礼后，即向右转弯而出，并不发一言。会议时，贵族、僧侣的代表从大门走进，而平民代表却只能走后边的小门。路易十六，生怕平民代表们误会他是和大多数的人们站在一起，等到五月五日正式开会，他来一篇很长的演说词，念的人，念得声音爽朗，内容只是表明他虽然召开会议，但是应当议些什么，都归他作主；代表们应当受他的约束，他决不可受代表们的约束；否则和王权大法相抵触的。但有一点必须做到，即是大家多多地向国库捐输。

许多代表听了以后，感到是受了骗，甚至更有人说："我们从此就开仗了。"但代表中的宫廷、贵族和大僧侣，却心花怒放，因为这样保证了"吾王与吾王的奴婢们的共同利益"。他们认为代表的任务只在于喊国王和王后的万岁，为国王和贵幸们捧场而已。

## 三

主张召开这一会议的宰相芮克，本来认为既是正式会议，代表们应当在一起开会，实行以人数多少为标准的表决办法。但路易十六与其宫廷贵幸，却坚决主张分级开会。后来史家分析他为什么非坚持这一点不可呢？第一，他觉得政治问题，是统一而不可分割的性质；分级开会，便可使大家不能真正涉及政治问题；最低限度，也只能涉及若干枝节，而决不能触及他的疮疤。第二，他觉得第一二级代表中多半是他的干部，而第三级代表，则不过是暂时与以敷衍的卑微的客人。万一有不识相的客人，决议了什么政治改良方案，便可以由干部代表的决议加以抵消。用"干部会议"抵消"客人会议"，他觉得这是政治上莫大的艺术运用。

但第三级代表却坚持非统一审查代表资格，非统一开会不可。这中间经过了许多曲折，情势天天演变。在某一时机，路易十六只要作某种让步，即可解决问题，但他却坚持不让；等到坚持不下去而作某种让步时，却又情势已变，原来的让步，不复能解决问题了。到了六月十三日，第二级的僧侣代表中有三人与平民代表合流；接着有更多的僧侣乃至第一级中较为开明的贵族，也纷纷和平民代表站在一起；越六月十九日，统一的"国民议会"，已经得到了确定的胜利。

## 四

少数的宫廷贵幸们着急起来了，六月十八的那一天，决定要用很严厉的办法，通过御前会议，拆散“国民议会”，以保护贵幸和僧侣。

这中间，还玩了几点小花样。例如以修理房屋为理由，把平民代表们原来用作议场的消闲宫，关闭了起来，于是代表们只好把会场搬到球场去。结果，路易十六的亲幸达多亚伯爵却吩咐下来，明天要打球，要大家赶快让开。后来这位伯爵对于自己这一手，感到非常得意，觉得玩得太艺术了！

六月二十四日，御前会议开了。路易十六显得有点忧愁；而上述的达多亚伯爵却十分得意，因为他在路易十六前又露了一手大大的谋略。路易十六以颤抖而粗暴的声音，向代表们训话；主要是说三级代表，非分组开会不可。同时，贵族与大僧侣的特殊利益，必须特别尊重、保护。

写法国革命史的人对于这次御前会议说：“自从波旁朝第一代的君主，一直到最末的君主，都是始终反对封建制度的。只有路易十六，此时却同贵族们拉在一起，自然只有与贵族同归于尽的。”

事情发展至此，历史的命运大概已经决定了。以后，路易十六为了挽回颓势，认为主张召开会议的宰相芮克不够忠实，而将其免职，这便更引起人民的愤怒。尔后，又一度装作俯顺舆情的样子，使许多人在最后对他又浮出一点幻想；但终于一转瞬又露出狐狸尾巴来了。再以后的结果，是举世皆知，不消叙述的。

## 五

路易十六的命运，完全是自己一路的政治魔术所造成的。但在他自己，或者以为这便是政治艺术；而对自己的命运，提出可以使自己安心的其他解说。顺应大势走的是艺术，伪装顺应大势，而实际只是为了满足少数人权力之私的是魔术；在曲折中诚心诚意去做的是艺术，在油腔滑调中两重人格的是魔术。中国文化中，特别重视一个“诚”字，即是告诉人，只能学艺术而不可玩魔术。魔术有时也能收到短暂的效果，但一经拆穿后，再大的魔术师也就束手无策了。我十几岁住师范学校的时候，在某纪念节目，同学们表演魔术，分明是一只空箱子，却拿了许多东西出来，我真觉得非常稀罕。第二天找到那只魔术箱子看看，原来是活动的夹底，于是自己觉得太容易受骗了，以后对于任何中西魔术，皆无兴趣。所以中外只有亘古常新的艺术品，决无革命富贵的魔术师。

在今天，最大的政治魔术师是共产党。它真有这一套行头，也真有这一套本领，但也慢慢被世人拆穿了。共产党以外的任何政治魔术，对于共产党而言，真是小巫见大巫，简直不足齿数。因此，在今日自由世界中，自己对自己演铁公鸡的英雄好汉，或者自己对自己演无中变有的魔术大师，他们的所作所为，都只能证明这正是一个悲剧的时代。大家勉力于艺术习作吧！因为世人要看的是艺术而不是魔术。

一九六一年七月二十六日《自由报》第一五一期

# 话　鬼

卜少夫兄忙完了阳明山会谈后，又记起来信向我要文章，并出一道题目是“马谡与廖化”，这是《三国志》或《三国演义》上的出典。我不是专门研究《三国演义》的，对少夫所出的考题，只好交白卷。记得王渔洋题蒲留仙《聊斋志异》的诗是“姑妄言之姑听之，豆棚瓜架雨如丝，想因厌作人间语，爱听秋坟鬼哭时”（因手头只有手抄本的《聊斋志异》，而《渔洋精华录》中，对此诗又未加收录，没有这首诗，单凭记忆，文句恐有错误），在回忆中，觉得这首诗很有点意思。不过我现在的“话鬼”，并非出于东施效颦，而系我过去在分尸案一文中，提到少年时曾看见过鬼，于是有的朋友当面问，有的朋友写信来问：“你真看见过鬼吗？”其中有些朋友是不曾相识的。我的答复都是“真的看见过，让我有机会写了出来”。现在便借《新天》一角之地，向许多朋友了此宿诺。

“见鬼”的故事太短了，让我先从“梦鬼”的事说起吧。离我家一里多路远，有两条小河相会，乡下人便称它为“乂河”。乂河原有两家铺屋，后来都歇业了，离两家铺屋不远，靠在一个坟山的旁边，有个独立房屋，一共有七间房子，这在乡下，算是相当大的。因为生计困难和人口不兴盛的原因，被我忘记了姓名的房主，不知搬到什么地方去了，便成为没有人住的空屋，我父亲就利用它作私塾之用。我没有进县城的高小以前，固然有两三年在这里读书，即在我进了高小乃至进了武昌的第一师范以后，寒暑假也多半呆在这里。这是和我的童年少年结缘最久的一个房屋，后来我们把它称为“学屋”。我要说的故事，主要是以此为中心的。

从我家向左手的青龙嘴走去，绕过这一个山坡，便是一个山凹，我们称之为“大凹”，这是到学屋去必经之路。大凹的山道上首，有一座从来没看见有人祭扫过的相当大的古坟，早晚从那里走过时，多半是低头急走，总有些胆怯。有一天，正是快要黄昏的时候，我从学屋回家，走经大凹，看到古坟前面，坐着两个女人，一个大约三四十岁，一个只有十四五岁，想来是相依的母女。穿着明朝的衣服，静寂寂地凝眺着我。我停下脚，走上几步，彼此攀谈起来，中年妇人说了她的乡里籍贯和她丈夫的姓名，及全家殉难于此的故事，她清丽阴沉的脸上，不时淌下眼泪。十四五岁的女孩子，只静静地在旁呆坐着，不出一语。接着，她两人送我回家，送到青龙嘴上坐下来，又叮咛了一番，似乎是希望我能为她们改葬。我快走进大门时，回头去看，她两人还是神情凄楚地站着望我。做这个梦时，大概我有十三四岁。醒来后，幼稚的心灵，感到十分的惆怅。一直继续许多年，对此梦印象的明确，故事条理的清楚，还时时从脑筋中涌起，使我宁信为真，不愿说它是梦。过了三十岁以后，渐渐地模糊起来，今日偶加回忆，却只能重现两人凄清的影子，和我当时惆怅的感情，再记不起她所说的旧事的内容了。在我们村子附近，有一个村子称为“金家冲”，现在住的人们是姓陈，但陈姓祖宗的牌位后面，却供的是金姓的祖家牌位。另有一个村子，称为“杀二万”。古老的传说，或者是元末明初，或者是明末清初，有姓金的在金家冲起义，在杀二万战死，因为当时被杀了两万人，所以便称为杀二万。我二十多岁的时候，有一次同朋友们不知为什么在杀二万的山上玩，偶然发现一块岩石上刻着“金将军死难处”六个字，再找，在相距不远的地方，又发现一块岩石上刻着“金小姐死难处”六个字。两个岩石大部分都埋没在土里面，字形约有两寸大小，刻得深而形体整齐，似为仓卒间刻成。当时我们没有历史知识去稍加发掘，看有没有其他遗物，或年月的记载。但这一点，却可以证明故老相传的故事，是有其真实的来历，而我们附近，是曾经过一次大劫难的。可惜地方史乘缺略，今日无从查考。然则我的梦，如何能一定判断它是幻呢？但即使是真的，连自己将来葬身何处，尚不可知，又如何能为她母女二人践改葬之约？

大概在十六七岁的时候，我已上了武昌第一师范，过了元宵，我还在义河学屋里温习功课。有一天，来了一位客人，在学屋吃晚饭，吃完晚饭后，在右首一间长套房里，和我父亲隔着条桌对坐谈天，我便站在条桌的头边静听。这间长套房，中间摆着四五个条桌，成一直线形。靠右手向外有两个窗子，每一个窗子下面放一张方桌。靠左首，又是两间较小的套房。隔着谈天的条桌是这一排条桌的第一张，条桌头边点一盏油灯，我在油灯的背面，灯光射向一排条桌的另一端，并照到另一端的窗下的方桌。我正站着听父亲和客人闲聊的时候，突然感到身上一紧，看见方桌底下，有一个小孩，好像是在地下捡字纸。我心里想：“真正有鬼呀！”集中精神地去看，但舌根好像有点发僵，不能出声。黑影子在桌子下大概活动了分把钟，突然向上一掠，没有了，我的舌根也恢复了原状。过了一下，父亲要我到堂屋另一边的套房去读书，我说 :“我害怕，一个人不敢过去。”“怕什么呢？”父亲很惊奇地问。“我刚才看见那一张桌子底下，有一个小孩子捡字纸，一下子，又不见了。”“你为什么不喊？”“我当时舌头僵了，喊不出来。”“胡说，是你自己的眼睛放花。”客人补充说 :“可能是狗子。”于是拿起灯来四处照了一番，没有看到狗。父亲便坚持眼睛放花的理论，送我到对面去读书了。

一张方桌规定坐两个学生。那张方桌坐的一个姓樊，名字已经记不清楚，另一个姓陈，名字叫做春生，头上蓄着半月形的头发。第二天，陈春生没有来，说是病了，我听说，心下一冷。过了两天，陈春生死了。因为有这样的巧合，我便一直相信是见过鬼。

十七八岁的时候，乡下还在过年，邻村的夜晚唱花鼓戏度岁，父亲是不准我们去看的。哥哥偷偷去看，半夜回来，不敢从大门进，小声把我叫醒，从我睡觉的后房进来。我为他打开后门，让他溜走后，翻上床去再睡。不一会儿，突然后门哗啦的一声响，我心里着急想 :“怎么忘记闩上门让狗进来了呢？”接着便是一阵女人木跟底鞋的走路声音，笃笃的，一步一步向我的床面前走。我心想 :“这才糟了。”赶快把身子侧着睡，把两膝弯起，双手握拳，拱卫在胸前，作迎敌准备，但紧紧闭起眼睛，生怕看见了什么，吓坏了。说时迟，那时快，木跟底鞋的声音走到床前了，仿佛有一阵风掠过，便从我脚上一直向身子的上部压下来，快压到胸口时，我便两拳奋平生之力，向上猛突，身子随着坐起，寒毛简直根根竖起，汗水也流了出来。此后更不见动静。大概经过了两三点钟，我疲倦极了，要睡又不敢睡。突然，又仿佛一阵风掠过，笃笃的木跟底鞋的声音，奔向后门去，哗啦一声后，便寂静下来，恰巧开始了叫晓的鸡声，我迅速躺下睡着了。大天亮跳起来去看后门，却是闩得好好的。这似乎是听到了鬼。

看见鬼，听到鬼，都是非常讨厌的事。但年轻时一共两次梦见的鬼，却似看过了两次感人极深的电影，形成了我少年时代艺术生活的宝贵的一页。二十岁以后，再没有见过鬼，听过鬼，连梦也没有梦过。这或许是因为自己的灵性汩没得太多，因而与灵界完全隔绝了。也或许是鬼的世界，已经与人的世界合了家，所见、所听的都是鬼，反而不觉其为鬼，更用不上形之梦寐了。（九月九日寄）

一九六一年九月廿三日《新闻天地》

# 当前思想家的任务

> 只要是心理正常的人，决不会希望核子大战。只要是常识丰富的人，决不会相信靠两方面的核子武器竞赛而可以阻止核子大战。

## 一

在杜勒斯的时代，美国不断地运用战争边缘政策。但经杜勒斯偶尔说破，便一时舆论哗然，群起反对，因为那是在玩火，而玩火终会是自焚的。杜勒斯死后，太空竞赛的优势转到苏联手上，举世惶惶又来应付苏联的战争边缘政策了。从战争的边缘走进战争的中心，只是手脚稍稍滑进一步的事情。而全世界人类的命运，便掌握在这手脚稍稍滑进一步之间。

在上述情势之下，举世的政治家忙于拟策略，举世的军事家忙于作计划，举世的科学家忙于造武器。假定在三者之外，还有所谓思想家，亦即广义的哲学家，到底有没有一分任务可以分担呢？说到这里，大家便可以想到英哲罗素所领导的请愿。假定思想家的任务便是请愿，思想家便未免太可怜了。同时，从报上来看，罗素积极性的意见，似乎是要英国完全放弃核子军备，美国则在与苏联未达成裁军协议以前，依然会保持核子军备。其用意揭穿了说，是希望平时英国倚赖美国的核子力量以保持自己的利益，万一打了起来，则让保有核子武器的国家，美、苏互相毁灭，而英国则藏在夹缝中间，幸免池鱼之祸。假定思想家的用心便是如此，这未免太阴狠自私了。除罗素所表现的以外，思想家在目前局势之下，便毫无其他可尽的任务吗？

## 二

当代科学史的权威萨顿，在其大著《古代中世科学文化史》的序章中指出：希腊文明的失败，不是缺少了知性，而系缺少了人格、道德。欧洲中世纪的停滞不前，是只强调了神的仁爱，而缺少了对现世的知识的活动。因此，他的结论是“没有仁爱的知识，和没有知识的仁爱，是同样无价值，是同样危险的”。

若把萨顿的话，应用在中西文化的比较上，可以说中国文化的缺陷是强调了仁爱而忽视了（不是反对）知识；近二百年来，却连传统中的仁爱精神也失掉了。西方文化，则成就了知识，而忽视了仁爱。因为西方文化实际上已成为世界文化，所以整个世界的文化危机，便暴露在有知识而无仁爱之上。

知识成就科学，科学的自身是没有态度的。科学对人类的造福或贻祸，不是决定于科学，而是决定于人们所给予于科学发展、运用的方向。今日科学成果的核子武器，据说，可以在三十分钟内毁灭人类，实际则是当前人类的意志，要在三十分钟内毁灭自己。此之谓“自作孽，不可活”。如何从自作孽的人类中拯救起人类，使科学的方向，不向杀人方面发展，而向造福人群方面发展，这才是当前思想家的真正任务。而此任务的实行，是要在西方文化中，建立仁爱精神在文化中的主导地位。

## 三

西方了解道德的价值，而体认得最深切的，无过于康德。但康德虽强调动机中“善意”的重要性，但他还没有扣紧仁爱方面来作为道德的内容。“不忍人之心，人皆有之”，这是无间于古今中外，而可当下加以证验的。但康德必须用二律背反的方法，费这大的思辨力量，以证明道德理性的存在。这是说明西方文化的习性，不把人当下可以证验的道德事实加以承认而肯定其价值；却必须通过理智思辨的形式，以建立与事实有距离的概念，在概念上去辩论有无是非。于是每一个人所具有的仁爱之心，不能在学术文化上取得其应有之价值地位，而退贬于无足轻重之列，致使人性中最宝贵的这一部分，被抑压泯没，不复在人生社会中发生应有的作用。

当代的思想家们，对人生问题，我希望不必再玩弄什么概念的把戏，而只抓住人心当下一念所自然呈显出来的不忍人之心，亦即是仁爱之心，确定其为人生根本价值之所在，并承认这是一切价值之价值。顺着此仁爱之心的自身所具有的无限延展性，加以扩充，而不加以阻塞，则在每一个人的精神里面，都涵融着整个的人类，而与之休戚相关，科学便自然会向造福人群方面发展，而不会向杀人方面发展了。

但面对两大阵营的生死斗争，而欲在精神中求解决之道，是否有点像执《孝经》以御黄巾，过于迂阔可笑呢？诚然，仁爱并不能发生谈判的效果。但自由世界之内，存在有多少为仁爱之心所不容的问题？思想家们，应当先提倡以仁爱精神来解决自己的问题，化不平等为平等，化对立为融和，则自由世界的本身，将由此道德力量而加强了现实的力量。铁幕内部依然是人，依然有不忍人之心。铁幕外的不忍人之心，汇成洪流，以与铁幕内部的不忍人之心相呼应，则核子威吓的形势，或可慢慢软化下来，为人类另开辟一崭新的局面。最低限度，比静坐请愿，总会更有意义。

一九六一年十月十六日《华侨日报》

# 有关《秦始皇》的剧本

编者先生：

我对于影剧全系外行，然对日人之演中国史剧，则主张极力加以鼓励。盖由此而多少可有助于世人对吾民族之注意也。对历史剧本之编定，鄙意应根据两大原则：第一，大轮廓、大纲领，须是历史的；穿插于轮廓、纲领之间的细节，则不妨戏剧化。第二，出现之历史人物，须大体与史实相符，但其中之虚构人物，则尽量戏剧化。就我的观点看，日人所编的《秦始皇》剧本，就是戏剧化太过，历史性不足，不算理想的历史剧本。不过日前贵报电影版内所刊出的我方向日方所提出的四点意见，真有令人莫测高深之感。提出的第一点意见是“秦始皇是西方游牧民族，骠悍而残暴”。按：秦先世虽窜处西戎，但其本身并非西戎；当时西戎亦未必同于北方之游牧民族。秦所居者为周室旧壤，早以农耕为生。故商鞅变法，即以“耕战”结合，形成生产与战斗之统一体，此乃其所以能富强之本，何尝有西北游牧民族之事实乎？孙卿当日与临武君议兵于赵孝王前，荀卿对秦军事之叙述谓“故齐之技击，不可以遇魏氏之武卒；魏之武卒，不可以遇秦之锐士”。而所谓秦之锐士是“其生民也陿阸，其使民也酷烈，劫之以势，隐之以阸，忸之以庆赏，鰌之以刑罚，使天下之民所以要利于上者，非斗无由也。阸而用之，得而后功之，功赏相长也，五甲首而隶五家，是最为众强长久（人人皆民，故众。与耕相结合，故久），多地以正，故四世有胜，非幸也，数也”（以上见《荀子》卷十五《议兵》篇）。这是当时军事情形最可靠的材料，在何处有游牧民族之铁骑纵横痕迹乎？且以戏剧之意识而论，外族征服华族，乃并不光荣之事实。今无故将秦人虚构为西北之游牧民族，则是秦之统一中国，乃外族之征服中国。此种虚构，其所以自己诬蔑自己历史者，为稍有良心者之所不忍出。果如此，则是当日凡游仕于秦者，将皆为北走胡、南走越之汉奸也。如此虚构，果系何居心乎？

提出第二点为“秦始皇收天下兵器，只收去铜器，铁器则未收去；故后来民间用铁制兵器打败了官方的铜制兵器”。此点尤为荒谬。由近年中国古代铜利器之发现，及地下之发掘，中国铁器之使用、流行，较之过去一般人的看法，提早很多，这里不去说它。《禹贡》九州中，只有梁州贡有铁及镂（《孔传》，钢铁），这正在秦国领土之内。在一部《诗经》中，只有《秦风》中出现，这与铁有关之两事：一是“铁驷”（铁色马）；必先有铁，而后人会以铁的颜色命马之名。另一是“虎韔镂膺”，郑笺之镂为“镂刻金锦”，但镂依然是钢铁。在铁的使用材料上，《秦风》与《禹贡》不谋而合。由此我们不难断定，秦虽然不是最先使用铁的地方（西周初年已开始使用；据《左传》，晋也使用到铁），但它确实是很早使用铁器的重要地方之一。因此，日人关野雄在《中国初期铁器文化之一考察》一文中，认为秦之所以能统一六国，是因为它首先大量使用铁兵器。此种说法，虽未免夸张，但秦之使用铁兵器，决不在其他各国之后，则可以断言。何以必须完全违反历史事实，而虚构出当时民间以铁兵器打败秦官方使用铜兵器事实乎？且在戏剧之意识方面而论，铁兵器利于铜兵器。虚构出民间铁兵器打败秦之铜兵器，这实在是一种“唯武器论”。在贾谊《过秦论》中述陈涉起兵情形是“斩木为兵，揭竿为旗”，又谓“鉏耰棘矜，非铦于钩戟长铩也”。此乃是在暴政下人民起义之实际情形，电影上何以不可反映此种实际情形而须虚构一军事之唯武论？此岂仅违反历史事实，实亦抹煞人民起义之意义。站在唯武器论之立场上，吾人果有何希望乎？其他数点，不值多费笔墨。

一九六二年三月二十五日《征信新闻报》

# 泛论形体美

## 一

希腊很早便以真、善、美，为人生所追求的三个理想目标。许多人认为希腊文化的精神是艺术；艺术的最大成就就是雕刻，雕刻的取材，是人体的形态美。不过，他们当时的社会，对女性是采取非常轻视和抑压的态度，所以雕刻多取材于男性而很少取材于女性。但毕竟代表形态美的是女性而不是男性。希腊男性雕刻的灵魂，依然是被隐藏着的女性而不是男性。

形态美在中国古代文化中，似乎没有希腊的幸运。就现在可以知道的古代三大形态美——妹喜、妲己、褒姒而论，因为她们在政治上与亡国的惨祸连带在一起，使古代的人引为大戒，于是以最大的力量，歌颂文王的后妃，说她的伟大乃在德而不在色。其实，有德而无色的女性，有如又苦又涩的营养品，对人生总是一种缺憾。而今日成为卫诗的“巧笑倩兮，美目盼兮”对女性形态美的歌咏，正与希腊的石像，同其不朽。

现在，正是心理变态的时代。变态之极，艺术不再是美的升华而趋向为美的否定。毕加索只有把自己的太太画成三只眼睛的怪物，才能满足自己艺术创造的冲动。其实，在现实世界中，毕加索的内心，可能因自己未曾得到最后的形态美而会有时感到空虚、叛逆，但我相信他决不会要三只眼睛的女性作太太，即使有这种三只眼睛的女性。女性的形态美，将成为美的永恒的定石，将成为扭转当前艺术变态心理的强有力的契机，这是我相信的。

## 二

不过，形态美虽然可以通过雕刻、绘画、诗歌而使其长春不老，但形态美的自身，因生理的无可奈何的限制，却和英雄人物一样，永远是带着悲剧的命运，袁子才“美人有寿已无恩”，正说明了此一悲剧命运的性格。汉陈皇后奉黄金百斤，向司马长卿买赋；明末卞玉京，因自伤憔悴，而与吴梅村避面绝缘；这都说明此种悲剧命运的残酷。因此，形态美的自我完成，也常常和英雄的自我完成一样，只能诉之于悲剧，所以项羽宁以头颅赠故人而不肯渡过乌江，这便足使拿破仑大为减色。至昭君能琵琶出塞，杨太真得宛转马前，这是她两人真正美的完成；遂使青冢黄昏，马嵬片土，永远系人留恋。

从上述的观点说：最近玛丽莲·梦露的自杀，或许是她最聪明的选择，也许是美的自我完成的一个不太高贵的例子。我说她不太高贵，是说她被世人所认取的性感之美，在美的价值衡量中，恐怕只能居于最低级的地位。美之所以可贵，因为它是缥缈的，想象的，可远观而不可近玩的。太现实化了的东西，便是商品而不是美。但这不是玛丽莲·梦露之过，而是这一时代之过。这一时代的下流根性，只能把美变成商品而加以糟蹋。玛丽莲·梦露以裸体表现她的最后，这或许是她对此一下流时代所作的抗议。

三

“善”和“美”，与“真”有所不同。“真”可以自己加以表明，但善和美，只应由旁人认取，而本人却最好在追求之际，又能把它忘掉。一个自以为善的人，固然对于善是一种损害，一个经常自以为美的人，对于美恐怕也是一种损害。因为美不能离开形态，但美也同样不能离开纯静雅洁的心灵。美的无限价值，主要是使人通过形态去把握心灵所引起的想象。一种自以为美的人，便把自己束缚在自己形态之上，阻碍了心灵向其他方面的发展，于是没有动力与烘托的形态美，也便容易僵化。

更重要的是，美以悲剧而完成。但任何人都希望以幸福结束自己的人生，决不愿以悲剧结束自己的人生。而旁观的人，只可以欣赏、赞叹已经发生了的悲剧，决不应希望他人发生这种悲剧。由悲剧向幸福的转换，便要求美的自身，有种合理的转换。向学术与事业方面转换，当然是很理想的。但这并非任何人都能做到。所以对一般女性来说，应当由形态之美，转换为家庭生活之美。相夫教子，使一家人都过着和谐而上进的生活，丈夫认为是贤妻，儿女感觉到母爱，社会认为是一个美满家庭，这其中，酝有无限的温情，也即酝有另一形态的无限之美。这种美，因没有生理的限制，是永不会破灭，是永不会被遗弃的。每一女性，都可作这种转换；但有一个先决条件，便是，要在爱美之中，同时忘记自己的美，以免把自己的精神，拘限在自己的生理形态之上。从这一点说，当了国姐世姐的女性，可能不一定是很幸福的女性。因为她自己的心理以及社会环境，常常不容许她作必需的转换。

一九六二年八月廿六日《华侨日报》

# 南行杂记

## 一

今日住在台湾中部的人，把赴台北称为“北上”，把赴台南、高雄，称为“南行”。对照大陆的空间，使用在大陆时所惯用的名词，实含有讽刺、悲哀的意味。我来台的岁月，已算相当长久了；对于台南市，则至今还在可望而不可即之中。因此，东海大学此次以团体名义，向台南、高雄有关的学校、工厂，取得联络，仿佛我们也是被招待出去旅行参观一样的。这对我来说，依然是带点新鲜的感觉来看，我所能看到的东西，因而发生若干连带的感想。

十一月廿三日下午一时出发，第一站是打扰成功大学。因为我在台中、台北所看到的“大学”，虚浮、混乱、委琐、自私，早把我看腻了；所以对于这一站，在我的心理上，早有些尴尬。到达后时间不早，参观的部分不多。但我发现，他们每一建筑里的安排，都是针对着某些问题，而赋予以解决的意义。就此，拿眼前的事情来说吧，过去成功大学曾为了校外打弹子而闹了一次乱子，现在弹子房便添设在学生中心。侨生多半来自亚热带，好动成性；现在侨生宿舍的后面，便是一个游泳池。图书馆里的线装书不算多，但年年在添置，而且每一部书经过整理，安置得有条不紊。食堂一百八十元一个月的伙食，学生吃得津津有味。我们和阎校长谈起来，知道他根据许多想法在那里一步一步地推动前进，使人感到成功大学里面，是有一股生命力在跃动；比我经常所看到的大学，它确实是在进步之中。因此，我想，只要一个人诚心诚意地向好处努力，而又能离开政治中心稍微远一点，总能收到若干好的效果。这在目前，已算是难能可贵了。

二

成功大学因为得到了美援，年来增加了许多建筑物。阎校长和我们谈到建筑设计的经过，倒也非常有意思。成大是有建筑系的，设计的责任，当然落在建筑系的先生们身上。这些建筑系的先生们是要把自己所怀抱的“现代的”艺术理想，借此机会，充分发挥出来。今日自由中国的知识分子，见了“现代”两个字，脚便吓软了。可是成大此时有位美国顾问，却坚持经济适用的原则。但这位顾问不是学建筑的，不足以说服这批胸怀大志的专家，于是想方法从美国请来了一位建筑学者，才把“现代的艺术性”打一个折扣，让艺术要求与经济要求得到了调和，使问题得到了解决。我常常想，凡是学有根底的人，常常是从各种实际因素关连中，勾画出蓝图的主导方向。沾到一点皮毛的人，却常常只想在时间上抢“尖新”。这用在私人创作上，也原无不可。一切的艺术创造，都是先由匠心独运的尝试，而渐渐成熟，渐渐得到社会承认的。但在公共的建筑物或他人的建筑物上，来试验自己尚未成熟的尖新理想，而未经过使用者的研究、承诺，这便多少有点近于诈术了。至于结成团体，以“骂”的方式胁迫社会接受自己的尖新，那便是一种无赖。因为艺术家有创造的自由，社会则有欣赏、选择的自由。许多艺术家为了创造自己所追求的东西，宁愿孤独、穷苦，而不采用结伙胁迫的方式。这是艺术的高贵品格，透入到他的生命之中，使他不能不忍苦，以保证艺术的高贵性。

三

现在有许多人把台南市称为“古都”，并且有的商店或商品，居然拿“古都”两字作起店名或商标来了。我一看到，总禁不住身上起栗。南宋有位诗人写了“熏风吹得游人醉，直把杭州作汴州”的两句诗，吐出了他无穷的感慨。但把杭州当作汴州，还多少有点谱。我们是一个中国人，却把台南市称为“古都”，这未免太没有谱了。我恳切希望，台南市只是台南市吧，从意识上要把台南市装扮成“古都”的角色，这真滑稽到了残酷的程度。

虽说如此，全台湾恐怕也只有台南市才有些古迹。我不愿承认这里是“古都”，但我决不抹煞这些古迹的意义。于是孔庙、赤崁楼、安平古堡，都匆匆地巡礼一番了。听说在中、日战争期间，一位日本人的台南市长，冒着当时日本军人的非议，对台南市的孔庙，倍加修理护持，所以在今日看起来，依然完整洁净。台湾的孔庙，在台北的系私人（辜姓）所有，我没有去看过；新竹市的，已经拆掉；彰化的，经革命者涂满了革命的标语。台中市第一任非党籍的民选市长杨基先，花了七十万台币，买一吴姓巨宅，准备改作孔庙；后来的三届党籍市长，再无人对此事问津了。说孔子的思想对人类没有影响，而台湾的孔庙，却多建筑修葺于日治之时。说他尚有影响，在今日却沾不上一点膏泽的余惠。原因很简单，现在是西化的时代；西化得红色满天飞，西化得太保匝地滚。

赤崁楼、安平古堡，原来似乎有点布置，但布置时已没有“古”的气息。而在现代市政管理之下，杂乱残破，和日本人保管“文化财”的情形，在我心目中成一非常严酷的对照。因此，我又联想到，台湾这些年来，在美援之下，出现了许多新建筑物。但对各种旧建筑物，却很少做过保护的工作。譬如一进台南市公园的凋敝，立刻使人感到这即是所谓满目荒凉。一栋国民小学，不知何年何月掉了几片墙板，谁也无法断定将于何年何月把它修复。贫民与破落户，应当有种分别：贫民是干脆没有，破落户是有了，却没有能力保持。崭新的建筑，怎样也敌不过触目皆是破落户所给予的凄凉印象。假定这是说明新旧事物的更替，那倒是大家所希望的。但是，民族真正的生命力，既会表现为开创，同时也会表现为持续。开创与持续，在本质上是一而非二的。没有持续力的民族，其新的开创，可能只是由经济上打吗啡针而来。靠打吗啡针维持活力的人，这不是证明他生命力的加强，而是证明他生命力快要枯竭。我又急切希望，美援之对于我们，并不是打吗啡针的意义。

## 四

到高雄，主要是参观几家工厂。铝厂、石油厂，是国营；水泥厂，是由国营改为民营。这三个厂，在规模上，在设备上，在组织上，都够得上称为现代化。台湾在实行土地政策后，出现了四大民营公司，其中的水泥公司，是获利较丰的一个；其余的，一直到现在，似乎还说不上站稳脚。谁能相信每一个人非用不可的肥皂、毛巾、卫生纸之类，经过十六七年技术上的突飞猛进，在今日的台湾，却还赶不上离开上海时的水准呢？经营企业，要有“企业精神”。所谓“企业精神”，是一切决定于技术要求的精神，是一切服从于“经济原则”（效率）的精神。企业精神，是铁面无私，一毫不苟的；是以货真价实去作合理竞争，并甘受优胜劣败的淘汰的精神。一个建设性的政府，主要是从各方面来助长这种精神，而决不从各方面来加以阻扰。我个人的看法，今后台湾工业的前途，不是决定于美援，而是决定于这种精神的成长。

## 五

我平日从刚进公营工厂去作高一的大学毕业生口中，听到了许多公营工厂中的问题。但是，这次我们所参观的公营工厂，却要算工作已经走上了轨道的工厂。假定它们也有问题的话，则多是存在于工厂以外的问题。近代经济发展的基本动力是利润，更进一步则是利润的合理分配。公营企业的最大问题，便在于缺乏这种利润的刺激。然则台湾的公营事业，到底走哪一条路呢？就我这种外行人来看，在增加效率、减少浪费中，去提高员工的待遇，这是非常合理的。但是，在负责经营者心目中的合理，未必能得到主管部的支持。主管部的支持，到了上级机关的科员、组员手上，又可能完全加以否决。这种上级事务官否定政务官的决策，并以官僚的心理、作风，去衡量生产技术、经济经营的问题，大概不算十分妥当吧！

## 六

不过，走进这些有规模的工厂以后，我所得的最深印象，还是对我的教育上的意义。凡是用头脑的人，他所担负的第一课题，是要了解自己的生存的“现代”。一切的研究，一切的思考，有形无形中，都是以自己所了解的“现代”作基础。而事实上，我也是不断地从书本上做些了解现代的工作。不过，把现代移向书本上，这已经是事实的观念化。观念与事实之间，总不免有些距离。所以我前年在日本，每进一次大百货商店，总觉得好像得到了从书本上无法得到的东西。但我当时最大的忽略，是不曾想办法参观他们现代化的工厂。现代化的工厂，才能直接呈现出“现代”。现代的性格，是由工厂到商店，由商店到农村，走着递减的法式；即是农村中所看到的现代，已经是现代的末梢了。当我一走进铝厂时，顿时感到，由高热、高速度的机械所展开的组织活动，它正在征服一切，改变一切，使被征服、被改变的东西，不能有丝毫反抗或徘徊，这才完全是一种机械的、力的世界。人在这种机械的、力的世界面前，一方面是非常渺小，同时，因为不断生活于这种暴烈气氛之中，要便是被这种暴烈气氛完全压服，而彻底成为机械的奴隶；要便是受这种暴烈气氛的感染，使自己的性格也暴烈化，并可能进一步而要求以同样暴烈的手段去改变他周围的社会。

这种情形，在精制工业制造中，可能有些改变。譬如炼油厂的指挥中心，便把各种巨力的活动，化为一种图表式的反应与指挥的系统，这便使人感到轻松得多了，而炼油厂还不能算是精制工业。但在这种比较轻松的气氛中，它更是极端的组织化、集中化、高速度化。随工业势力的扩大，而把人们的生活，一步一步地都纳入于上述的三“化”之中，于是越是现代化的社会，便是生活得越忙的社会，忙到人好像是随着轮带转的机器一样。正因为这样，所以自由的呼声、人文的憧憬，又从这种社会的底流中发了出来，感到“现代”反成为人类精神的枷锁。此一矛盾的解决，我简单的想法是，从各种活动集中到工厂，这是人文精神走向机械主义，将工厂的生产品流入于各个消费者手中，应当是机械主义让位给人文精神。以机械主义去生产，以人文精神来支配，来享受，或许是今后可走的一条道路。但许多人却要把生活的一切、人生的一切，逼向机械主义上面去，我想是大可不必了。

从工厂走到大贝湖，我们的情绪真的轻松了，把在工厂中努着的嘴、睁着的眼睛，都换成了笑容笑语。大贝湖的风光，可能在日月潭之上。一个人，能在这种地方住上一两天，大概可以减少许多时代的病症。因此，我希望这里能出现像我们这种人也能住得起的旅馆。日本的小旅馆，是洁净、幽闲、亲切，使客人走进去，好像能获得一种安全感。假使台湾现有的普通旅社，也能采用这种经营方式，使一般人观光的威胁能够解除，则观光的事业也自然会进步的。

十一月廿七夜

一九六三年一月四日、五日《华侨日报》

# 一个小型的中西观念的冲突

最近台湾最热门的新闻，要算是蒋梦麟博士和徐贤乐女士的婚变。此一婚变之所以成为热门新闻，固然和他们结婚时的年龄，及蒋博士的地位，有其关系，但追根到底，蒋博士所持的西方婚姻的观念，而徐女士乃至社会上许多人，在有意识、无意识之中，却多少受了中国传统婚姻观念的影响。此一事件的本身，不应有什么难解难分之处，并且也没有什么特殊而突出之处。假定大家认为此一婚变，有什么特殊意义，以致使它难解难分，这并不关于此一事件之本身，乃关于隐在此一事件后面的中西观念的冲突。

中国的婚姻观念，是以连带责任的伦理观念为出发点。一个人的结婚，上对祖宗，下对子孙，中对自己的家族及对方的家族，都负有连带的责任。所以结婚是一件大事，离婚更属非常特殊。一经结合，便胶固而不可解。古人说："妻者齐也，一与之齐，终身不改。"这因为一个人的婚姻，牵连到伦理上的许多问题，双方在精神上都应受这种约束。若是由个人的意志，来改变这种结合，大家在有形无形中，总觉得是不应该的。

西方的婚姻观念，是以个人自由的观念为背景。男女结合，只对自己的感情、意志负责，与他人无关。在自己的感情、意志感到需要离婚时，这也是纯个人的问题，只要法律许可，一概与社会无关，与他人无涉。简言之，中国人把婚姻问题看得很严重，而西方人则看得比较疏松。

蒋博士以七十五的高龄，和徐贤乐女士结婚时，社会对蒋博士虽然很客气，但无形中不免有点不太自然之感，所以当时还有一位诗人作诗来加以讽刺。其实，即使是一百岁，一百二十岁，只要有人出于自己的意志，而愿和他结婚，年龄的悬殊，决不能构成议论的对象。蒋博士当日之不顾一切，与徐女士结婚，这完全符合于西方的婚姻观念。当时胡适博士的阻止是另有顾虑，也并非反对蒋氏的婚姻观念。经过了五百多天，蒋博士觉得精神受到了虐待，要求离婚，既不是出于移情别恋，也未采用赖结赖离的手段，而只是诉之于法律，这也完全合于西方的婚姻观念。蒋博士对于此一婚姻的态度，既无所谓“佳话”，也无所谓“惭德”，而是可为今日中国社会所接受的“西潮”；事出寻常，无可恭维，也无可非议。

徐女士因生为蒋家人，死为蒋家鬼的观念，而反对分居，反对离婚，这完全是出自中国传统的“嫁鸡随鸡，嫁狗随狗”的传统婚姻观念。这种观念的本身，无可厚非。不过，站在女性的立场，徐女士似乎不够坚强，不够现代化。而凡是真正站在这一立场的妇女，自然而然地，不会太看重金钱问题的，但徐女士似乎非常重视这一点。社会上对这件事看得非常重要，连李石曾先生也说“这一事件的影响所及，显示出此事已不仅是蒋徐两人之间的问题了”，这也完全是出自中国传统的婚姻观念。此一传统观念的流行，是说明我们社会在应当脱皮换骨的地方，还不曾脱皮换骨。

中国传统婚姻观念的好处，是在于由婚姻的安定以形成社会的安定，由婚姻的伦理性以加强整个的伦理基础，所以古人说“夫妇为人伦之首”。其坏处是假定结合得不自然、不理想，其胶固性便可使一个人的经常生活不断地受到感情的折磨，以致引起生活的痛苦，甚至成为悲剧，而在此悲剧之中，受牺牲最大的常是女性。老年人也有时和妇女一样，因为老年人是年龄上的弱者。

西方婚姻观念的好处是使人能得到自由而快乐的家庭生活。其缺点，则在离结自由的后面，常藏着各个人的利害打算。以致如索罗金在《人性的再建》书中所说的，这是带有商人性质的婚姻。在中国传统的夫妻之间，平常并不发生财产主权谁属的问题，而西方则非把主权谁属的问题，弄清楚不可，其原因也在于此。假定中西的婚姻观念，也应当加以融合，则除法律上的规定以外，我以为男性应多考虑一点传统的观念，女性倒不妨多考虑一点西方的观念。因为这样一来，在现实上，自然会得到均衡的。

随时代的前进，和现实问题的要求，中西观念的冲突，本来不应当再有的。中国观念之所以还有冲突，我以为真正的责任乃在今日有些中国人常运用中西文化中坏的一方面，以求达到个人彻底的自私。就婚姻说吧，若是男子打着西方个人自由的招牌以求达到个人在女性前的放纵，而女的则利用中国传统婚姻的胶固性，以求达到商业式的目的，则所谓中西观念的冲突，再深入地看，却又还原到一个原始性的个人利害冲突，这便是真正的不幸了。我常以为，在人类理性自由选择之下，一切文化，好的受到吸收，坏的受到淘汰，不懂的受到客观的研究，决无冲突可言。冲突的形成，乃是出自有些人打着某种文化招牌，以求达到彻底自私之念。老实说，这与其说不同文化间的相互冲突，不如说是反文化者与文化的冲突。蒋徐婚变，在这一点上却有其暗示性的意义。

一九六三年四月二十七日《华侨日报》

# 看《梁祝》之后

我和我的太太，并拉上好友涂颂乔夫妇，也挤着去看了《梁山伯与祝英台》。一面看，一面想，这一影片，成功的地方到底在哪里？“尽说千金能买笑，我偏买得泪痕来”；人生须要与自己无关的笑，更须要与自己无关的眼泪。这一影片，的确使许多人（连我也在内）买到了与自己无关的眼泪。它在这一点上，已达到了艺术上内在的最高地要求；于是从外在条件上去责其不完不备，反觉多事了。

梁山伯与祝英台的故事，是我们鄂东乡下最流行，而且常常是用黄梅调唱出来的故事。经过电影上的处理，把文字上所写的，用演员的动作复活过来；把寻常舞台上所无法完全呈现出的背景，用“集中的”、“实验的”布景、选景，烘托出此一故事所需要的气氛，这自然使此一故事的意味特别明显，收到了写实小说上及出现在舞台上所无法收到的效果。但最主要的效果，还是来自此一故事的本身。此一故事，是在七情六欲的人间世中，是显出了一片纯净之爱。同学的友爱，是纯净的；藏在祝英台心底的儿女私情，也是纯净的；发展到高峰的殉情以死，更是纯净的。由一片纯净之爱所导引的悲剧，较之由肉欲之爱所导引的喜剧，其给与于观者的效果，前者是从内心深处涌出了感动；即使在电影看过以后，观者还保持着莫名其妙的万千怅惘之情。而后者则是睁着眼、张着口、紧着脉搏的片刻满足；这种满足，经不起良心的反省，也经不起时间的回忆。因此，我们不妨这样地认定：藏在人性深处的爱，本来是很纯净的；正因为是纯净的，所以其本身也是艺术的。通过艺术史、文学史来看，这正是一切伟大的艺术家、文学家所追求不已的方向，也是发掘不尽的源泉。因为这是真正的人性，所以也是真正人性所要求的艺术。每一个人的生活中，都含有由官能而来的对若干低级趣味的要求；但古今中外，不会拿这种东西作艺术看，除非是变态心理下的“末世纪感”的人们。

其次，此一故事的结构，如果很单纯；但它从正面、反面，一步逼紧一步地逼上悲剧性的主题，在发展中有旋回跌宕，而没有赘笔滞笔；所以能从容而紧凑，使观者并不觉得太单纯。同时，它的背景，虽然是经过了集中的手法，而不免在美化上有点夸大，但毕竟是反映了中国传统社会中的一角。这是表示中国的电影，快从“上海衡堂衖文化”中、“香港骑楼文化”中解放出来，以面向故国山河的本来面目，这点进步也不可忽视。

但是，仅就电影自身说，黄梅调却是它虽十分经济，而却又得到很成功的大秘密之所在。我说它“经济”，一面固然是就拍电影的老板而言，花在本片上的本钱，可以猜想到是相当的少。更重要的是，向人性深处的发掘，转往在故事上需要更多的曲折，在演技上需要更深地刻划。这只要想到《孤星泪》及《罗密欧与朱丽叶》，便可以了解。梁山伯、祝英台的故事，并不太曲折，中间没有什么奇峰突起的惊人之笔。而凌波及乐蒂的演技，虽得到相当的成就，尤其是凌波，但也只能说是够水平，而不能说突破了目前的水平。然则它所收到的感人的效果，是从什么地方来的呢？我认为主要是从黄梅调来的。黄梅调代替了故事发展中的曲折，并大大地帮助了演员的演技。隐藏在此一故事后面的，是纯净之爱的深厚感情；把此一深厚的感情表现出来，是此一影片的基本任务。西方有位文艺批评家，曾经有下面的一句话："人藏在内心的感情，不是写出来，说出来的，而是唱出来的。"（大意如此。）唱的腔调，即是感情自身的体现；也可以说，"腔调"即是感情的自身。"平剧"已经经过了太多名伶的发展，它的腔调太复杂，太高级了。它是向音乐接近的美，和自然的语言距离太远，不能配合到寻常的生活动作中去。黄梅调完全出自黄梅的民间，它的腔调，反映出民间自然流露出的素朴的感情，而又与自然的语言相去不远，所以把它融入到电影的动作中去，使戏剧化与现实感，容易得到谐和；而剧情内所蕴蓄的深厚感情，便很自然而然地通过此一纯朴婉曼的腔调，表现了出来，大大地增加了演技的效果。这才是此一电影能赢得许多人的眼泪的真正原因之所在。试想，若把这些腔调，完全改成普通的语言，恐怕老板的经济算盘，便立显得很寒酸；而凌波、乐蒂的演技效果，便也要大大地打上折扣了。因此，我认为电影上"起用"了民间故事，并把民间的黄梅调融入到里面去，已是中国艺术的一大发现。

在艺术心灵早已枯竭了的人的面前，什么地方也找不出题材，穷固然没有办法，富也同样没有办法。

一九六三年五月二十八日《征信新闻报》

# 国际社会间的“友道”问题

友道在人生中的重大意义，西方可以说到了西塞罗（Cicero，纪元前106—前43）才完全把它显发出来。西塞罗看到当时罗马贵族生活的荒淫堕落，便积极提倡发端于斯多亚派（Stoic, 主张克己、禁欲主义的哲学家，称之谓斯多亚学派）的人文主义，强调人生所需要的教养。而在他，认为得到教养的最大方式之一，便是与朋友的交际。所以他遗留下来的著作中，《友情论》居于重要的地位。

中国到了春秋时代，列国的贵族，来往频繁，对于友朋的来往，渐渐由国家的关系、利害，发展为私人的关系、得失。于是“友道”观念，渐渐浮现了出来，由孔子而加以确定。《论语》在“学而时习之，不亦悦乎”的第一句话后面，便是：“有朋自远方来，不亦乐乎？”便是这种道理。同时，孔子更说出“益者三友，损者三友”的一段话，以奠定友道的准绳，指出友道如何而始能达到人生教养的目的。自此以后，“劝善规过”，成为中国人友道的常识。

友道何以在人生教养中有其重大意义，到了荀子说得更清楚。他在《劝学》篇“蓬生麻中，不扶而直”的一段话中，指出每人都会受环境的影响；而在各种环境中，以由朋友所形成的环境最为密切，从朋友所得来的启发、观摩及力量，对于一个人的行为，常有决定性的作用。

现代因交通及传达工具的进步，不仅把私人间的友道，向国际方面扩展，并且某一国家的社会活动情态，也常常可以反映到另一国家的社会中去，而使另一国家的社会受到影响。因此，今后的友道，将更向国际社会方面发展，而形成“国际社会间的友道”。即是，今后的友情，将由个人而扩大到群体；个人言行的相互影响，也将扩大到各种不同的群体活动中，所发生的相互影响。

不过，社会与社会的接触，依然要通过个人的观察与报导。而担当这种观察与报导之责的，多是新闻、杂志及其他的文化工作者。因此，个人间的友道，是来自各个人的直接交际；而国际社会间的友道，则须依赖新闻、杂志及其他的文化工作者负责。假定说个人的友道，是为了个人的修养，则国际社会的友道，是所有文化工作者，为了自己面对社会所须要的教养。我觉得这是今后从事此种重要工作的人们所应有的共同认识。

新闻杂志的报导资料，自然趋向新奇这一方面。“常事不书”，史家已是如此，何况是写在新闻杂志上的东西？新奇而突出的事情，很少是有教养价值，甚或是反教养价值的。这样一来，便发生了职业上与责任上的矛盾。如何在这种矛盾中打出一条通路，这是新闻工作者乃至其他文化工作者的最大考验。

社会是由一群人所组成的。“人上一百，种种色色”的谚语，实际是一条归纳性的真理。在一群人中，可以有各种各样的人。但各种各样的人中，总有若干潜伏或显明的共同规范。其中可能有很突出的坏人，但支持此一社会生存发展的决不是这一类的坏人，除非是它正走向没落。在一群人的活动中，可以有各种各样稀奇古怪的事，可以有许多见不得人的事；但此一社会的安定、进步，决不是靠着这一类的事。凡是突出的人、突出的事，常常有新闻价值；但有新闻价值的东西，并不一定是真正可以代表某一社会的东西。所以在报导的时候的态度，自然应当有一种尺度。最近英国的桃色案件，轰动一时。并且追溯上去，过去英国的贵族，像这一类的生活，简直是数见不鲜的。但是，若有人以为英国之所以为英国，英国政治之所以为英国政治，便是如此，所以我们也不妨如此，那便是莫大的错误。任何成功的人，在生活上一定有他许多的缺点。有出息的人，便会从他成功的方面受影响；没有出息的人，便常援据他人的缺点以自证自慰。推之于国际社会间的友道，也正是一样。

并且我们应当常常想到，像英国美国这种社会，由政治、文化、经济各方面所奠定的基础，不是我们海外的华侨社会，乃至台湾的社会，所能比拟于万一的。他们所能受得起的黑暗面、下流面的风险，在我们的社会却是受不起的。

今日大家一谈到日本的女人，立刻联想到脱衣舞。但千千万万的勤劳整洁、和顺善良的日本妇女，却不易引起人的注意。这能算了解日本的妇女社会吗？但今日台湾，有不少的人，却专门从黑暗面、下流面、动荡面去看他人的社会，造成英国、美国、日本等之所以比我们富强，其进步性即在于此的错误印象。这是说明自暴自弃的个人，不能理解私人间的友道；而在自暴自弃的社会心理状态之下，也更建立不起国际社会间的友道。

扩大孔子"益者三友，损者三友"的原则，发挥国际社会间的友道，以促进我们自己社会的进步，这是今日每一文化工作者所应共同担负的责任。

一九六三年七月十四日《华侨日报》

# 蒋梦麟先生自处之道

蒋、徐婚变，我曾经写过一篇短文，说明中西婚姻的观念，过去有所不同，而现时则可以和会。只要问题不影响到社会道德等类的问题，便应由法律作正常的，亦即是很寻常的处理，值不得大家特别去关心。而少夫兄却来信，要我对此问题再说几句话，那与我的原意完全相反了。但因此，倒引起我另一感想，即是蒋梦麟先生，应有其自处之道。

梦麟先生第一个自处之道，我以为是立刻退休。梦麟先生以望八高龄，常说还要为国家做点事，十年来，其志固然可嘉，然做官做到死，不是中国人的传统观念，更不是西潮派的观念，而是民国以来的观念。一个人做官、做事，到了相当的年龄退休，除了人事上新陈代谢的作用以外，就个人而言，也表现此人的人生观，除了官、势以外，还有其他的人生价值，值得领受，这岂不生活得更有意义吗？有的人，丢了官便没有饭吃，梦麟先生不致如此。而其所负责任，并非如艾德诺之流，要为国家在惊险中掌舵。同时，门生故吏满天下，假定梦麟先生平生的教育工作，不曾彻底而又完全地失败，便不应患接替无人。则何在乎一定要坐上轮椅来拿这一份薪水呢？

当然，台湾今日有今日的难处。省政府闹上大半年，还只找到半个学工程的教育厅长（另一半是兼大学校长）。万一反攻大陆，便会有二十几省没有教育厅长的。这真是天大的笑话。难说梦麟先生也看得惯这种笑话吗？至于莫德惠先生，因为他有一套山歌式的新体诗，当然考试院长少他不得。

梦麟先生第二个自处之道，是退休以后，可以写写自传，提倡点文化事业，而不必谈什么“学术著作”。只要是进入过某一门艺术之门的人，便会知道每一门学问的甘苦。因之，在一个比较进步的国家，大家都会不约而同地承认，只有一生焚膏继晷、兀兀穷年的人，才有资格谈学术著作；而越是这种人，越不敢轻谈著作。做官做得越大越久，与学术的距离越远。在中国过去，假定是一位了不起的做官的人，可以留下若干有价值的奏牍之类，在现在，可以留下若干回忆录之类。文人才子，则可以留下若干诗文。这种诗文，在现代不一定在学术范围之内。做官做得很早，一直做到了六十岁左右的人，尽可以其余的余年，努力于学术的研究，因为这是人生最大的寄托；但与学术著作，已经绝缘了。等官做够了以后，一开口便说我要写些什么什么学术著作的人，这是对学术没有入门之人。期待大官显宦的著作以撑持门面的社会，这是彻底落伍的社会。在自己做学问工作时，没有一篇像样的学术的文章；做了官以后，其著作却是泉源滚滚，不舍昼夜，这所代表的是完全胡闹的时代。我非常钦敬蒋梦麟先生。但看到报上称他为“国际学人”这类的称呼时，自然而然地肉一阵阵地紧。梦麟先生到底是有哪一部著作，对哪门学问有了大贡献，而可称为“国际学人”呢？年来报上喜欢随便用这类的名词去恭维人，这使国际关心我们的朋友会怀疑到：“中国人心目中的学术，到底指的是什么？”我们买一块菜园，也要天天去照管；否则一两年内，便会变成废圃。学问便是如此。梦麟先生是很有才具的一个人，但他是蔡元培先生当北大校长时的总务长，干行政，自己当校长，干行政。以后也没有听说专门花上十年八年时间从事于哪一门学问。公余之暇，随便浏览点什么，这算是做学问吗？梦麟先生是受过现代洗礼的人，应当知道尊重学问，要不必先宣传自己要写什么著作。

另外，倒是一个大可不必的附带建议。梦麟先生，最好略仿苏东坡在黄州时之意（虽然一穷一富之不同），把自己的财产，找上律师与亲友，立下契据，规定每年动用生活费若干，死时埋葬费若干，死后剩余之数，全部捐给台湾大学作清寒学生奖学金之用。这样一来，婚姻的纠缠，也可能容易解决了。

一九六三年七月廿七日夜于东海大学

一九六三年八月十日《新闻天地》第八〇八期

# 一个艺术家的反抗

李翰祥避到台湾来与邵氏打《七仙女》的对台戏，其真切的意义，是一个艺术家对于一个不成型的资本家的反抗。我说是不成型的，是就这几个月来邵氏之所作所为，没有显出近代资本家的气魄，及近代资本家的品格，而尚停留在市侩的阶段而言。李翰祥在此一反抗中，有几个先天不利的条件：一是邵氏在香港拍片有基础，李翰祥在台湾拍片没有基础。二是邵氏的资本够，李翰祥的资本不会太够。三是《七仙女》在邵氏有由李翰祥们所留下的稿本，而李翰祥到台湾来，从遣兵调将起，一切都从头开始。但在拍片的速度上，李翰祥依然比邵氏的快了两天，这说明在脑筋里酝酿成熟了的艺术胚胎，有克服物质上居于劣势的能力。但因日本人普遍存有“拉拢香港”、“压抑台湾”的战后市侩心理，以至把李片在海关上留难了几天，使李片在演出时间上反而落在邵片之后。又因邵氏假法律之名，作不名誉的竞争之实，致使李片不能在香港上演；这种横逆之来，给了李翰祥重重的一击。这是李翰祥的不幸，这是一切关心艺术的人所鄙夷而不屑顾的。

一部好电影的出现，要有好剧本、好演员，更要有好导演。因为只有好导演，才能把各种因素，作合理的安排配合，使其在变化中得到谐和，在复杂中得到统一；并使每个演员的潜能，能对向剧情的要求，尽量发挥出来，以形成艺术性的完整。由捧角进而重视导演，这是社会对艺术欣赏的一大进步。我和我的太太看过《梁祝》片以后，又一起去看了邵氏的《花木兰》。凌波在此片中的个人表现，依然不错，但作为一部电影来看，那简直是一场笑话。我心里想，邵氏今日把凌波当作“聚宝盆”，但这样下去，凌波非毁在市侩们的手上不可。

我曾陪太太下山先看邵氏的《七仙女》，接着便看李氏的《七仙女》。看后的印象是，邵氏的《七仙女》，固然远不及《梁祝》，但比《花木兰》却好得多。而李氏的《七仙女》，则表现了艺术对金钱的反抗，绝对不会失败。

钱看是怎样用法。邵片的天宫布景，比李片堂皇；邵片的白色石桥，较李片的木桥显眼；邵片有白鹤和雌鸳鸯的飞翔，李片只能作间接的暗示。但要使观众从布景中得到天上琼楼玉宇的征实印象，则邵氏的布景有点近于儿童的玩具；是否倒不如李片从云烟缥缈中只露出一角的白玉栏杆（如用碧色便更好），其余的皆付之于观众的想象，更有较深的意境呢？木桥较之石桥，是否更为调和？而放上去使观众一看便知道是假的白鹤与鸳鸯，是否不如暗示的藏拙呢？

从全片看，中间一长段的演出，两片各有千秋。而起、结两段，则李片断然在邵片之上。全片的舞蹈动作，邵片不及李片，这大概是大家都可承认的。而邵片最令人看了难过的是一开首的“摆长袖子舞”，生硬做作，有如平剧中跑龙套陪衬在一位主角的同一形式的舞；而邵片中却又看不出主角，岂特没有仙气，简直是俗不可耐。李片这一场则灵活自然，多少使人能浮出翩翩欲仙的感受。从天宫下窥人间，呈显出渔、樵、耕、读及婚嫁五种人间生活，邵氏都用同一的手法和分量来处理，便嫌板滞。而李片则稍加变化，并把婚嫁一项显现得较为郑重，以加强引出七仙女下凡的动机，这都是一个导演者苦心之所在。董永卖身是构成此片主题的重大环节。邵氏只从云中作指点，若非凌波正式现场后演得沉郁有力，便会把主题滑过。李片对董永卖身葬父的加重描写，我以为这合于主题表出的要求。结段李片由董永及七仙女哭倒在地的镜头，似乎比邵片中两人站着哭抱的镜头，更能激起高潮，使人感动。至于一个小丑型的土地，一个敦朴型的土地；一个书法精妙的守财奴，一个打算盘打着不停的守财奴，孰得孰失，那只有委之于观众的兴趣了。而董永找一个梨和几个枣子为七仙女解渴时，邵片似乎没有点出这是“早离”的预兆，这可以说是失态。至于邵片配声与动作的失调，更不是应当有的事情。至于两片的共同缺点，是由剪接不细密而多少出现了一些冷场，这是应当改正的。

在演员方面，李翰祥对江青的发现，不下于在《梁祝》片中对凌波的发现。凌波演来沉郁深刻，而脸上的表情丰富，胜过李片中的容蓉。但容蓉只是柢力不及凌波深厚，而文静从容，决没有《白蛇传》、《花木兰》两片有些演员的粗恶动作，因之全片的风格依然很能适应。而结段中由导演所安排的潇洒与沉痛的演出，也可以说是有声有色，与凌波相去不远，所以容蓉依然是有前途的。正如邵片的方盈，虽远不及李片中的江青，但依然轻盈可爱，将来也一定会有成就的一样，既然这还要此后看她们学习的精神和所遭遇的机遇。总之，在演员方面，真正到了“长江后浪推前浪”的时候，我们宁愿看到新面孔，有些怕看老大牌了。

电影中文化上的重大意义，每一个人都可以承认。我说李翰祥是一个艺术家，当然是在“比较”上立论。古人说：“请自隗始。”所以我希望台湾各方面，能多给李翰祥以支持，而绝不可给他以困扰，使他能继续求进步；并希望民间能有大量的投资，在台湾出现一个像样的民营电影事业，以证明台湾是适宜于电影艺术的发展，这比捧角或者更有意义。

一九六三年十二月廿一于东海大学

一九六四年一月一日《征信新闻报》

# 关于《一个艺术家的反抗》一文

编者先生：

因为贵刊发表了我的《一个艺术家的反抗》的文章，今天一连接到几封辱骂和威吓的匿名信，我一并转上。信里都说是由各种读者写来的，但有几点值得注意：

一、他们知道李翰祥与邵氏的详细内幕，例如他们知道李翰祥拉了邵氏七十六名工作人员；我相信这不仅我无法知道，一般观众也无法知道。

二、他们说邵氏《七仙女》所以有不理想的地方，是因为电检处剪去了一段；我相信我既无法知道，一般观众也无法知道。

三、每一封信都是为邵氏拼命。我相信一般观众，对影片的本身，可以见仁见智，但未必对邵氏的老板便有这样的忠诚。

四、有几封匿名信的笔迹是出于一人之手。

当我写《看了〈梁祝〉片以后》一文时，我只是想说我自己想说的话，并没有想到有人因此多赚钱而心存嫉忌。当我写这篇文章时，我也只是想说自己想说的话，并没有想到有人因此少赚钱而怕人家的报复。我的文章，是自己的良心向社会大众负责；对不对，可以公开讨论。但觉得可利用来赚钱的便拿去大肆宣传，觉得不能利用去赚钱的便大肆辱骂、威吓，说在极乐殡仪馆买几具棺材等着我。要以黑社会的手段，做到只许报刊上帮助赚钱，不许报刊上帮助长进。我真想不到黑社会的势力，竟敢这样猖獗地伸向舆论界。此乃大家安全所关，并非我一人之事。所以我恳切向您们作两点请求：

一、把已经刊出过的拙文及我所寄上的匿名信一并刊出，在大众面前作一明显对照，以揭穿此一黑社会的丑恶面目。

二、我寄上的各来信刊用后，望郑重转送警备司令部或警务处，注意查考。因为我判断这种东西，什么手段都使得出来的，并且有的信里，已明显说出了暗杀的话。必要时，我将在台北招待一次记者会，把问题彻底公开。继续接的这类信，当继续转上，可惜我昨天晚上接的第一封信，随手丢掉了。敬颂

撰安

徐复观敬上　六四年元月五日

附上明信片三、缄件五。

《征信新闻报》编者按：名学者徐复观教授《一个艺术家的反抗》于元旦日在本刊发表，引起广大读者注意。该文纯以艺术观点就事论事，不意该文刊出后，作者接到很多匿名信，不仅作粗鲁的无理谩骂，甚至作威胁性的恐吓，投书人显涉人身攻击，别具恶意。

“影艺”今将徐复观先生来函全文刊出，至于作者来函建议刊出辱骂的匿名函件，由于该等函件显属恶意的粗俗谩骂，实无刊出价值，再由“影艺”篇幅有限，逾越电影、艺术范围以外的文字，碍难刊出。至于向治安机关报备等事情，再与作者商洽径办。

一九六四年一月七日《征信新闻报》

# 社会将如何返老还童

## 一、两种胡闹

“社会如何返老还童”，这是出给我的题目。我对此题目的第一个印象，是觉得《自由谈》编者真算得最有骨气的。我家里，还有三个孩子，老妻整天为他们忙得水流汗泻。吃饭争菜，四季争衣服，月初争零用钱，连听收音机也有时争座位的远近，声音的大小。对于某样东西，要的时候，一齐都要，宁愿要到手后把它扔掉；不要的时候，一齐都不要，宁愿过后再在另一气氛中去争去抢。所以我对于“童”的总印象是“胡闹”。若以此作衡量我们社会的标准，则我们的社会，早已“童”得够受了；还有勇气要它再“童”吗？虽说《自由谈》编者受了老子“如婴儿之未孩”的思想的影响，难道说要我们的社会，由“婴儿”进步到只知道张着口等奶吃的“孩儿”吗？

不过，我不仅爱自己的小孩，也爱旁人家的小孩。为小孩胡闹而生气的时候比较少，把小孩的胡闹当作艺术欣赏的时候总比较多。不待说，对于社会上上下下的胡闹，自然形成绝对相反的情绪。由此可知儿童的胡闹，和社会的胡闹，大概会有某种本质上的分别。因而《自由谈》编者希望社会能返老还童，大概是希望由社会胡闹的本质，回到儿童胡闹的本质。而决非认为当前社会，胡闹得不够，要来一个在胡闹上更加上胡闹。假使是如此，《自由谈》编者决不会找上我这样的一个穷教书匠，而会去找各种各样的领导人物。因为这些人物，才有能力与责任，把社会领导向胡闹更加胡闹，胡闹得热烈紧张，因而能把共产党用一个掌心雷打下去。

## 二、两种不同的本质

小孩的胡闹，是来自他们的精力弥满，天真无邪。他们的争、吵，实在是他们的游戏；是由精力过剩而来的“无所为而为”的艺术活动。他们彼此之间，根本没有仇恨，所以争吵与亲切，只是游戏动作中的两个方面。他们彼此之间，根本没有私心，所以当他们安排集体游戏时，常是安排得合情合理，是非分明，大家都服服帖帖地玩得兴高采烈，各得其所。换言之，他们胡闹的本质，是天理的流行，是艺术精神的跃动。他们的生命，在胡闹中成长；从胡闹中可以看出他们有不自觉的信心，因而，每一个孩子都是乐观主义者；他们正在不自觉地走向自己的希望、理想。

社会的胡闹，我在这里抄一段《庄子·齐物论》里的话作代表。附带的解释，与一般批注不大相同，但都是有根据而费过一番研究的。

大智闲闲。有大智的人忙着割势力范围。小智间间。有小智的人，只帮着大智者去窥探他人。大言炎炎。有地位的人吹起大泡来，吹得像火一样的气势。小言詹詹。地位低的人吹起小泡来，噜嗦烦碎，不休不尽。其寐也魂交。做梦时以魂去做活动。其觉也形开。醒了后便以身体去活动。与接为构，日以心斗。只要有什么东西与他接触，他便缠住不放手，在他所接触的东西中去打主意。缦者、窖者、密者。有的主意打得很笨，有的打得很深，有的打得很精。小恐惴惴，大恐缦缦。打了主意以后，又怕犯案。怕犯小案的疑神疑鬼。怕犯大案的，如痴如呆。其发若机括，其司（同伺）是非之谓也。有时动作快得若机括，是因为抓住他人的辫子。其留如诅盟，其守胜之谓也。有时守秘密守得如诅咒盟誓一样，是因为要保持住自己由打主意而来的利益。其杀若秋冬，以言其日消也。这种人的冷酷像秋冬一样，正因为他们的人性，一天一天地在消失。其溺之（于）所为之，不可使复之也。他们沉溺于勾心斗角，没法使其回复人性。其厌（塞）也如缄，以言其洫也。他们心灵的闭塞，像用绳子捆起来一样，这是证明他们生命力的老而枯竭。近死之心，莫使复阳也。他们走向死的心灵，无法使他们再有一点生气。

庄子所描写的社会胡闹，到今日还似乎可以应用。而这种胡闹的本质，据庄子的分析，是因为"老洫"，"近死"，与儿童们恰成一明显的对照。《自由谈》编者所说的"还童"，即是庄子所说的"复阳"。但这种事，连庄子都认为没有办法，而《自由谈》编者却要我提出办法来，未免期待太过吧！

## 三、复阳（还童）的仙丹灵药

其实，庄子写《齐物论》，即是他对社会“复阳”所提出的仙丹灵药。在庄子所提出的各种仙丹灵药中，最重要的，无过于“以无用为用”。小孩们的游戏精神，即是“以无用为用”的精神；即是对自己切身的利害，采取“无所为而为”的精神。孟子说：“大人者，不失其赤子之心者也。”赤子之心到底是怎样，我们无法知道。但留心观察所得出来的，只是赤子的“无所为而为”的不停的活动。这种“无所为而为”的活动，便蕴含了道德精神，同时也蕴含了艺术精神。道德精神与艺术精神，才真正是人的无限生命力之所在。生活于现实社会之中的人，对于个人利害，不可能完全不作打算。但一个人若能把个人的利害打算，在某些时机，暂时放下，而顺着人性固有的“无所为而为”的精神，作若干活动，便会产生下面两种结果：

第一，可以产生真正为社会共同利益着想的社团活动。人是在孤独中衰老，在没有勾心斗角的共同生活中年轻。一个孩子，当他做完功课，而没有人同他一起玩的时候，常常是无精打采。一旦听到同伴来了，叫他一声，马上眉飞色舞地出去，发挥他的精力，实际也是在创造他的精力。各个人互相勾心斗角的团体，不能算是团体。因此，台湾目前正缺乏真正的社团活动，这叫大家怎样不衰老？

第二，可以产生许多艺术性的活动。人是在艺术的生活中恢复其疲劳，在实用的生活中消耗其精力。艺术之所以能恢复疲劳，正因为艺术是无所为而为的活动，使人的精神可由紧张而轻快，或由束缚而解脱。艺术才是“精神自由的王国”，这早已成为定论。

但由大陆带过来的“打麻将”的风气，争输争赢，完全是反艺术的娱乐，完全是催人老、催人死的娱乐。四个人龟缩在一张桌子上，日以继夜，用尽心机，追求“一条龙”、“青一色”，希望由此而装满自己的口袋；这种消磨生命力的情调，与睡在炕上吃鸦片烟完全相同。但品格较吃鸦片烟的人远为污下，因为人在吃鸦片烟的时候，并不曾打他人的主意。一个充满麻将风气的社会，一定是生命力枯竭的社会，一定是走向死亡的社会。我是提倡怕老婆的人，因为怕老婆也可以使人年轻。但整天在牌桌子上的老婆，决非值得一怕的老婆。假定我们社会上，把花在打麻将牌上的时间、精力、金钱，转用在无所为而为的艺术性的活动之上，例如个人的写字、画画，集体的演剧、旅行，我想，我们的生命力便立刻蓬蓬勃勃地发挥出来，每一个人都会带有一份孩子气，这比吃蜂王浆这类的补品，会神效得多了。

当然，生命力的发挥和蕴积，最重要的因素是求知识。春秋时代的闵子骞有两句名言是“夫学，殖也。不学将落”。殖是生长，落是凋落。学则生命犹如生物之生长；不学则生命将如生物的凋落。这两句话该是如何的警切。一个未上学的孩子，和一个正在上学的孩子比较起来，未上学的孩子自然显得萎缩。儿童的最大特征，便在于他们的上学。要“还童”，便要还到“上学”的生活上来；这是“还童”的最具体方法。我于一九五二年，由台中坐火车往台北，手上拿着一本《二程遗书》在看。忽然看到程伊川“不学则老而衰”的一句话，当时心情非常感动，回来把这句话写好贴在壁上。十年来虽在学问上没有成就，但虽病而仍不老不衰，我觉得这是伊川这句话所给我的最大启发和效验。台湾的西化派，十年来虽然不曾译出过一部名著，但因艺文印书馆的倡导，世界书局、广文书局，以及其他若干书局的努力，却印出了不少的中国古典著作，使大家于流离转徙之中，容易读到许多平日不易入手的书，这真提供了我们返老还童的仙丹灵药。为什么大家不从牌桌子上起身来共同享受一番呢？

一九六三年十二月十日于东海大学

一九六四年一月《自由谈》十五卷一期

# 漫谈国产影片

前几天，我由东海大学的宿舍走向文学院的中途时，建筑系的系主任陈其宽先生老远和我招手。走到一起后，他问我看过《故都春梦》没有？接着又以很高的兴趣，提到几部国语影片，并简单地提出了他的若干意见。例如他很欣赏《秦香莲》中所加入的黑头平剧，他赞成我对两部《七仙女》所作的批评。又对某一宣传得很起劲的国产片子（《西施》）表示失望等等。而归结为："我没想到这几部国产片进步得这么快，现在看外国片子有点不过瘾了，希望你再写文章加以提倡。"

陈先生的话，使我感到很惊异。因为他在美国多年，不仅对建筑和绘画方面都在不断地追求新的境域。而我，不仅是艺术的外行，并且这几年来，从文化反省的观点，对现代艺术，总是保持批评的态度。正因为如此，我虽然和陈先生同事有年，但关于这一方面的问题，彼此间很少交换意见。想不到在这次谈话中，彼此的见解，却多不谋而合。同时，他是一位很认真的人，我相信他和我所谈的，不会含有一点虚伪的世故。我为了尊重他对国产影片的好感，便把他的话，在这里向社会报导出来，也算是尽了一点提倡的责任。至于下面我所说的未成熟的意见，乃是临时引发出来的，应由我单独负责。

这几年来，渐渐有人了解我在做点中国思想史的研究工作。看到我偶然谈到文学、艺术上的问题时，便觉得是“思出其位”。并且还有好心的朋友，以此相规劝，不过，做为一个中国的人文主义者，不可能不关心到文学艺术方面的问题。而以“人性论”为基点，把中国的哲学思想和文学艺术思想连结起来，这正是我的责任和目前所做的试探。自有艺术以来，没有任何一种艺术，对社会影响之大，能与影片相比配。所以我虽然不曾对电影作过一点专门研究，但自然会常常留心到这方面的问题。不过，我一向是不爱看国产影片的人。有时为了陪太太，也多半看不终场。但做为一个中国人，必然地，希望能出现值得一看的国产片子。所以看了《梁祝》片和两部《七仙女》，便很僭越地写了两篇“感兴”式的文章，乃是出于这种心理。

负责的影评，无疑地，可以帮助电影的进步。影评，大体上有三种性质：一是以技巧为主的，这是专家的影评；对于电影工作者很有意义，但一般观众未必能了解。二是以当下的印象为主的，这是一般观众的影评；这种影评，可能有由直觉而来的错误；但一部片子的成败，总是决定于观众。三是站在一般艺术的立场所作的影评，这是介乎前述二者之间，主要是为了帮助观众，以提高社会欣赏水平为目的的影评。我的看法，报纸上须要多有这种影评。

但这里却遇着一个难题，即是艺术家与大众之间的脱节问题。在以贵族为主的历史阶段，文学、艺术，是与大众无关的。一直到近三百年的发展，文学、艺术与大众的关系，才为之一变，这是历史的一大进步。但近三四十年来的所谓现代文学艺术，又和大众疏隔起来了。这种疏隔，与贵族时代主要不同之点，过去是来自教育的不普及，而今日则是来自文学家、艺术家特异的观点和表现的特异的形式。

在这里，无法涉及此一问题的深入探讨，而只想指出，像电影这种艺术，不可能以孤芳自赏的态度而存在。几年以前，台湾来了几部"意识流"的片子，许多青年奔走相告，认为这种电影太好了，我也便忙着去看。但看后自愧头脑落伍，无法领受。当时，我对于所谓"意识流"云者，还是莫名其妙，于是找些这一方面的东西阅读。等到我稍稍摸清了底细，即认为这种新的探索，或许有它的意义，但在电影方面，不可能持久的，前年我从日本报纸上证实了我的观点。

不仅如此，日本是一个感染性最敏锐的民族，所以年来抽象画，和意识流这一型的诗盛极一时。但出现在报纸上的抽象画，一定抽象得有个限度。而意识流的小说，出现在报纸上的，则可以说是绝无仅有。当他们出很高的代价征求授奖的小说时，也只是要求在传统的基础上做新的表现。这道理很简单，抽象画、意识流的诗，可以自己结成团体，互相欣赏一番。但报章、杂志，也和电影一样，要大众能接受，而大众所能接受的依然是以结构、对象、主题为基点。我说这些话的意思，是想指出，作为一个电影艺术的批评者，一方面要不断地为观众开拓新的领域，同时，也要时时刻刻地，把大众的感情、观点，放在自己脑筋里面，挟带着大众的感情、观点而前进。

谈到国产影片的发展方向问题时，我便想到莫尔顿在其"文学的现代研究"中所指出的"世界文学，乃是以各民族文学为立脚点而向前眺望，才能成立"的意见。根据他的意见，不能把握自己民族文学的人，不可能对世界文学有所贡献。由此可知，目前有人提倡建立电影中的“民族风格”的意见，可能是国语片发展的正当方向。

这里，首先要打破一个观念：即是在文学艺术方面，民族与民族之间，时代与时代之间，在做比较时，不可轻易转用“进步”的观念。艺术的发展，是“变化”而不是“进步”，这是目前大家所共同承认的。假定这一观念不澄清，则民族风格的建立，会遇到许多困难。例如《梁祝》等片中黄梅调所配的音乐，假定我们离开了是否与片情相和谐、配合的问题，而只责以它较之西方的和声音乐，远为落后，则当演一部以中近东的回教徒为背景的影片时，也应责以不可采用回教徒们的音乐，那将从何说起呢？

国产片引起人们的注意，绝大多数是来自古装的故事片，这不是没有原因的。因为第一，它的本身自然是代表我们民族的风格。第二，这种故事的本身，经过了长期的酝酿流传，容易形成完整的结构，和明显的主题，这也容易为观众所接受。譬如陈其宽先生提到的不能令人满意的某“起飞片”，我认为此片的制片人、导演及演员，都做了很严肃的努力；这一点，的确要算是一个进步。但就作品来说，似乎缺乏主题，缺乏情节，因而在结构上，没有一股力量贯串下去；于是便在许多地方，显得卖力中的生凑，热烈中的松懈。

也许会有人一着急起来，以为老弄古装片，不是进步的办法。真的，民族的风格，更应表现于现代生活之中。但对我们而言，这是非常困难的。因为我们目前的知识分子，因各种原因，多半早忘记了自己。若能通过历史的记忆，而慢慢发现自己的本来面目，则演古装片亦未始无助于演时装片。我在日本时，一般电影院所演的，绝对多数是古装故事片。只要大众愿看，艺术批评家便不必着急它没有前途。目前所应努力的是：在取之不尽的历史故事中，应进一步演出更有分量、更为新鲜的题材。在古衣古冠的古代生活形式中，应更进一步把握住所演的古人的心、古人的情感。我决不是反对演时装片，而只认为在目前条件之下，主要从演古装的故事片起步，或者是一条平实可通之路。

其次，谈到黄梅调的问题。有人认为黄梅调的流行，不是好的现象。其实，黄梅调较之许多黄色歌曲，较之美国猫王的那一套，不是高明得太多了吗？它的音调或许凄婉了一点，但令社会上许多飞扬浮躁的心情，听了黄梅调而能把头低下来片刻，又有什么太坏呢？黄梅调只要用得其所，大众是欢迎的。不过，我很赞成陈其宽先生的意见，应当作更大的努力，把各种戏剧尽量融和在一起，只要能得到和谐，便也不嫌复杂。但这是很难的工作，须要有魄力的公司多多地实验。而《秦香莲》一片中的黑头平剧，或不失为相当成功的尝试。这里为避免误会，也须得提醒一句，我不是主张非用黄梅调不可，而是认为用黄梅调决无碍于电影的进步。

再要说的一点是：电影的经营，是一种商业性的经营，它当然有竞争。但竞争，在不择手段之中，还是要择起码的手段。例如：第一次，从台北起，一路传遍全省的凌波死讯，这已经过分了。过些时候，许多人又听到乐蒂毁了凌波的容，凌波因而自杀的消息；这固然可以激起若干人赶快去看快要下档的《七仙女》，但我想不出是什么人用这种手段作竞争而不会暴露出国产影片的无前途。好不容易，国产片由若干公司及若干导演、演员的努力，而慢慢改变了国人的观念。我希望能在社会大众爱护之下，能好好地作更健全的发展。其条件之一，要能接受批评。

一九六四年三月二十四日《征信新闻报》

# 琐 谈

## 荣国府门前的石狮子

大约两个月前，我在台北住了几天，朋友一见面，便谈到一部书的故事。并且有朋友说，这还不应当写文章吗？但我只笑笑认为不值得写。因为我记得小时看《红楼梦》，其中有焦大骂荣国府只有大门两边的石狮子是干净的一段话，看后觉得很有意思。一位党外的大老，向元首献出自己的一部线装书，再由党内的红员，向厂家收回五十万元的约十倍的成本，这只是“门外人”年迈力衰无计奈何的“穷余之一策”。难说这点小事就算在石狮子上泼下了狗血，使得焦大也不知如何开口吗？

## 不是官僚机构

我有一个儿子在美国半工半读，一次依规定在信封内寄十元美金给他的弟弟作生日礼，中途不知被什么人没收了。又一次用台湾银行的汇票寄点钱给他的妈妈作生日礼，他的妈妈欢天喜地地第一次跑下山到台中的台湾银行去，因为只签字盖章，没有带身份证，落了空。第二次带了身份证去，却要过几天去候总行的信。第三次去候信，却要填一份英文表格，但她又不会写英文。回来气得要死，破口大骂这种官僚作风，没有半点商业精神。若是私人的支票，卖黑市不仅每元多收入两元多台币，还不会有这些麻烦。其实，说他们是官僚化的银行，太冤枉了。他们只不过是一批专门吸血输血的特殊医师罢了！他们以现代技术，把他们不知从什么地方吸进来的血又输给许多特权阶级，这即是有名的几亿元的呆账。他们若不吸血而只输血，则倒了这多账，还能屹立不动吗？如曰，商业云乎哉？官僚云乎哉？

## 房屋修理费

“中央民意代表”二千余人，以房屋修理费为名，多向上面那种性质的银行借了四万元，以最低利息，分十年扣还。二月份《人间世》首先发表一篇《有人在喝我们的血》的文章，声情激越，哄动一时，成为几个月来最动人的谈天资料。于是从行政院长起，一致动员起来作解释工作，说这并不算“敲”，也不算“挨”。说不算“挨”，倒是千真万确的，因为院长先生们不会说自己口袋内拿出半文。而老百姓的钱，经过几次转手，转到那种银行里面去以后，也不能算是老百姓的钱；等于张三的血，输入到血库呢，便不能算是张三的血一样。这一亿多的款子，既无“苦主”，如何算“挨”？但若说不算“敲”，则台湾几十万比“中央民意代表”穷得多的军、公、教人员，院长是否可以也照此办法，每人借四万，则岂非事实胜于雄辩吗？二千多中央民意代表，其中有不少自爱之士。但也有许多人，专门以买外汇，借呆账，钻一切可钻之便宜为专门职业。至于先以便宜借钱买进一幢房子，再以高出市价很多的价格卖给政府机关，则是风行一时，无伤大雅的。而他们一般的住宅，政府早提供各种便宜条件，并以十年偿还的方式，早为他们解决了。所谓他们因为台糖赚了钱，却想出“修理房屋”的招牌，来上这一记，可见他们中间实在还有人才。不过，“中央民意代表”，只不过是“观念性”的东西。但这些先生们却不断地要把这种“观念性”的东西自己拆穿。依我看，大概已到了非完全加以“冻结”不可的时候了吧！世界上断无终身职的民意代表，也没有一千万人口而可以养活二千多民意代表的地方。何况还要不断地向人民“修理”呢？

## 二化之外

台湾铁路的“观光号”，设备相当地好；虽然贵几块钱，但依然要算是进步性的设施。车上的厕所，一切也想得很周到。但有一点，男客小便时，必须把上面的“坐圈”推上去，才可保持清洁，供他的人“坐”用。这种事，大概任何人都是能知能行的。何况坐这种车的人，绝对多数是西装笔挺的知识分子。但稍一留心，小便时肯出这份气力的人，却绝少绝少。他们在厕所的动作，与一般畜生直上直下的情态，没有两样。这种缺少最起码的公德心的知识分子，你说他还是出于“西化”呢？抑是出于“中化”呢？有些人说台湾年来发生了“西化”、“中化”之争。其实，台湾只有西化的服装，或者有万分之一的中化的服装。什么地方有“西化”、“中化”呢？有的只是二化之外的“畜化”罢了！

## 无警察之国

有些莫名其妙的外国记者说台湾是警察国家，这真冤枉到相反的方面去了。试问，台湾这几年来，震天价响地闹着“拆违建”的问题；台湾若有警察，这无边无岸的违建，到底从何而来呢？大家总以为台湾的违建，是在僻处的隙地进行；殊不知这几年来，正向马路上发展。骑楼底下的道路，实际是供步行者之用，当然是马路的一部分。现在这些骑楼，一天一天“建筑化”了。大家或者以为这是被无可奈何的穷人临时作求生之用吧！但台北市南阳街的一家什么戏院，却也早扩充到马路上来了。由此以推，没有人取缔“违警”的地方，还说得上有警察吗？然则台湾现有的警察应称为什么呢？政府的宣传不是早告诉大家吗？那是“人民的保姆”，而人民是他们的“儿子辈”。

少夫总是要我为《新天》写文章，我因无大事可谈，所以只好写点琐碎的东西。但这样写下去，恐怕《新天》要出一大部“琐谈”丛书了。

一九六四年三月廿八日《新闻天地》第八四一期

# 风景·幽情

我平生是最好动的人。可是到了台湾以后，对于台湾的所谓风景、名胜，除了被动地去过两三个地方以外，其余的便连念头也很少动过。这固然因为各地政治性的招待所，太与我无缘，而自己的年事，正在一天一天地老去，会多少影响到自己的兴趣，但更重要的是，台湾的风景，对于我而言，总像缺少了一点什么；而这种缺少，又常于不知不觉之间，好像觉得只能以对大陆风景的回忆、想象，来加以弥补。

游风景，是艺术性的活动。据近代美学的研究，可以了解到，风景之美，不是一种存在，而是一种生起、一种展出。它的美，乃是生起、展出于人们美的观照之中。对于没有美的观照的人而言，任何风景都不是美。而美的观照的构成，包含了知觉、感情、想象三种因素。人当面对着某一风景而忘掉了一切的利害计较，并且也放下了思考分析，只是凭着自己知觉的直观，凝着于风景之上，于是风景之美，便会生起、展出于自己之前。此时也会不知不觉地向风景移入了感情，并看出了风景后面所蕴蓄的意味，而向人构成一种气氛、情调；人于此时便陶醉于自然之美里面，把自己的精神加以纯化净化了。美的观照，好像是专用而比较生疏的观念。其实，普通所说的“看得出神”，这即是美的观照最亲切的描述。所以这大概是每一个人所能体验到的美的经验。

不过，作为美的基本因素的感情，毕竟是属于人与人之间的情态。当人把自己的感情移向自然时，乃是无形之中，把自然加以有情化，加以人格化。若是在自然中看不出人的情味，自然便只是死物，而没有美的意味可言。在中国的许多神话中，一切精灵，必以能修练成人身为其灵化的第一条件，这是很有道理的。我的看法，人是以其感情而存在。在牵引不出人的感情的地方，也一定是人所不会想到的地方。我年轻的时候，有时很思念这一个地方，有时又很思念那一个地方。有时又把思念过的地方淡淡地忘记了，有时又从淡淡地忘记中浮了上来。对于这种飘浮不定的感情上的思念，我也曾加以反省过，原来粗一看，是在思念某些地方的风景；仔细想时，却是思念某些地方和自己有感情关连的人物。风景的憧憬，实际常是凭借对某些人的感情而浮起的。某一地方的人的感情没有了，对风景的憧憬也便慢慢地消失掉。因此，将自然加以有情化，加以人格化，常常是富有艺术心灵的诗人、墨客的片时的感受。对一般人而言，还是要求风景与人情的直接融合。并且在这种融合中，可以得到厚化深化；因而也多少可以减轻“美的破坏性”，“美的幻灭感”。大家在游风景时，总希望有良好的伴侣，实际是希望“有情人”能在一起作伴，这便是出于风景与感情直接融合的要求。

假定是具有文化意识的人，便常常可以通过想象力，而扩大并加深风景与感情融合的机会，这便要谈到“发思古之幽情”的问题上来了。现在许多人把这句话当作对于他人的一种批评、打击来使用，以表示自己的进步。我想，这种人口里所说的进步，是非常可疑，或是非常可笑的。若是某一个人有了某一方面的文化意识，而某一风景，又有某种古迹是和某种文化有其关联，则当此人面对此一风景时，便自然而然地会通过自己的想象力，把由古迹所象征的过去的人与事的意味，复活了起来，以与此风景融合在一起，而加强了美的意识、美的观照，实际也便加强了某风景之美。我可以断言，思古之幽情，乃是从人性中所流露出的美的冲动，艺术性的要求。若说这是不进步，那才真是蠢才、恶汉，在佛头上着粪了。但归根结柢，还是在文化意识的问题上面。

一九六〇年五月，我在日本京都游了两个多星期。京都的亭园，多半是受中国文人画的影响，所以多有“清幽”或“清远”的情趣。有一天我到东本愿寺（或者是西本愿寺？记不清楚），里面有一个小庭园，日本朋友告诉我，这是仿照庐山远公送客不过虎溪的虎溪而建筑的。当时，引起我非常的怅惘。我几次到庐山，岂特没有到过虎溪，没有到过东林寺、西林寺，连所有与文化关连着的古迹，甚至对于早已闻名的白鹿洞书院，都当面错过了。自己只是莫名所以地，随着一群一群的莫名所以的人们，哄来哄去；几次到过这一座与江南文化有密切关系的名山，却从不曾引起我一点怀古的幽情来，这正说明我所看到的庐山，只是草木无情、溪山顽钝的庐山，庐山的美，并不曾向我生起、展开，因为我的心还不曾开窍。这还能算得到过庐山，享受过庐山的风景吗？我是一个俗人，文化的熏陶不够，所以一颗虚灵的艺术之心，一时显发不出来。

杭州西湖，不仅是风景多，而且每一风景，都积累了、染上了，前人所留下的古迹，这便为湖光山色，增加了深度、厚度，而这些深度、厚度的情味，又尝假文化人的妙联妙语，把它指点出来，更使人流连不已。但我在杭州前后住了三年，真正引发过我的怀古幽情的，只是苏小坟和岳王墓；其余的，也不过是人云亦云地随喜一番罢了。原因很简单，当时藏在我灵魂深处的，只是一位想象中的美人，和一位“壮怀激烈”的忠臣。此外，便多是从口耳间飘过，和自己的心灵，还不曾融合过来。

因为我没有佛教方面的文化修养，所以在南京住了三年多，便不曾去过栖霞、牛首。这十多年来，对禅宗多少有了一点应当被古德所诃斥的知解，于是我常常后悔，曾经由当阳经过，坐在马上，已经望见玉泉寺了，为什么不稍稍在寺前驻马呢？曾经在韶州宿过一晚，为什么不多留一两天去瞻仰一下南华、云门呢？我是鄂东人，鄂东黄梅的东山，实创出了禅宗尔后一千多年的天下，即所谓“东山法门”，而我竟连一游的念头都不曾动过，真太抱愧作为一个鄂东人了。日本的常盘大定，曾经遍历了我国的名山古刹，写下一部厚厚的游记，这是常盘氏个人佛教文化意识的觉醒，而使他过了这一段半宗教、半艺术的文化生活，我真为他骄傲。我们实在已衰老了，已麻痹了；在悠久的历史中，少数人留下的名迹，不断地由多数人加以破坏、加以污秽。现在到台湾来了，没有实物可资破坏了，便努力从观念上加以破坏。所以这一群知识分子，是没有文化教养的知识分子，是没有人性所必不可缺的艺术心灵的知识分子。因为大家在生命内部的，只是“呕吐”，只是“黏液”，只是“欲动”，所以决发不出怀古之幽情来。而剖析了看，他们在完全不懂西化的“西化”偶像之下，彻头彻尾地是奴才的根性。奴才只当主子有情兴去趟风景区时，才跟着提壶拥帚。试稍稍留心观察吧，主子看的是客观的风景，奴才看的却是主子的颜色。小奴才们直接看不到颜色，便只好争主子的残羹冷汁了。这是今日西化运动的真实面貌。在这种风气之下，当然要把幽情当作反动、落伍的口号了。好在台湾正是有风景而缺少幽情条件的地方，这恰好是主子与奴才两相搭档的好处所。而我们这种多少免不掉有点怀古幽情的人，只好站在角落里由追悔而怀念自己的故乡故土了。

一九六四年四月《自由谈》

# 国产电影的民族风格问题

三月的某一天，台北有位朋友请客，我因上课不能抽身，辜负了他的盛意。但到了那一天，想象他们华灯笑语的情形，自己多少有点寂寞之感，便在遐想中的一顿饭的时间，写了一篇《漫谈国产影片》的文章，提到电影的民族风格问题，在《征信新闻报》上刊出。但当时对此一问题谈得太简单了，令人看后，会感到所谓民族风格，原来是如此廉价的。老友啸岑兄来信督文，乃稍作补充如后。

## 一

每一门艺术，都有各自的特定范围，但也有共同的精神根据。谈电影中的民族风格问题，似乎也可以从文学的这一方面推出去。因为有人说电影是绘画加运动，我却说它是绘画加文学。

欧洲十六七世纪，因“民族国家”的成立，随着而各国有“国民文学”或“民族文学”的观念出现。自从哥德提出国民文学应走向“世界文学”的口号后，什么才是世界文学，又成为许多人所关心的问题。

究其极，文学家是向人性更深更完全的地方探索的人，文学作品是对人性作更深更完全的表现。突破民族的偏见，使人性能表现得更深更完全的文学，即是世界文学。但是，还有下面两个问题应加以指出。

首先若用现在的流行名词来讲，人性是内在的实存（existenz）。将实存通过文字的“媒材”而表现成为文体（style）时，不仅文字语言，与某一民族的传统、社会，有密切的关系；并且在文字语言中所用作象征的事物，主要的也必是与作者的生活密切相关，而为作者所能亲切把握到，因而能运用自如的事物。因此，不论怎样发掘到了世界性的人性，但其成功的表现，必然带有民族的风格。英国现在有名的文艺批评家李德（Herbert Read），在《诗的难懂》一文中，特别指出：“自己的血和自己所用的语言，是同时代的；血和语言，不是同时生出来的人，可以说，在诗的表现上，不能达到十分的完全。”（日译本《文学批评论》，页九一至九二）由此，可以了解，专以模仿洋式为高的作家，为什么只能成为“半吊子”的作家。

## 二

其次，人性的实存必因感到有某种“问题”而始会从潜存状态中发生要求表出的冲动。所以文学、艺术，对人性的表出，实际是“人性”对“问题”的对应。没有问题，便没有文学，乃至不值得称为文学。问题越深，人性的表出也便愈深。就常情来说，一个人，对于他所由以生，他所由以长的民族中的各种事物，是他所能感受到的最真实、最亲切的问题点之所在。因此，同样的人性，当其以“问题”的具体性，而形成一个作品的内容时，假定是一个成功的作品，也必定会带有民族的风格。一个人，若对于与他血肉、呼吸，相连相通的自己的民族的问题，麻木到一无所知，一无所感，怎么对于与自己距离较远、情感较疏的世界，能提出真实的问题，以形成一个作品的内容呢？

由上面简单的陈述，大概可以导出这样的结论；即是，一个成功的作品，是世界的，同时也是民族的。因为人性的自身是世界的，触动人性的问题及其表现的形式是民族的。一个文学家，对于其他民族文学的学习，是为了对自己人性的启发，对自己的表现形式、技巧上的启发，要把她迎娶到自己家里来结婚成家，而决不是为了自己好卖出去当奴隶、当赘婚。至于台湾现在有种人，一开口便是"太空文学"，这种人便永远只有"组织文学"了；即是他们的作品，只有依靠组织。

## 三

电影中有很高的机械技巧因素在里面，这是不受民族的传统及社会的影响的。仅就这一点来说，我们也不能完全拿看文学的眼光来看电影艺术。但是，仅仅机械技巧，决不能成为艺术。电影艺术的起点、终点，依然是人性的表出。因此，这里面便自然含有民族风格的问题。而民族风格，依然是目前中国电影职业者的立足点。

我以前说古装故事片的本身即代表了民族风格，这只是就目前国产影片所能达到的水平的便宜说法。其实，真正的民族民格，乃蕴藏在一个民族大众现实生活之中。大众为生活而辛苦，而安慰，而有所思，而有所感。我们顺着这条路发掘下去，表现出来，便不期然而然地会形成民族的风格。二千多年以前的一部古典文学的《诗经》，其中重要的一部分，便是大众现实生活中的"劳人思妇之辞"；可是它在文学上，却有永恒的生命。这是说明一二人在现实生活中所流露出的深挚的感情，即是世界性的人生。于是在民族风格中，即直接通向了“世界艺术”，还用得上“骑驴觅骑”吗？许多国产时装片，都是无形中在衖堂的“西崽意识”之下弄出来的，与民族大众的健全生活，不知相去几万里？谁人看了西崽充洋人，而不觉得浑身难过呢？

演古装故事片的便宜是由服装而能引起观众对自己民族的回忆。但目前的危机是：大家不是以创造的心理来演古装片，而纯是以“买便货的心理”来演古装片。顺着这样下去，实质上可能成为前些时在报上出现过的，八个中国人，在一个德国马戏班中，穿着中国古装当小丑的局面。假使大家以创造的心理演古装片，则不仅可歌可泣的材料，真是取之不尽；并且比较深的、完整的人性，即从这类的故事中涌现出来；何致有目前大家争着演双包、炒剩饭的可怜现象？

最后，是演员的问题。一个成功的演员，他可能演出各种民族风格不同的戏；因为，这中间，有艺术的感情移出移入的作用。不过作为感情移入移出的前提条件，是要有对于对象的同情、或兴趣。假定有一种黄面孔的演员连生儿女也要特别跑到白面孔的国度去生，则这种演员，对自己的民族，实在太没有同情、兴趣了；他或她，再演什么古装戏？怎能在他或她的身上，看得出一点由内心流露出的民族风格呢？与这类的人谈艺术的民族风格，我觉得太过滑稽。同时，作为一个艺术工作者的演员，生活可以浪漫一点，但浪漫中的高洁性，是他或她的真正生命力之所在。内心卑污下贱的人，恐怕产生不出真正的艺术作品。

一九六四年四月二十二日《自由报》第四三七期

# 反科学的科学宣传家

## 一

在落后地区，不仅常常出现反政治的政治宣传家，而且也不断出现反科学的科学宣传家。这不妨以对中医的态度作一例证。构成科学的最基本条件，是人类生活中所积累的实际经验。把经验加以合理的处理，将其中所含的错觉，及并无真正关系的因素，加以澄清，以抽出构成此一经验的基本因素及相关关系，因而得出法则性的说明，更能根据这种说明，在实验室中，将此一经验重加构成，使其反复实现，这便是科学。

中医，是没有经过科学处理的有关医学上的经验宝库。我们的民族，在这样长久的历史中，在这样广大的空间中，一直生存发展下来，为了疾病痛苦的克服，为了生命的保存，当然从许多无名的大众中，积累有许多药物和治疗上的经验。并且在这种经验积累的过程中，所用的方法，主要是靠在无可奈何中的想象力。所以中国医书中常说“医之为言意也”。这种想象力，当然是非科学的。例如对某种药物性质的判断，常采用以形比形，以色比色的方法，这当然是不可靠的。但这并非问题的决定点。问题的决定点，乃在于有了某种想象后，便根据某种想象去以疾病做试验，许多试验失败了，病患者死亡了，某种想象也随之消灭。有的试验却成功了，便互相传播，并被人纪录下来，并加以解说，这便是《本草》及《素问》等书籍的来源。因此可以了解，中国的医学，是我们先民以许多生命作试验所长期积累起来的经验。

二

在上述经验中，所成问题的，是对它的解说并不十分确切，所以还不能说它是医学中的科学知识。但这并不能推翻它可作为科学知识的基本因素的重大价值。

今日的医学，不论怎样发达，可是稍有常识的人，决不能认为它已经处理了人类在这一方面的全部经验，或已概括了人类在这一方面的全部经验。所以由中医所代表的我们民族在这一方面的丰富宝藏，实可为医学研究提供无限的启示。真正懂科学的人，应当对此加以珍视、整理，并进而鼓励作学术性的研究，使其由经验的前科学性，进而成为经过合理处理后的科学知识。

但几十年来，胡适学派，把中医说成巫术，不断地丑诋恶骂，认为非彻底铲除不可。他们之所以如此，认为这是他们宣传科学的重大使命之一。殊不知宣传科学，是要告诉人，重视经验，重视经验经过处理后的再构成。一切经验，都可以作研究的对象，何况积累了几千年经验的中医？更重要的是，科学要求每一个人对于自己不曾研究到的东西，不可随便下判断。例如中国医学，在战国末期，已确切地与巫术绝缘了。但他们却硬说它是巫术。这说明他们对中医不曾沾过一点，却认为可以扛着科学的招牌，作先知式的判断。他们自己犯了信口开河的科学上的大戒，却自以为对科学尽到了宣传的责任，甚至幻想自己即是科学家。他们在文化上的活动，都不曾脱出此一形态，所以我说他们是反科学的科学宣传家。

三

用科学方法研究中药而收到若干成效的，大约首先应数出北平的协和医院。在一个月以前，我在报纸上看到台湾大学医学院药物系，透露了一部分中药研究的结果，使我注意到下述两点。第一，他们所研究出来的药物效果，与《本草》上所说的效果，并无多大出入，这说明《本草》上所集结的经验及根据《本草》上的药性治病，并没有大差错。第二，在解说上，《本草》是笼统而朦胧的，药物系的说明则是确切而具体的。这说明中医自身，应向科学方面大步前进。最近我又看到日本富田子元的《健康与药草》的一篇文章，内中提到枸杞、决明子、薏苡仁三味中药化学分析的结果，也大体为《本草》上的陈述作了证明。现在每一门科学都在努力开创新领域，为什么中医不能为开创现代医药新领域的一大助力呢？中医方面最大的弱点，当然在生理解剖的方面，这是无容讳言的。至于阴阳五行式的病理解释，若是我们把它当作一种解释的符号，便立刻可以了解中医有一个基本意图，是要从生理有机体的关连中，找出病源，并找出治疗的方法。近代医学，认为每一种病，皆来自某种病菌，这当然是医学上的进步。但现在却有人认为把病源加以孤立化，未尝不是近代医学的一种缺点。因此，中医的基本意图，又何尝不可给今后医学发展以新的启示？

我写此文的基本用意，只想说明在五十年以前的中国，科学需要宣传。在今日，则需要的是每一个知识分子在自己研究范围内做切实的研究工作，并不断提出研究的成果。不研究而只作宣传，没有不把自己带向反科学的方向的。

一九六四年五月二十九日《华侨日报》

# 从裸裸舞看美国文化的问题

有位日本舞蹈专家，在本年八月一日的《朝日周刊》上，发表了《美国现代文化与GO GO》一文，介绍美国从去年下季新兴的一种名为GO GO的舞蹈，我在这里把它音译为“裸裸舞”（按现时台湾译称“哥哥舞”。校后补记）。

首先，对“裸裸”两个字，不可望文生义。他们之定名为“裸裸”，正与达达主义（Dadaism）之定名为“达达”，不约而同，乃是以没有意义为其意义。顶多，也只表示年轻人的精力及其发声。这是一种没有舞伴的独人舞。各人随便地站着，向任意的方向，以任意的姿势，想怎样跳便怎样跳；一切舞蹈的步调、礼仪，在这里完全不复存在。

音乐强烈而简单，是以吉他和鼓音为主的摇滚舞的调子。乐手都是年轻人。对于年龄稍大，而又懂得一点音乐的人来说，不会把这种喧嚷而零乱的噪音当作音乐。

到裸裸舞场里去跳舞的，以二十岁以下的女孩为最多，但也有二十到三十岁的女人和男子。大学生，是其中最大的主顾。在服装上，只要穿一件衬衫，一条裤子，便很神气了，很少有打领带的人。他们从晚八时入场，跳到午前二时为止。大家独自地，一面跳，一面舞；有的像演哑剧，有的像演滑稽戏；有的闭着眼睛，好像快进入到无我的境界；又忽然张开两手，发挥自我的热情。这完全是“即兴的舞蹈”。

为了把握裸裸舞的意味，那位专家简单介绍了舞蹈的历史。据他说，社交舞是由法国路易王朝的贵族开始的，种类相当的多，步调在历史中也有变化。但不论怎样变化，作为交际舞的基本型态，总是保留着。当初兴起时，若干成为一组，大家在一起跳。跳舞中的各种礼节，乃至应当如何去握住淑女的手，都构成跳舞中的一部分。舞伴非仅一人，是几个人连在一起。有时在一间大厅中，全体舞客，按着顺序作轮流的舞伴。在这种情形下，每人当然要遵守共同的节拍，不可以随意乱跳的。

法国大革命后，交际舞转移到社会民众手里去了；在贵族时代的各种麻烦的礼节，自然会加以简化；每组的人数，也随之减少；个人自由活动的余地，也因而增加。假定有人中途停止，也不影响全体的构造。

第一次世界大战后，交际舞又发生了一大变化。由多数人一组变为男女两人对舞，只要两人的步调相合，不必顾虑到他组的步调如何；这已暗示跳舞的社交性、社会性，正在不断地减少。但是每起舞一次，都规定有相同的步调，即使数百人在一个大厅之中，实际仍是互有连系。

交际舞的中心，由法国移到英国以后，加强了社交仪式的要求。在一个大厅里的所有各组，在跳舞中，都绕着时钟指针进行的方向而旋转，这是一种规律严整的新的规则。此一中心移到美国以后，变化更为迅速。开始是大约十年便出现一次新步调，接着每五年，每三年，每年，都有新的步调发表。到了“伦巴”、“恰、恰、恰”出现，男女成为一组的原则，已开始被轻视。二年前流行的扭扭舞，则男女二人，可以不握手成为一组。但依然是相对而扭，依然保持了“组”的感觉。裸裸舞，则将由人与人所成的“组”完全破坏了。

裸裸舞，已不再是交际舞。它没有任何社交性，没有任何社会性。它是偶然性的舞蹈，是反社会的舞蹈。在这种反社会的舞蹈中，流露出年轻的一代，正反抗着维持社会秩序的一切规律，反抗着他们的上一代。这是现代文学艺术整个的趋向，也是现代精神整个的趋向，不过在美国表现得特为明显。这位舞蹈专家叙述到这里，认为由此可以看出新旧时代的不同，认为美国的年轻人都是理想家；这种舞蹈，表面是颓废，但实际并不颓废；表面上是胡闹，但潜伏着有建设的秩序。

我很希望这位舞蹈专家的看法是正确的。但现代文化，尤其是美国文化，有两点特别值得注意。第一是由机械之力，把每一个人都紧密地揉进于各种集团之中；但每一个人又都要求和他所属的集团乃至整个的社会，完全解脱分离出来。这有点像一个人的精神和自己的躯壳，两相游离，两相抗拒，这是一种健康的现象吗？此种现象反映到文学、艺术中去，便把使文学、艺术得以成其为伟大的“共感”，完全失坠了。失坠了共感的文学、艺术，会有它自己的前途吗？

第二是科学、技术的飞跃发展，使人们的生活方式也改变得非常的快。于是一般二十岁上下的年轻人，也认为精神的递嬗，应当是同样的快；由此而反抗一切传统，反抗自己的上一代。越是浮在街头上的年轻人，越感到他们应当以奇特的生活方式，表现他们是在代表新的时代。但真正使时代发生改变的动力，乃是在研究室和工厂中埋头苦干，质朴无华的一批人；而这批人的成就，大概的年龄也要从二十七八岁到五六十岁之间。然则那些碌碌纷纷的二十岁上下的“理想家”，在时代进展中到底居于何种地位？占有何种分量呢？裸裸舞，快风靡到香港台湾来，而增加两地的西化运动吧！因为这是最便宜的西化运动。

一九六五年十一月十八日《华侨日报》

# 卖　屋

来到台湾后仅有的财产——一小栋日式房屋，很干脆地卖掉了。这几年来，同事们在一块儿谈天时，常常提到“你若给学校当局撵走了，总比我们被撵走了好得多，因为你还有可住之屋”。真的，这一小栋日式房屋，给我壮了不少的胆。但在长期酝酿之后，终于凭着小百姓的身份把它卖掉了。

同样卖屋，小百姓和中央民意代表及各方显要的情形，却完全两样。前后左右民意代表们的屋，都一栋一栋地卖掉了，价钱卖得相当可观。我又何尝不见猎心喜？但奇怪的是，他们的屋有人要，我的屋却无人过问。偶然打听价钱，彼此间至少也要相差三分之一以上。这便不由我不恍然大悟，在此一国度里，小百姓与民意代表乃至各种显要们，在任何方面，都出现着几种不同的行市。

于是以略带负气的心情，把它出租好了。积十数年旁观的经验，有房屋租给同胞的人，常以打架打官司终场。我之不能打架，是不消解释的。而打官司之可怕，几乎不在上刀山、滚油锅之下。幸而得到朋友的招呼，使我的小屋，有出租给洋人的机会。洋人有由洋势力而来的洋脾气。每一个完整的中国人，面对这些洋脾气，谁也会感到不舒服。我的办法是让太太发挥女人所固有的忍耐性，和洋房客应付。太太有时把呕了的气，向我隐瞒着，以勉强维持这栋小房屋的命运。因此，能办洋务的人，态度必须要带点女性的人，而他们之所以得到国家特别的优遇，恐怕也和一位能干的太太，特别能得到丈夫的优遇一样。

我是有房屋出租的人，在穷教书匠中当然要算一种骄傲。但是，在十二个月的房租收入中，房捐、防卫捐、地价税、自然户税、综合所得税，大概要抽掉两个半月。零星的修理费，大概要去掉一个月。房客约略一年一换，在新旧房客交替之秋，经常要空一个月到三个月。日式房屋，住上一年以后，不大修一次，洋人便不屑不洁起来，这又须花掉三个月到四个月的租钱。所以有房出租，实际上的好处，并不及颜面上的光彩。有一次，太太向我说“近隔壁的某太太告诉我，她的房子每月租金三千五百元；花五百元的小费，只报一千二百元就可以了”。她劝我也这样做，“我们只消报七八百元”。我不加思考地警告她说：“任何人的太太可以这样做，你是徐复观的太太，决不可以这样做。”我的太太呆了半天，觉悟起来了，便永远断了此一生财之念。但当今年房屋正空着的时候，突然接到税捐处的通知说，他们已调查清楚，我的房屋每月租金是三千五百元，赶快来办补税的手续。这把我太太气急了。跑去一问究竟，原来是税捐处向税户们打桥牌；他们的调查，指的是他们大规模的说谎。而说谎的目的，是骚扰良民，加深许多税务大人和许多税户之间进一步的友谊。

纳税也并不简单。通知单一到，我们从来不敢后人。但有一次，在满期的头天，还没看到通知单，我的太太便亲去查问。当时台中市税捐处的新办公厅还没有做好，分在两条街的处所办公。我太太查到这条街的办公处，据说是在那条街；追到那条街，又指说是在这条街。这样跑来跑去，跑了五六遍，我的太太发急了，非逼着税捐处本部的一位大人彻底清查一下不可；这位大人查了半天，却在柜底下查到未曾送出的通知单，很得意地向着我的太太说："你好运气，到明天就要挨罚金了。"

摆队纳税，理所当然。但和各税务大人平素有交情的税户，一到纳税台前，便拿出一枝烟，塞进税收大人嘴里，再为他点上打火机的火！彼此相视而笑，自然取得优先权利。而这种有交情的税户，是一个接着一个的，使我的太太站在行列里有时气得叫了起来，回家后，把那一套神气反复地学给我看。"怎么一枝纸烟便有这大的人情呢？"此中奥妙，她永远也猜之不透。

为得这样有名无实的一栋小房屋，一年总要呕上房客和税务大人几十次气。渐渐觉悟到所谓"自由人"，乃是不与洋人和官吏直接打交道的人。这栋小房屋逼着我们要和洋人官吏不断地打交道，假定把老子"吾所以有大患者，为吾有身。及吾无身，吾有何患"这几句话中的两个"身"字改成两个"屋"，实在再恰当也没有。于是卖屋问题便成为这两年来经常的家庭大计，并且觉悟到此一大计的实现，必须承认小百姓与民意代表们的不同行市，而心安理得地承认自己是一个道道地地的小百姓。由我太太所找的掮客的线索，果然昨天一下子把它卖掉了，"无屋一身轻"，真是如此。

挟着完成任务的心，回到大学的寓所，赶快向太太报告消息。想不到太太的脸色苍白了，说我不应当卖掉，简直使我不知所措。接着，她躺在床上默默地流泪，望着我说："明天早上我提个篮子下去，把院子里的朝鲜草铲一点上来。"这才使我了解她的心情，向她解释说："学校几年以来，便希望我们年长一辈的人赶快离开，你拿点朝鲜草回来，种在什么地方呢？”她听完我的话，除了继续流眼泪外，实在也没有第二句话可答。

今天下山正式交出房屋，我便有机会向这栋小房屋巡视一周，与它告别；这样一来，却把十年前栽某一棵树，种某一种花；如何利用墙壁多安上书架，如何细心修补隙地，扩充活动的空间等等情景，一一在我的心里复活了起来。自从此屋出租之后，我便不敢亲近它，以免增加因它而来的烦恼。现在却发现这栋小屋的每一角落，都曾注入过我们夫妇的生命。并且深深知道。剩余的生命，也再无地方可以重新注入了，这才真有浮生漂泊之感。太太的眼泪，决不是轻易流出的。

但当我不能把握到自己所曾注入过的生命，且不能不被洋人和官吏所吞没时，只要能使我与洋人和官吏的阴影，稍稍保持一点距离，则卖屋的理智决定，依然会压服下怀旧的感情的。

一九六六年四月一日之夜

一九六六年四月十一日《华侨日报》

# 经济保护与文化保护

不论经济与文化，都是在自由竞争中得到进步。经济进步的消极标志，便是落后的东西受到自然的淘汰。为了免于淘汰，便不能不在技术、管理、推销等方面去力求前进。所谓自由竞争，是不把经济以外的因素，尤其是不把政治权力的因素，介入到经济的活动中去。反自由竞争的最大特点，是官商勾结。而落后地区的经济活动形态，便常常是官商勾结。自由竞争最先的考验和成果，当然便是消灭官商勾结。

但在落后地区的经济发展过程中，为了自己的幼稚工业品，不致立刻受到高度发展的工业品的压迫以致无法生存，便有时不能不实行某一程度的保护政策。保护政策，是通过关税政策去实行的。但台湾则更有"内销弥补外销"的口号，把保护政策更推向前一大步。这口号的意思是以高价买劣货，把消费者口袋里的钱，榨取到工业者的口袋里去，以作为"落后者"也能大赚其钱的保证。消费者没有组织，当然也没有进衙门、摆酒席等等的活动能力，所以这一政策是容易推行的。推行得彻底时，便是把征税所得的金钱，通过政府银行，而大量赔补到应当淘汰的工厂上去。但台湾太小了，以高价用劣货的能力，以税金赔补劣厂的能力，究竟有限。而由反淘汰所发生的阻碍经济进步的后果，则是贻害无穷的，所以不能完全抹煞经济保护政策的意义；但我认为若运用不得其当，不仅成为少数人去剥削多数的不公平，并且也可以断送经济建设的前途。台湾主持经济政策的人士，若能摆脱幕后的官商勾结的困扰，便很容易注意到这一点。

在经济史上我们可以看到许多国家在某一阶段上实行某种程度的保护政策；但在文化史上，我们却发现不出近代国家，也实行与经济保护政策相平行的文化保护政策，其原因我想不外下述两点：

（一）经济上大量输入外国的消费品，即是大量消耗本国的金钱。这种消耗，除了满足人们一时的享受以外，就整个的经济情形来讲，是没有收益的负债。因为享受高级工业成品的人，很少因此而引起制造高级工业成品的努力。文化上若能输入外国研究的成果，一经消化，必然在本国文化上发生新的影响，而此种影响的收益，绝对大于金钱上的消耗。（二）不论如何落后的人，都乐于享受最奇最贵的工业制品，所以可以成为大量的消耗。但文化品的消费，必定相应于消费者的文化水准。我于一九五一年在日本东京时，有位日本人士和我说："贵国代表团高级代表者的寓所中，充满了现代的家庭设备，只是很难看到一册书。"就台湾的情形说，愈是有钱的人，在文化上的支出便愈小，乃至完全没有严格意味上的文化支出。所以在文化方面，根本不会发生消耗资本、消耗资源的问题。因为上述两种原因，只要头脑正常的人、决想不到在文化方面，必要实行什么保护政策。

可是台湾在电影方面却正闹着要实行保护政策了，这固然因为电影是文化的，同时也是商业的；其他的商业品有保护，电影方面为什么不要保护呢？但保护政策的不断提出，一方面是我们电影过分落后的心理反映，同时也是我们电影业者决心继续落后的心理反映。因为这是不需要保护，更是不应当保护的。

抗战胜利后，日本影片的水准并不比我们的水准高。但以《罗生门》一片为转机，而他们绝尘以去。这几年，和韩国的比起来，我们也相形见绌，自叹不如。更怎能和西方的影片比？所以想来想去，只好要求政府实行保护政策。

但在台湾和星马一带，有国片的天然市场，是外片无法竞争的。也有西片的天然市场，国片只能用更成功的作品去争取，而决非用现时的低水准所能保护得了的。我在台湾的家，一共有四个人，我的太太喜欢看国片，我喜欢看西片。但《梁祝》一片以后连看了几次国片，现在又缩回原状。两个孩子只看西片，不看国片。对我的太太而言，不需要保护也会看国片。对我而言，在保护政策之下，偶尔陪太太去看一两次国片，但也可能看到中途开小差。对我的两个孩子而言，没有好的西片，他们宁愿不看。我的家庭是如此，一般社会，也不会相差太远。国片进步，可以把我这一类的人争过去。不进步，青少年在保护政策之下，只有向旁的方面活动，保护有什么用？在政府说要管制粗制滥造的武打片时，电影业者又说要尊重市场上自由竞争的法则。保护与自由之间，以少数人的口袋为准，运用得真够灵活。

电影是最普遍而又最有效的教养工具。它在文化上的意义，远超过商业上意义，更远超过少数不求长进者装满口袋的意义。赚钱是要赚此一大前提下的钱。一部好电影在教养上所发生的效果，不是为了买进一部好影片花掉的金钱数字所能比拟的。电影水准的提高，也等于对国民教养水准的提高。坏电影可以导引青少年走入其他的歧途。对于中老年人来说，把大家欣赏好电影的机会，也因为保障不争气的电影业者而牺牲掉时，这未免太不人道吧。文化上的官商勾结，较经济中的官商勾结，将更为丑恶。文化上的保护政策，乃是愚蠢残酷的结晶。假定台湾，有懂得文化的人，大概不会河汉斯言吧。

一九六八年六月二十四日《华侨日报》

# 吴大猷先生对台湾的两大贡献

在美国工作的物理学家吴大猷先生，是这几年政府用很大力量，请回台湾担任发展科学要职的一位海外学人。吴先生虽然目前只能抽出很短的时间回到台湾来，但就我所能了解的，他对台湾确实已提供了两大贡献。一是提议规定各大专学校负院、系行政责任的人，应当有一定的任期；三年一任，最多只能连任一次。另一是向报界呼吁，不要用太夸张的文字，渲染短期回国的学人，以致引起在台湾作学术工作者不良的心理反应。这两样极平常的事情，在现实中所具有的巨大意义，容易为人所忽略，所以我想特别提出来谈一谈。

台湾各大学的情形是，只要当上了院长、系主任，除非另有高就，便可以“一当到死”，很少人肯中途告退。因为第一在游动而不悦学的社会中，一般人认为院长和系主任，就是学问的标志。在当教授时没没无闻，但一当了院长、系主任，社会便立刻另眼相看，觉得某人的学问，一夜之间便长成了。担任院长系主任的人，为了保持此一社会上的优势，便决不肯中途放手。（实则有什么上、下？）何况院长系主任，有人认为是“学官”，中国人对“官”的兴趣是出于天性，谁人肯斲丧自己的天性。当校长的人，也是要“当到死”，而又感到一动不如一静的，谁又敢在院长、系主任头上动念头。

但“知识”这种东西，必须毫不间断地继续追求，才能保持和增进。干系、院干久了的人，自然热心于人事与事务，而懒散于学问。这样一来，院长、系主任的学问，常和他担任的时间久暂成反比例，当校长的人更如此。所以以院系终其身的人，在学问上常常变成了废人。我是当过系主任的人，有资格说出这种话。

问题的严重性并不止此。在学问上已经报废了的人，但吃的依然是学术饭，便不能不动脑筋维持一种虚伪的学术门面；其方法，即是排斥对学术有成就乃至有诚意的人不准参加到他的范围里面去，以免看穿他们的秘密，形成他们精神上的威胁。同时即以全力培养一个一个的不受学术感染的小团体、小派系，以作自己的捍卫。连对助教的选用，也一定要选择次而又次的学生，以免后患。目前大势，是女生当助教的机会大过于男生，因为看着顺眼，坐着安心之故；其中当然也有例外，但是少之又少，这是使学术绝种的严重趋向。吴先生的提议，是针对此一真实情况下的无可奈何而多少有点实效的良药。但为什么不推及到大专学校的校长先生？还是吴先生与大专学校校长先生见面的机会多，不好意思提出来？还是已经提出而经过官僚手上时打了折扣？都不得而知。此一提议，经政府接受后，延迟到本年度的八月才公布，由此不难想见此事的前途，依然是向“欺善怕恶”的路上走，但吴先生的苦心我是很佩服的。

关于吴先生第二点的贡献，是因某一特定事情而发；我对于某一特定事情的内容不很清楚，所以愿借此作较为广义的了解。人类中除了上智与下愚以外，没有不被环境所左右的。本来是可造之才、有为之士，但若经过一连串的有计划的打击与抑压，多数的便归于颓废，少数的便趋于横决。本来是可以由小成而趋向大成的人，但经过过分的吹嘘与提拔，多数的便成为发酵过度后的废物，少数的便趋于自满自私。关于前者，自我二十岁左右起，便痛惜于我们国家的大量糟蹋人才。关于后者，自我来台湾后，便惊奇于我们报纸所发生的长期的反作用，但这次不是偶然的。社会要刺激，新闻业者便以夸张的手法，伏在桌上写社会新闻以满足社会的要求，乃是新闻学的秘辛。许多报纸上的社会新闻，其写作过程和基本性格，实与社会小说无异，在黄黑横行的时代，可以夸张和想象的题材，触处皆是。黄黑稍微受到了一点抑制，便不能不向各方面蔓延。所以对短期归国学人的过分夸张，一方面是来自人类对于自己所不了解的东西，容易发生神秘的感觉，另一方面也是来自二十年来新闻事业中的新传统。一位稍露头角的导演，经过吹上九天，半云半雾以后，我相信他此后不会再导演出一部像样的电影，即其最显著的一例。

上面两件平淡的事情，对于前者来说，等着机关为他办大出丧的大官，不会感到这是一个问题；万一感到，也彼此心照不宣，谁人敢多这一句嘴。关于后者，也有人感觉到。但一想到自己可能马上被人抓住小辫子而成为新闻人物时，便暗地里出一身冷汗。尤其是管新闻文化的人，更是知彼知己的人。因为中国文化无形中是抑制黄黑新闻的一股潜力，所以有的报纸便始终反对中国文化。反对的理由是要现代化，而现代化的内容，说穿了便是黄黑新闻吧了。其他的个人，谁敢随便向报纸横一眼睛。所以吴先生的两点建议，对台湾而言，可以说是“平凡中的伟大”，故我不惜表而出之。

一九六八年八月二十日《华侨日报》

# 贾桂琳再婚的若干联想

美国故总统甘乃迪的遗孀贾桂琳，于本月二十日，在希腊斯柯匹奥岛，与比她大二十三岁的希腊船业巨富欧纳西斯结了婚，而成为世界性的社会新闻。这总算是在震荡紧张的世局中，上演了一个不喜不悲的短剧。因为是不喜不悲的，所以没有任何值得评论的意义。但我因此联想到中西文化，反映在此一角落上的影响，或者值得略加比较。

我国秦时代，女人的再嫁，在观念上和事实上，似乎比后世自由得多。从政治上提倡不再嫁的贞节，大概始于西汉，尤其是到了汉宣帝，每当赏赐天下时，常常把“贞妇”列在三老的后面，给她们一点物质和名誉上的安慰。到了东汉特重“名节”，妇人的贞节，自然构成名节中的一部分，于是社会上提倡的力量，远大过朝廷提倡的力量。尽管两汉宫廷中的荒淫，可使今日的“黄色西化论”者也会为之咋舌，但贞节妇的提倡，一直到五四运动时代为止，在社会上发生了很大的影响。

环绕此一问题，实含有三种因素交互发生作用。在西汉从政治上加以提倡时，主要是出自现实上的因素。中国平民的家族基础，是在两汉时代不断地扩大、巩固起来的。而当时的政治，也意识地要扩大并巩固平民的家族。一个壮年的丈夫死去以后，剩下的多数只是年老的父母，和幼弱的子女。此时的遗孀，假定能守而不去，则一家老小得以苟全，一个门户还可以继续存在。当然，遗孀为了尽到这番责任，其含苦茹辛，是可以想见的。所以自汉宣帝起，经常给此种遗孀以物质和精神上的鼓励，这实际是汉代的重大社会政策之一，具备有现实上的真实意义。今日有人（如林某）以为这是始于宋代的理学家，因而加以狂瞽的攻击，可以说是太无知识了。

一个遗孀肯为了已死的丈夫，担当起一家老幼的生活责任，这需要一种牺牲的精神，和艰苦卓绝的意志，以抗拒各种诱惑，与忍受万般辛苦。所以在上述的现实的因素中，便含有强烈的人格因素。没有此一人格因素，便不能以强迫之力去实现此种现实的因素。所以从东汉时代的儒者开始，一直到宋明理学家，主要便从这一点上去强调贞节的意义，这是现实向理想的升华，但理想常与现实冲突。若现实上，因为穷得无以自存，便决无要求非守节不可之理。且守节不守节，应完全出自当事者的自由意志。若当事者的自由意志，选择的是改嫁一途，便非任何人所得加以干预。所以程伊川虽说过“饿死事小，失身事大”的话，但他并不曾干预他侄女（？）的改嫁。

贞节问题中所含的第三个因素，也是比较后起的因素，是有关荣誉的观念。此一观念若出于当事者的自身，则此种荣誉观念，亦常与第二因素之人格观念合在一起，不可厚非。但若仅出自她的家族，由其家族之荣誉观念而强迫当事者非守节不可，便常成为悲惨而可笑的结果。在这种情形下的所谓贞节问题，才可以反对。

五四运动时代，有人喊出“礼教吃人”的口号，“贞节”实际是形成此一口号的主要内容。客观地看，由当事者自由意志而来的贞节，任何人无权加以反对，而贞节总比不贞节好，这才是人类的正常心理。但把贞节过分加以神圣化，以至流于虚伪、残酷，则此一反对，收到实际上的效果，也绝非是偶然的。

五四以后，虽然守节不守节，非常的自由，但很有地位的遗孀，在上述长期文化背景之下，还会发生若干影响。黎元洪的遗孀黎本薇（侧室）民国二十一二年的时候，同她的后夫姘居青岛，当时青岛市长，是廉洁干练，努力现代化建设的沈鸿烈先生，但他对黎本薇看不过眼，以“有伤风化”为名，请她们离开了青岛。中山先生去世时，他的遗孀宋庆龄女士，虽正在盛年玉貌，而思想又左倾，但并未作再嫁之想。这和贾桂琳的情形比较起来，能说没有反映出中西文化的差异吗?

贾桂琳在寡居五年中，结交了浮出社会上层的各色人物。但终于选择了一位大她二十三岁的巨富；她的这一选择，纽约的街头舆论是“都是金钱与金钱结婚”（路透社纽约的十七日报），可谓一语破的。若是中国一位自己有钱的中年妇女，在为她的再嫁而作选择时，绝对多数，便不在钱上着眼，而只是在真实人生享受上动念头，宁愿选择比他年龄小的，决不选择冒着两次寡居的危险。在这一点上，可能中国有钱的妇女，比贾桂琳更为现实。但这说明美国人的内心深处是金钱高于一切，金钱决定一切。至于中国人认为子女随母下堂而当世俗的所谓“拖油瓶”，会伤害孩子的自尊心，非万不得已，决不出此。以甘家的地位，让贾桂琳拖着相当大的油瓶去结婚，这几乎是中国人所不能想象的。此种观念上的差异，大概没有什么是非得失可言，而只成为差异而已。

一九六八年十月二十九日

# 我在画学会金爵奖中的答词

二月二十三日上午九时，中国画学会赠送金爵奖给六个人，我也滥竽充数在里面。当马寿华先生讲完话、发完奖后，受奖者临时推定我致答词，这都是照例文章，没有什么值得说的。但二十四日某大报对我在三百人左右面前所致的答词，总括地窜改为一副“奴才乞怜相”的两句话，这便使我感到有把当时的答词，加以纪录发表的必要。我之所以如此，第一，并不是因为当时赢得了四次掌声而认为自己的话讲得有意义，在这种例行讲话中不可能讲出什么意义，何况我是一个不会讲话的人。更不是因为报纸不捧我的场而感到心里难过，因为做学问、弄艺术的人，生命的延续性，决定于自己的著作和作品，与报纸毫不相干。实存主义的近代开山大师齐克果，生时是当地报纸经常嘲笑的对象。但进入到二十世纪后，假定当时嘲笑他的人们地下有知，恐怕他们用自己所出的报纸，还遮不住自己的羞耻。何况黄色新闻，是今日许多报纸的衣食父母；难说稍有品格的人，会和黄色新闻中的脱衣主人，在报纸上争一日的短长吗？甚至也不是以报导的是否真实去批评某大报的新闻道德；因为今日正是文化复兴运动的时代，在被复兴的文化的往昔，还不一定有报纸，更有什么新闻道德？我之所以要把这种照例的讲话纪录起来，是因为我当时还代表了其他五位艺术家；我个人被诬辱没有问题，而是怕诬辱了其他的艺术家，乃至诬辱了艺术。

以下是我的原讲词：

马先生，各位先生，今天承中国画学会把金爵奖赠给我们六个人，并由七十六岁的齿德俱尊的马先生亲自颁发，这是我们的莫大光荣；本人谨代表受奖者，表示深深的感谢。

就我的了解，中国的绘画，发展到魏晋时代，因受玄学的影响，便渐渐地，以“淡泊”为其基本的性格。因为它是淡泊的性格，所以在傅彩方面，由浓丽而渐渐采用“淡彩”，并出现了水墨画；而在题材上，渐渐以山水为主要内容。淡泊所代表的精神，是高洁、纯洁的精神。因为它是高洁、纯洁的精神，所以当一个人欣赏一幅中国名画时，便立刻从浮嚣的心理状态中沉静下来，于不知不觉之中，洗涤了世俗的污染，恢复了人生的本来面目，以助长生命中的生机，使生命得以不断升华、向上。如果说艺术是人生的教养，中国绘画便尽到了人生教养的责任。如果说艺术是人的精神的解放，中国绘画真能使人得到精神的解放。

中国画学会，是无钱无势的一个社会性的学术团体；因此，中国画学会的性格，正如它所代表的学术的性格一样，是淡泊的性格。画学会设置金爵奖，意在对艺术加以提倡。当各位先生决定给奖的对象时，是采取主动的选择方式。当我听到我的姓名也被滥竽充数时，使我感到很突然，使我感到很意外。因为我对于画学会的各位先生，一方面可以说是仰慕已久，另一方面也可以说是素昧平生，何况我又是一个使人讨厌的人。由此可以证明，当各位先生作主动选择时，无派系之见，无人情之私，无个人利害得失之念。所以由各位先生所流露出来的精神，也正是和中国绘画精神相符合，是一种高洁、纯洁的精神。淡泊而高洁、纯洁，说明了中国画学会，是名实相符的一个学术团体。因为是这样，所以尽管真正从事于研究创作的人，虽然不会留心到一时的荣辱毁誉，甚至对一时的荣辱毁誉，感到深深的怀疑，但这一份荣誉，是来自名实相符的学术团体，便有如一个人，虽然不怕寒冷的冬天，但自然而然地更喜爱温暖的春天。尤其是，我已经老了，却有机会和几位年轻的艺术家，站在一起，领受这一份荣誉，好像生命中注入了更多的青春气息，使我感到年轻了许多，更增加了一番喜悦。更应当表示诚挚的谢意。

一九六九年三月十九日《自由报》第九四一期

# 铁幕国家与孙行者

## 一

年来我留心东欧铁幕国家的情形，却无意中把他们和《西游记》里的孙行者关连在一起，也或许因为这部神魔小说中的故事，对人类命运的前途，富有象征性的作用。

假定把孙行者保护唐僧往西天取经，取到了经后才会成为正果，比拟作人类对自由的争取，比拟作只有争到自由后，人类才有前途，则孙行者在往西天的途程中所遭遇的磨难，正如人类在追求自由过程中，许多个人、团体、国家民族，所必然会遭受到的磨难。这些磨难，都是来自各种妖魔。而妖魔之所以能磨难求法的人们，只因为它们口中都会念念有辞地使出各项法宝。而在妖魔使用各种法宝中，有一类法宝，恰似苏联所加在东欧国家的铁幕。

在妖魔使用的法宝中，有一类是用念咒或呼名的方式，把孙行者吸入到密不通风的闭锁器物中，与外界完全隔绝；过了若干时刻，便要化为脓血而亡；这岂不象征着立陶宛等三个小国的命运？孙行者遇到这类的法宝，一共有三次。一次是他被银角大王吸进紫金红葫芦里去了，吸进后是“浑然乌黑，把头往上一顶，那里顶得动？且是塞得甚紧”。幸而孙行者炼成个金子心肝、银子肺腑、火眼金睛，葫芦里并化不掉他，他终于造成机会，轻轻地溜出来了。自由是人的本质；民族精神，也是人的本性。苏联加在东欧国家的铁幕，一直到现在，不仅不会化掉东欧人民的本质、本性，并且还会加强他们的本质、本性，随时想抓住溜出的机会，这是苏联年来所受到的最大困扰。孙行者另一次是在狮驼岭被阴阳二气瓶装进去了。此瓶比前面的葫芦厉害得多，里面有火烧、蛇蛟，还有三条火龙，弄得孙行者有的地方烧得受不了。幸而孙行者有三根救命毫毛，拔一根变成金刚钻，在瓶子底下钻穿一个洞，不仅孙行者从洞里钻了出来，连瓶子本身也完全失去了作用。去年捷克的知识分子，发表了一篇二千字的自由化的宣言，立刻使苏联十多年的铁幕控制，归于瓦解；这二千字的宣言，不是一枝金刚钻是什么？虽然到了去年八月，苏俄出动七十万大军，又把捷克捉回到瓶子里去，但由今日捷克的工人、学生继续顽强反抗的情形看，它不能把捷克化为血水，则是非常明显的。

二

最近罗马尼亚的情形，似乎符合了孙行者的另一故事，也是较上述二者更为惊险的故事。当唐僧们走进黄眉大王所幻出的小雷音寺，里面庄严瑰丽，佛圣俱全，唐僧便“一步一拜，拜上灵台之间”的时候，孙行者却从祥光瑞气中所露出的凶杀之气，认出了这完全是假的，就“喝道：‘你这夥业畜，十分胆大；怎么假倚佛名，败坏如来清德？’”“只听得半空中叮当一声，撇下一副金铙，把行者连头带足，合在金铙之内……限三昼夜，化为脓水。”“行者合在金铙里，黑洞洞的”，“全无一些瑕缝光明”，“更没些些孔窍”，弄得行者“满身爆燥”，“进退无门，看看至死”。结果，靠着亢角龙的角，拱了进去，行者在角上钻个小孔，把身子变得像菜子样小，钻进角里，亢角龙把角拔出，孙行者这才随着角出来。罗马尼亚人眼中的苏联的社会主义国家的体制，正如孙行者眼中的小雷音寺。罗马尼亚欢迎尼克逊前往访问，说穿了，乃希望尼克逊也能成为亢角龙，会把角拱进金铙里面，将他们从金铙中带了出来，重新得到自由。尼克逊在罗马尼亚所受到的人民盛大的欢迎，乃表示在铁幕中闭锁得太久的人们，涌现出对自由的希望，与尼克逊本人乃至与美国，没有什么重大关系。

罗马尼亚这次开党代表大会，把一向与共产党相对立的几个社会党也请了去出席参加，其基本用心，与请尼克逊去访问，并没有两样；即是他们想在苏联所布下的“浑然一气”的铁幕中，渗杂异质的东西进去，使“浑然一气”的铁幕，因此而能漏出若干缝隙，造成通向自由的机会。

## 三

在人类生存、发展的历史中，仅仅倚赖自由，并不能解决许多重大的困难问题；并且在自由观念之下，也不知发生过多少弊害。因此，人类有时鄙薄自由，甚至放弃自由。更多的是，民族内部的僭窃者或是国际上的僭窃者，每每乘机乘势，夺取他人或他民族的自由，以发挥压制剥夺的欲望。当夺取伊始，常会编造许多动人的口号，使人容易把自由交出来，以追求动人口号下的果实。所谓“自由主义的危机”，多系由此而来。但事实所作的反复的证明，没有自由作基底的任何口号，乃至任何理想，不仅结果会落空，而且结果也会变质。正如《西游记》中的故事，孙行者纵有万般能耐，但必须首先从妖魔的闭锁性的法宝中解脱出来，否则一切将无从说起。有自由，才有意志；有意志，才有力量去追求各种理想，改正各种错误。我们过去曾不满意于空洞的自由主义；可是失掉了自由的个人与民族，等于失去了一切。甚至可以说，生存与自由是不可分的。铁幕里的国家，只要生存一天，苏联便没有方法可以阻遏他们追求自由的意志。捷克两年来的艰苦斗争，罗马尼亚今日冒着苏联入侵的危险，所表现出奋斗，实代表了人类最基本的方向。这才是极权主义者所遭遇到的不可克服的危机。

一九六九年八月十一日《华侨日报》

# 水都台北

九月二十六日来了强烈飓风艾尔西，受灾最大的是农民，香蕉可以说是一扫光，水稻的损坏也不知凡几，据报纸透露，两者共损失约台币二十多亿。我初住到台北，除了两天没有水、电、瓦斯，及巷道积了一天多的深及膝盖的水以外，还没有超出对飓风应有的一般感觉之外。但由十月三日，进袭的芙劳西飓风所引起的，却不是飓风的感觉，而是“水都台北”的感觉。

严格说，住在台北的人，仅从风势来说，芙劳西飓风的威力，不仅没有艾尔西的泼辣，甚至使人感到这不一定要称为飓风。并且从雨势来说，也没有艾尔西所带来的狂暴。但因为艾尔西已经先打好了底子，而芙劳西所带来的雨，面积既大，时间又久，却使台北成为一片汪洋的泽国。我所住的南京东路五段，昨天大概是六尺到八尺，今天（十月五日）是两尺到三尺，但打开今天的报纸，似乎还没有资格列名“水榜”。

## 一

台北市的积水，有两种情形。一是因为下水道还没有完成，乃至下水道及系统的施工程序，还没有十分科学化，以致市内的水，不容易排出，所以天雨稍大稍久，台北市便会有若干地方发生程度不同的水患。九月二十六日内艾尔西所带来的水患，是此种情形下的水患。但也可以说是台北所害的长期痼疾。因此，每经历了一次，便有舆论及民意代表向市府的工务局提出指摘，而身当工务局长的人，又忙于作一番解释，开出几张支票。好在中国人素来患有健忘症，打“应急符”的支票，不必着急兑现不兑现的问题，但由芙劳西所引出的水患，却属于另外一种情形，是属于“河水倒灌”的情形。工务局的责任反可减轻了。

“山环水绕帝王都”，由淡水河、基隆河、新店溪所四面环绕的台北市，正具备了此一资格。可惜，许多条件渐渐地凑合在一起，似乎也可能向“水都”演进。此次台北成为巨浸的，是由河水的倒灌。倒灌的原因是为了保护堤防，石门水库，不能不以台北积水之大小，以为放水的多少，而环绕台北市的各河，由自身所增加的水量，再加上由石门水库放水所增加的水量，便一齐显得承载不起，于是只有把台北市的水闸一齐打开，以调节河流的恶浪。所以台北市实际是成为调节水量的“泄洪区”。

过去所保持的泄洪区，经过高瞻远瞩的都市计划，已变成“猬形”的住宅区了（如中和乡等处），再加上石门水库，从桃园、新竹所包揽来的洪水，不把台北市临时作泄洪之用，则堤防溃决的结果，更是不堪设想。当石门水库完成后，台北市第一次受到葛礼台风水灾的教训时，石门水库负责者之一，曾发表谈话说，据科学家的水文调查，像由葛礼台风所带来的雨量，要两千年才有一次。意思是告诉台北的市民，经过葛礼台风之后，有一千九百九十八年，是可以高枕无忧的。不幸的是，科学判断，到了中国人手上，似乎只有千分之二的可靠性。所以这次石门水库的负责人，再不提到科学水文问题，而只拍拍灰，摆摆手，说“与此并无关涉”。其实，这种引起市民反感的话，大可不必说的。石门水库初完成时，预计它的寿命是八十年。经过葛礼台风，寿命短少了二十五年，台风不断地有，水源各地的林木天天地斫光，石门水库的寿命，可能为日无多了。问题岂非自然得到解决吗？

## 二

若把问题完全写在石门水库身上，也是非常不公平的。何时斫光了保护土壤的林木？河川有无整个的疏浚计划？是些什么势力侵占了正常的泄洪区？这是在兴建石门水库时当考虑的，也是完工以后，政府应当拿出办法来的。

亲身处在浊流无际的环境中，我的儿子的感想是：“家里必须经常保持一个橡皮小艇，以便于必要时好逃命。”这也不能算是童呆之见。但我的感想稍稍空泛一点。

台北市不断地出现新建筑乃至新住宅区。建筑商人，把房屋建成以后，对于与房屋有密切关连的沟渠，常常是草草了事；平时影响卫生，雨时影响排水。这是政府不必自己做，而应严格要求商人乃至住户去做好的。但这一类的事情，为什么政府平时不管，而要代商人挨骂呢？

和我住处离得最近，而受灾最惨的，莫过于军眷住宅区。他们的生活都不充裕，受一次灾，便损失了他们维持生活的大部分资材。政府似乎应当为他们多建造一些“阁楼”之类，作为他们保存生活资材及临时逃难之用。

三

政府有关机关的救灾工作，不可谓不努力。但抢救这样大的灾变，政府应当包括在动员计划里面，分成等级，以动员的方式来解决问题。例如水、电、交通、通讯，要完全靠政府有关机关，以经常保持的人力，来应付一次灾变中的广大破坏，自然会感到力不从心，拖延恢复的时日。在我心目中的动员计划，应付战争和应付灾变，在性格与运用方法上，应当没有两样。平日登记各种技术人员，按性质，按地区，按程度，作动员的编组；并由有关机关，平日假定各种情况，作动员作业的演习。一遇灾变，随程度之不同，以决定动员的程度，并与以适当的报酬；可能使救灾复员的工作更为有效，也可能使动员计划更为实际。

一九六九年十月十三日《华侨日报》

# 港居零记

一个热心研究问题的人，他对有关资料的搜集，和商人为了赚钱而抢进稳赚不赔的货物，是同样的心理。我是研究中国文化的，研究中国文化而存心抹煞大陆的资料，这便在未提笔以前，已输在香港、日本、欧洲、美国的这一方面的学者手上了。所以在一九六七年元月，我应新亚书院之邀，来到香港讲学时，便以老饕进菜馆的心情，不断地进出于所有的书店，寻觅我和我的同事们所应当参考到的资料。但“三生杜牧我来迟”，大陆上的“文化大革命”已经开始，新的没得出，旧的大部分已经卖完了。只有残脂剩馥，才落到我手上。但假定没有看到这批仅存的资料，我便没有勇气动笔写《周代政治社会的性格、结构问题》，和《封建政治社会的崩溃及典型专制政治的成立》两篇共约十万字的文章。

今年十月，又来此短期讲学，下飞机后的第二天，便以紧迫的心情，钻到过去经常出进的书店里去，遍查之下，既没有一本新的，也没有一本旧的。大陆上在人文学科这一方面的研究，竟从此消灭了。再过一天，我和一位朋友，去看中共的九全代表大会的纪录片，在那里所出现的，正是经过毛泽东千锤百炼所选出的精英。此次我才了解，什么叫作开会。开会乃是每人手上拿着“毛语录”的小红本本，千人一致地，右手摇摆着这样的一个小红本子，口里一口气喊上几分钟的“万岁”、“毛主席万岁”的口号。开会的过程，就是摇小本子，喊万岁的过程。小本子举的高度，摇的幅度，喊口号的长短高低，是始终不懈，全场一致的。黄宇人和甘友兰两位仁兄，曾认真地加以模仿，口气倒有些像，神情和手势却非常不对了。可见排演到这种程度确非易事。我怀疑，这可能是出自“样本”艺术家江青的杰作。在这种情形之下，研究云乎哉？出版云乎哉？我在民国十六年，曾经想到，三民主义加科学便足够了，还要什么文科法科？这一想法，继续了大约半年之久，便私自取消了。今日的毛泽东，是认为毛语录加挨苦加技术，便解决了一切。这一想法做法，大概共产党自己的历史，也会加以回答的吧。

* * *

前年我是在港共大闹文化革命的热烘烘的气氛中离开香港。此次重来，除了抢劫犯比前年加多了以外，社会一片繁荣，进步得使人有一日千里之感。一般居民的感情，与中共的距离是愈来愈远了。教会的势力，殖民地的气氛，却愈来愈浓厚。今后的香港，似乎是在由宗教所支持的殖民意识之下，去开辟它的前途。或者是如此，或者不是如此。

香港的一般技术水准，大约要比台湾高出五年。但邮政服务，却不及台湾颇远。因此，我便联想到活活被一位新官僚气死的许季珂老友。一般人说“新官僚比旧官僚可怕。革命官僚又比新官僚可怕”。信然。

我经常进出的邮局里的工作人员的态度，是早有朋友打我的招呼，可以说是有些令人望而生畏的。其实，广东商店的“伙计”，假定在精神上没有事先的准备，你便误会他们是以吵架的方式来做生意。只有很熟识以后，才可以发现他们也有其幽默感与天真可爱的地方。这大概是出自他们的地方特性。

由此我又联想到，广东的漂亮小姐可是不少；并且一漂亮便特别显出精彩。但她们讲的广东话，确实没有其他各省小姐们讲的话好听。因为广东话的腔调，似乎促而带硬（我不是语言学家，只是有此直感）。这里便隐藏着另外一个问题。二十多年前我与徐赓陶先生同事时，他喜欢讲笑话，而十个笑话中，十个都是由怕老婆的故事所构成的。“上等人怕老婆，中等人爱老婆，下等人打老婆”的广东名言，也是他首先告诉我的。据我的经验，老婆之可怕，并不在于她的动手，而在于她的川流不息的动口。在不对抗的情形之下，老婆打下来的拳头巴掌，总是温温的、软软的，有什么可怕。川流不息的动口，便确实令人害怕了。幸而我的太太，从来不曾这样。广东的太太，万一用促而带硬的腔调，向丈夫动口一番，我想，这种征服力，不是其他各省的太太们可比，这便造成广东怕老婆的人非常突出的现象。我的看法当然要向广东的先生们求证。

* * *

这次我在港九发现一件奇事，即是好生生的马路，却用电钻开成一长条一长条的，重新再铺。开始我以为可能是港督要从这里经过。但继续观察，却大街小巷，到处皆然，怎么会有这种浪费呢？后来比较现代化的朋友告诉我，各国的马路，都规定有一定的年限，到了年限，便不等大小窟窿出笼，就要动手修理，并不是浪费。台湾的财力，不可能与香港相比，所以这种制度，大概很难在台湾实行。即使实行，而在无工不偷、无料不减的风气之下，恐怕未到规定年龄以前，已经疮痍满目了。我在台北的住区，应当算是一个中等人家的住区；但因为没有住着真正的要人，又不容易找到可揩油水的苦主，那一片原始崎岖道路，大概经年累月，迄无穷期了。各处的崎岖巷道，不外：（一）市府修；（二）建筑住宅的商人修；（三）市府与住户合修。"人情"的"油水"，便把一切摆在眼面前与办法都淹没了。

前年起，我便留心到港九的交通秩序；因为台湾（尤其是台北市）的交通秩序，实在有些令人害怕了。这里汽车的密度，远超过台北市；秩序也好过台北市。我仔细观察的结果，只能归功于交通警察。因为当前年左仔闹事，警力不敷的地方，车辆便乱得不可开交。台湾警察效率之不如港九，并不是台湾警察的能力和努力之不如港九，而是受到了"一生"、"三怕"的障碍，致使警察应当有的权威没有树立起来。

所谓"一生"，是指警察对于交通规则，似乎还生疏而不够熟练，所以对于犯规与未犯规，对于犯的是什么规，常常表现出犹疑不决，以此应付风驰电掣的交通情况，哪有不拥塞混乱之理。更加以有的被取缔的车辆，司机要纠缠着警察讲人情。指挥交通，和指挥前线作战一样；就是取缔错了，也不能准许在火线上纠缠。这一点，我希望绝对加以纠正。除非有揩油的情形。

所谓"三怕"，是指警察执行职务时，一怕大官，二怕民意代表，三怕豪富。前两怕，是过去的传统；但过去的民意代表，远不及现在民意代表之多。过去的民意代表，主要的活动是在会场，今日的民意代表，主要的活动是钻政府的办公室；岂有不使警察望而生畏之理？怕豪富，可能是这些年特别进步出来的现象。因为“佳肴美酒女人腿”，大官们只有捧着豪富才能享受得到。于是许多大官们，在公文上是服从上级，而在内心上却是服从豪富。警察慢慢体察出了这一点，于是不能不增加一怕了。警察有此三怕，而要发挥正当职务上的效率，难矣哉。

*　　*　　*

从茶楼酒馆的规模与密度来看，从到处都是水果店与办馆及其丰富的情形来看，从上千个座位的茶楼，常常找不到座位的现象来看，港九人的生活享受，实在比台北市民的享受高得多；而物价却比台北市便宜，有的要便宜到三分之一，如罐头等。再加以阅读和言谈、写作，几乎可以说是百无禁忌。所以凡能在港九生存的人，便不愿离开港九，这是必然的。但就我这样的土包子来说，生活在港九，有如在水泥路面上行走。生活在台北，却有如在草地上行路。为了脚步爽利迅速走到目的地，当然以走水泥路为痛快。但若只作无目的的散步，则草地或较水泥地更有情趣。我已经是进入到散步的人生阶段了，所以我的聘约虽尚未满，却已是归心似箭。何况有老妻和幼子在等着我呢！

一九七〇年一月三日《新闻天地》第一一四二期

# 台、港之间

## 一

比较方法，虽然不是研究人文与社会问题中的唯一方法，但就我的经验来说，应当算是最有效的方法。有书本上的研究比较，有现实上的观察比较。从了解实际问题来说，后者的比较意义，远大于前者。可惜因各种条件的限制，我很少能得到属于后者的比较观察的机会。

去年十月，我从台湾到香港，首先注意到的问题是，若以车辆的密度和马路的宽度为基准，则台湾的交通秩序，实远不及香港。我推求其中的原因，认为台湾的警察权没有得到正常的有力行使。这次由港返台，感到台北的交通秩序，已有了不少进步。但从外面来的游客有时还带点胆战心惊的情绪，这使我注意到另一个问题，即是红绿路灯的设置问题。台北红绿路灯设置的密度，恐怕不到香港四分之一；因此，香港的车辆，凡遇到巷口及各种程度的交叉街道，都在红绿灯控置之下，而台北在许多相同的街道，只有信赖司机临时的良心和机智，这中间便牵涉到经济和时间的问题，不能对负责的机关过于求全责备。但抢红灯的现象，台湾比香港严重，而已经现代的两三条马路，便不应当打这种小算盘的。

二

由交通秩序，很容易联想到负担公共交通主要责任的计程车问题。在一年以前，当局有限制计程车年龄的意图，对于逾龄的车，要加以淘汰，后来经过计程车行的抗议，此一意图似乎已经打消了。但在十个月以前，街上走的计程车，十分之七八，都是七成新、八成新的。经过了十个月的今天，看去依然是光亮完整而一无残缺的车，已经十不得一。追寻它的原故，因为政府为了培养汽车工业，并节省外汇，规定这类的车，非向被保护的工厂购买不可；这在工业发展过程中，本是无可厚非的。问题是在，第一，这家被保护的工厂向日本廉价购进的机件等等，在日本发现了大批的故障车，而在台湾却一辆故障车也没有，这可以说是工业上的奇迹。第二，这家被保护的工厂，恰符合了心理学上的一条结论：凡是被老祖父、祖母过分疼爱娇惯的小孩子，在心理和生活上，便是永远长不大的小孩。但永远长不大的小孩，常会得到悲惨的结局。永远长不大的工厂，却可以近于奇迹的速度，作财富的积累。难说财富的积累，不会使一堂欢喜吗？

由交通秩序而联想到马路，联想到市政，也是非常自然的。若把台北市的马路和香港的马路两相比较，我立刻想用比拟的方式来加以解答。有如两只箱子，形式大抵相同；但一是用人造纸做成的，一是用牛皮做成的，这也应想到经济的能力和时间的经验上去。但我要指出，台北市的负责人正有现代都市的感觉，恐怕只是近一两年的事。所以香港由人口增加而来的发展，都在市政控制之中，愈发展而愈现代化。台北由人口增加而来的发展，都在市政计划之外，愈发展而愈脏愈乱。以台北市的人力物力，一面要适应继续不断的发展，一面要清理二十年来储存的脏乱，这真是一件难事。但讲求效率，肃清弊端，并从人事纠缠中解放出来，把眼光集中到真正的市政上去，应当是不太困难的。

## 三

台湾对香港的贸易据说今年有不少的出超，应当是可引以自傲的。除了一般物资输出外，我特别注意到影印古典的输出及歌星的输出，而台湾出产的国语片，在一般人心目中，也有相当高的评价。这说明从“文明”的观点来说，香港高过台湾；但从“文化”的观点来说，台湾又高过香港。但台湾文化界中的乱流，香港也是望尘莫及，这便牵涉到自由制度的问题上面，此处可存而不论。

在文化的娱乐方面，台湾出现了一个新的有趣问题，即是把民间流行的布袋戏，搬入进电视之后，居然给电影以相当的威胁，尤其是农村。《中央日报》最近在一则短文中说某一市镇原有三家电影院，因布袋戏而关闭了两家。这是一个好现象。现在一般人的心理，总是想从垄断把持的专利中去获取特别利益；这是一切腐败堕落的根源，电影界中也充满了此一心理。在目前形势之下，从理论上，从大的问题上，想来冲击这种心理趋向，几乎是不可能的。但从民间的小玩意儿来一点冲击，不能不说是一件好事。

但有的民意代表都看不过眼，大概这些民间玩意儿，没有能力，使高高在上的人连一点口福也沾不到。

我也有机会进了一次“豪华”的夜总会。过去报节目的小姐，总是先用中文，再用英文。但现时则中文之后，紧接着是日文，第三才是英文。介绍特别来宾时的重点，也特别放在日本观光客的身上；唱任何歌曲，大概要用日本歌作压轴，连从西班牙来的歌星也不例外。这说明我离开台湾的十个月中，台湾的潜移默化，也够得上现代化的速度了。

一九七〇年七月三十日《华侨日报》

# 侯碧漪女士的仕女花鸟

曹雪芹写《红楼梦》，谓女子是水造的，而男人则是泥造的；一清一浊，出自天性。此虽系曹雪芹目击当时的满清贵族，及攀附满清贵族的各色男人，整日营营苟苟，钻拍吹捧，诈骗卑贱，无所不为，令人感到呕吐的感叹之言。而女人因当时社会条件的限制，与这辈男人的活动，自然两不相干，因而也自然能保持得一分干净；故愤积于心，而巧喻于笔，遂认定男女在造生时已有此清浊的分限，于是“字字写来皆是血”，却只是写女子，不写男人，免使他的笔触，沾染到人间的污秽。我们试从历史上、社会上稍加观察，除了直接参与到男人的臭权势、臭金钱的追求，以致把自己弄得一身臭的少数女子外，能不承认一般女子远比男人干净得多吗？所以曹雪芹认定男女在造生时，已有水与泥在本质上的分别。因此，中国词人画家常把花鸟与女子并称，不仅是可以互见其美，而且亦可以互见其清。当然，这种词人画家，必定要由修养而也自得到一股清灵之气，才可与女子和花卉鱼鸟相通相感，才能写出与之相称的诗词图绘来。

费子彬先生以儒医活人海上，我钦仰甚久。此次来港短期讲学，偶得亲承杖履，慈祥洒脱，八十高龄，仍一无老态，真是孙思邈一流人物。一日招余至其精舍小饮，因得拜见他的夫人侯碧漪女士，清灵虚静之气，流生于生命生活之中，我突然想到曹雪芹谓女子系由水造成的话，感到当下便得一真切印证。旋拜读她的书画集，并登楼参观她的画室中所悬挂名画，盖无一不是由一股清灵虚静之气所舒卷而成。所以侯女士于画无所不能，而我特欣赏她的仕女花卉，及得恽南田《花鸟夕阳迟》画幅神髓的几张山水小景。盖真能以天壤间女性之美，透之丹青，赠之人世，使有机缘接触的，都能得到“家家门前百花香”的感觉。可惜我俭于闻见，知之太晚了。

老子说“天得一以清，地得一以宁”，他的所谓“一”，当然是形而上的意味。但若把老子的话，转用到人间世，则所谓“一”者，乃指的是女子所禀赋的清灵之气，及由清灵之气所创作出的清灵的艺术品，使人间世能稍保持其“清”与“宁”，如是而已耳。

一九七〇年八月《明报月刊》第五卷第八期

# 谈买办

## 一

中国与西方世界接触，一连受到许多挫折。在这些挫折中，需要能与洋人打交道的“办洋务的”人才。更为了发奋图强，先要学习制造新式武器的技术，进一步要学习技术后面的科学。更进一步要学习他们便于发展科学的政制、法制。于是办洋务的人才更为重要。鸦片战争以后，办洋务的有智愚贤不肖的不同，但与同时并生的所谓“买办”阶级始终有本质上的分别。

和西人通商后，在经济上我国对西方资本家有两大需要，一是原料，一是市场。西人的商业机构，设在条约允许通商的商埠；但对原料的收集，及货品的推销，西人（后来加上日本）不能直接动手，便找一批懂得一点洋文的中国人，代他们直接向中国的老百姓收集、推销。这即是所谓买办。买办的自身，随经手业务的情形，也分为高低的各种等级。

我本是一个乡下孩子，没有机会接触到高级的买办。印象中最深刻的是汉口的“山货行”。所谓“山货”，是因为豫鄂皖等连结地带，多是山地。在这些山地中所出产，而为洋人所需要的各种土产，便称为山货。在我脑筋里还记得一点的，有如猪鬃、松鼠皮、黄鼠狼皮、牛皮等等。每一地大概总有以收山货为业的人，我们乡下便称为“收山货的”。“收山货的”把山货收够一担左右时，就凭着肩挑，接着水运，集中到汉口的山货行。山货行有三种作用，一是各地的山货集中到这种店子里，好由五六等的买办来收买，他们从中抽取佣金。二是“收山货的”作为在汉口的客栈，穷学生假定在里面有熟人，也常常厚着脸把它当作从武昌到汉口来搭船的落脚地。三是供给“收山货的”以各种行情及需要的种类。

五六等的买办，每天夜晚八九时左右来收货；货的成色、价钱，都在他们一言之下；由乡下来的“收山货的”对他们是高深莫测、神气十足，无可奈何的情形，有如信徒们口里的上帝。每一个山货行里都有一个掌秤的人，这是与那些小买办勾结在一起，从天秤的轻重上，作威作福的人。分明是一百斤，他们可以只秤得七八十斤。若是“收山货的”向他们表示一点异议，他们便把眼睛一横，“你们还有资格认得洋秤”，立刻就被吓回去了。

这些买办，有时向山货行吐露需要某些新奇的东西，山货行便吐露给“收山货的”收买。有几年需要山上野生的“槐基花”，是一种小灌木上开的小而带点黄色的穗状形的花。我小时曾随同姐姐上山去采过多次。花开在旧历的六月，乡下小孩子倒不怕闷热，却很怕一种叫作“青竹彪”的毒蛇；幸而只见过，没有被咬过。夏天正当“长豆角”开花结豆角的时候，有一种“斑麻虫”，一沾到它便惹上有毒的黄水，吃长豆角吃得很厉害。这种虫在台湾很多。有一年，“收山货的”突然宣布要论斤收这种斑麻虫，价钱似乎还过得去；于是大家便很高兴地捉这种虫，当然我也在捉虫的行列。可惜过了一年便不再收买了。为什么要这种斑麻虫，当时我想不通，现在也想不通。大小买办大概一样地想不通，只有洋人才清楚。

## 二

我小时候从山货行所看到的小买办，当然经常看得到洋人，但没有直接承受洋人指挥的资格。大点的买办，因直接受洋人的指挥，他们便常向人夸示“我是与洋人打交道的”。这便与“办洋务的人”很有点相像了。但只要不是用买办来办洋务（当然有不少是用买办办洋务的），则办洋务的人与买办，有如下的不同。

（一）办洋务的，总想对经手的事情能够了解；办久了，总可得到若干洋知识。买办对他经手的货物，除了接受洋人什么需要、什么不需要以外，对于如何利用原料，如何制造商品等问题，根本不求了解。所以尽管当一辈子的买办，除认识几个洋主人的面孔外，一点洋知识也得不到。听买办谈洋知识，等于是把天方夜谭当作历史。

（二）办洋务的人要效忠于国家的政府。但在业务方针上，可以作主张，述意见，并且很少直接与百姓发生关系。假定发现了端弊，国家有刑法治他的罪。买办在洋主人面前的情形，和一只义犬相像，只能无限效忠，不能半分做主。另一面，则在老百姓面前却尽量使用诈术，以求洋主人多赚钱，他自己从中多获利。这是他职业上的正当行为，决无陷于刑辟的危险。

（三）最根源之点，一是因为与本国共利害，所以一切活动是为了本国的利益；一是与洋主人共利害，所以一切活动是为了洋主人的利益。

总结地说，经济买办与民族资本家，是生死对头，不能并存的。

三

在第一次世界大战期中，我国民族资本得到相当的发展。在民国十五年北伐时候，经济买办从正面受到了打击。时至今日，它在经济活动中，已失其重要性。当然现在又出现大规模的变种的经济买办，此处暂不涉及。此处要顺便一提的是今日文化买办的特别猖獗情形。

第二次世界大战以前，文化买办的责任，只限于假宗教之名的传教士。第二次大战以后，则假学术之名，扩及于许多洋博士以及所谓学者之身。原来的西化派，只是因自己懒惰而又要出风头，便在文化上作不负责的主张，并不是文化买办。但这十多年以来，因当文化买办的利润特别优厚，便顺水推舟地一齐起义到里面去，形成了内部的一支生力军。一九六一年左右，由某刊物发动的文化骂战，现在我才明了这是文化买办要垄断市场之战。今日飞来飞去的一二特殊人物，乃是买办中的头二等人物。中央研究院某所长公开喊出“中国只有资料，美国才有方法”的口号，这即证明中国的学问只算是山货，要由这些“收山货的”收到美国工厂去制造。什么社的集团组织，乃是容纳三等以下的买办以增强买办的声势。什么人文委员会，乃是买办自开的山货行（过去的山货行，并非由买办自开）。什么评审委员，乃是山货行的掌秤人；特别要解决一百多个人的生活问题，这是买办要经手收买山货的手法。其中有几个被社会不断指摘为太不够格的，乃是收买的斑麻虫。要同他们讲人文科学，也和经济买办谈西方知识一样地荒谬。自从研究教授办法宣布实行以后，文化界的愤懑情绪，为过去所未有。一年以来，我不断地看，不断地想，一直到现在，才把这问题想通了，把他们的本质看准了，才觉得这一切都是从一条理路推演下来的，倒觉得很平常的现象。假定有人站在发展国家学术的立场去责备他们，等于希望经济买办成为民族资本家，实足以见其甘心于痴人说梦罢了。

一九七一年一月一日《中华杂志》第九卷第一期

# 由《董夫人》所引起的价值问题的反省

## 一

人不仅是生活在物质条件之中，而且也是生活在价值系统之中。所谓价值系统，指的是在某一集团里面，由组成分子大体上所共同承认的对与不对的是非标准。合于是的标准的行为，个人因此感到心安理得，群体由此感到合作谐和。价值系统与物质条件有密切的关系，但我认为并不是谁决定谁的关系。物质生活条件起了变化，价值系统也当然有互相适应的变化，否则会发生物质与精神失调的现象。但变化有各种程度的不同：有的是重新发现原有价值系统的精神，作因革损益的调整，由此而变化其形式，保存其中某一部分的原有精神；有的则固守原有价值系统的躯壳，在不得已的情形下，采用旧瓶装新酒的办法；有的则把旧的精神形式，一起踢掉；有的则什么价值也不承认，形成价值虚脱的状态。其中参互错综，利弊相乘相伏，不是简单几句话能够说清楚的。

但有一点可以指出的是：在社会的意义上，价值必须得到多数人的共许而后可成为规范群体生活的系统。由此不难想象到，当一个价值系统形成之后，它本身就是一股大的力量。有人在行为上加以违反时，固然要受到集团内多数人的排斥。即使经过思想上的反省，而提出不同的意见时，也会同样受到多数人的排斥。但想维持价值系统的去腐生新的作用，依然要靠少数人在思想上的反省，哪怕反省的结论是错误的，也有一种冲激、考验的作用。

## 二

有的朋友说《董夫人》这电影不错，前几天我便孤零零地去看了，引起了我若干的感想。

电影的情节，大概是这样的（我原来不打算写这样的一篇文章，所以没有拿说明书。下面所记的可能有若干错误）：

明代一个做边远地方官吏的董某，死在任上。留下一位年轻貌美的太太——董夫人，事奉一位婆婆，抚养一个女儿，住在荒僻的山村里，守节不嫁；一面教村塾，并为村人把脉看病；一面亦纺亦织，过着勤苦寂寞的生活。除了一位张叔叔很同情她们，半帮工，半作客地，住在她家里以外，再没有第二个男人。因此，赢得村人的信仰，为她请立贞节牌坊。（电影关于上述背景，只在全片的穿插中点出。）

因为地方不安静，村里请了一队骑兵来驻防。骑兵队长杨校尉被安排住在董夫人家的书房里（电影从此处开始）。杨校尉看到董夫人后，惊为嫦娥下界，题诗表示爱慕。董夫人得诗后没有什么表示，但潜伏在生命里的情愫，因此苏醒过来，对杨校尉也发生了一缕深情。中秋晚请杨校尉在院子里饮酒赏月，当她在厨房弄菜时，杨校尉也溜到厨房里帮忙；她平日脸上的冰霜，此时露出了和暖的笑语。听到蟋蟀叫，两人便找蟋蟀，捉蟋蟀；杨的手先按住一只蟋蟀，她的手顺势应当按在杨校尉的手上，但她却在这间不容发的刹那，把手缩回了，两人对面呆立多时，再分别拿菜肴到院子里去，这是描写两人实已陷于情网，而她却临悬崖勒马的高峰。饮酒的中途，她陪婆婆先退到房里休息；但当院子里杨校尉借行酒令而吟诗示意时，她在床上倾听，显然露出辗转反侧的神情。谁知她的女儿热情似火，追杨校尉越追越紧，风声传到她耳朵里，便在夜晚把女儿叫到房里责问；及问出了真情时，她便成就了他们的好事，正式结了婚。接着年轻的夫妇都走了；再接着她的婆婆也死了。但古井里的一点微波，始终是在荡漾。她想以纺织和教学的勤劳，来排遣她的寂寞，安静她的心灵，但这种寂寞，连旁观的张叔叔，也为她忍受不住；有一天，淌着眼泪告诉她："你这种生活情形，我不能长久看下去，等贞节牌坊树好后，我要离开这里了。"终于在一个黄昏的时候，她失掉了控制力，用砍柴的刀砍死了一只鸡，盲目地向野外奔去，当然会被张叔叔在后面追回。这是描写她内心矛盾冲突的高峰。接着旌表的圣旨到了，牌坊树立起来了；她以严肃而凄凉的神情，承受了这一份荣誉。

## 三

就拍制的技巧来说，唐君毅先生认为它始终保持一股静穆的气氛，在静穆的气氛中漂荡着淡淡的哀愁。我更补充地说，在整个情节中，除了她女儿的动作，无形中受了现代风气的影响，比较浮动而不深刻，不十分切合于明代少女热情的表现以外，作为董夫人的情节和演员表情，始终保持相当有深度的含蓄、蕴藉；

更尽量发挥由自然景物所形成的气氛，使它与主角的情愫相配合而加以烘托，不作过分的叫嚣夸饰，以刻划出旧时代妇女内外生活的形态，这都是成功的。当然，杀鸡狂走的镜头，还是在精神分析学的暗示下所夸张出来的，对明代的妇女来说，还是一种突出。君毅先生认为与日本拍摄的由川端康成（得诺贝尔奖金）作品所改编的《伊豆舞娘》有些相像。我以为拍摄《伊豆舞娘》的手法，较《董夫人》一片，更为明净精炼，那是彻底成熟了的一篇桐城派的文章；而《董夫人》一片，仍未能将渣滓涤除净尽。但《董夫人》的主题，却较《伊豆舞娘》的主题，为充实有力。

我所不满意的在于：（一）可以请骑兵队来维持治安，并且已经有了三个贞节牌坊的村子，应当是百家以上的大村，而不可能是一二十家的山窝里的寒村。“校尉”的官衔，在古代是很高的，我虽尚未查明代的官制。（二）露场面的人数，顶多时也大概只有十多个人，没有反映出村里的群体生活；使人感到村子是从社会中孤立的；董夫人的一家，在村子中实际也好像是孤立的。（三）在一年四季中，没有露出半点农村节日的热闹，以增加情节中的活气。许多人感到沉闷，大概是这种原因。上面的缺点，可能是编导者对我们农村的实际生活没有真正体验到，因而在意识中便自然而然地把它抽象化、单纯化了。也可能是编导者不长于对比对照的描写；恐怕稍一热闹，便破坏了主题的气氛。但更可能的是出的经济算盘。钱花得越少越好。但总结起来，编导者和主角是成功多于失败的。我尤其欣赏这位女主角。可惜配角差一点。

## 四

就全片的情节安排来看，编导者对于由董夫人所代表的旧时代妇女生活的意识和形态，似乎既不是欣赏，也不是诅咒，而只是想作写实性的报导。但有影评，却把这一片的主题，扯到“礼教吃人”上去，即是认为由此所代表的文化价值，可作礼教吃人的证明，这便值得反省一下。

我首先声明：对妇女守节一事，在今日我认为既不必提倡，但也不必反对，而只能听任当事者的自由意志的决定。对于我的朋友的遗孀，假定是再嫁，我是由衷地同情；假定是苦撑，我也由衷地敬佩。但过去因为把贞节看作至高无上的东西，由家庭中的父母兄弟，代一个弱女子强作主张，逼着非守不可，甚至逼着“望门守节”，乃至逼着“自裁”，以便报请旌表，这不仅是荒谬，而且也是残酷。但这与志愿守节一事，并无关系。同时，五四运动以来，一提到守节一事，即认为这是违反人性，认为是妨碍进步，甚至是礼教“吃人”，而不问其是否出于当事者的意志自由，更不深究此事的自身，对社会的真实意义，这纵然不是残酷，但也可以称之为荒谬。这可以说是价值观念的对极化。

中国以政治的力量提倡贞妇，大概始于汉宣帝。我的推测，因戾太子之祸，他出生以后的悲惨遭遇，假定没有一位坚苦卓绝的女性抚养他成人，他便没有渡过苦难的可能性。此一生活体验，可能给他以深深的感动。同时，就我的研究，由春秋之末一直到西汉，都是平民家族形成的时期。当一个女人的丈夫死了，而自己尚可以嫁人的年龄，多半是公姑已老，子女尚幼的年龄。此时她假使嫁人以去，她死去了的丈夫所留下的家庭，便会随之瓦解，乃至消灭。假使有一个妇人，为了对死去的丈夫及活着的公姑子女，而愿为这一破碎的家庭，牺牲自己的下半生，担起这一份沉重的担子，难道说这种妇人，不是情操高洁，代表着一份崇高价值的存在吗？政府社会，对这种妇人加以推崇，给以名誉，难道较之捧性感明星，不是更能表示一点人的尊严吗？至于只是为了一份贞节牌坊的名誉而勉强守节，这仅出在文化堕落透顶的士大夫家庭里面，不是这一事象出现的本来面貌与本来意义。尤其是广大农村守节持家的归女，她们根本不会以这一份名誉为动机。就是片中的董夫人，她一开始便是为了不可必得的牌坊而投下她生命的赌注吗？就常情推测，我看不是这样简单。贞节牌坊只是事象经过的附加条件。影片的编导者似乎是想用牌坊的一个条件，来解答整个的问题，便未免把问题处理得偏向一边，因而过分把问题单纯化了。即使董夫人仅仅是受了名誉心的驱使，而牺牲其他的幸福，怎么又不比美国洛杉矶的一位妇人，手拿着“偷人万岁”的小册子，在十字街头，大喊大叫，高贵出万倍呢？西方现代文化，受了弗洛伊德的学说支配，认为性欲才是人性，对名誉、道德的要求，则皆驱逐于人性范围之外，使人性与猪狗同伦；西方之必然没落，美国之必然崩溃，这便是一个例证。

编导者对《董夫人》情节的处理，一步一步地剥落她的生活环境，剥落到最后，使她孤寂得连张叔叔也为她难以忍受的田地，就此种事象的本身来说，这要算是非常突出的，甚至可以说是特例。一般的情况，多半是晚景的儿孙绕膝，作为她一生辛苦的补偿。不过，若这样编导，便有鼓励贞节之嫌，又恐落到旧剧大团圆的陈套。但编导者所以采用上述的方向，主要是想逼出董夫人难以按压下去的内心矛盾，即是性欲与名誉心两相斗争的矛盾，以造成本片主题的高潮。许多人便从这矛盾地方指出守节行为的虚伪，因而是灭绝人性。不过我们应当想想，一个初作坏事的人（台湾许多老嬉皮，都是在粪坑里浸透了的人，不能作例证），常会受到自己良心的抗拒，而发生内心的矛盾。古来立志做圣贤的人，也不断遇到物欲的抗拒而发生内心的矛盾。理、欲交战，乃人格形成中的必然过程，问题只看克服向哪一方面去。一个年轻守节的妇人，连她内心的矛盾，也说是礼教吃人，我想坚持这种看法的人，其本身恐怕早已没有保持人的特性了。

一九七一年一月《大学杂志》第三十七期

# 对岳王坟的怀念

一

我在十多岁时，就不喜欢袁子才的诗文，但咏杭州西湖的几首绝句中，我还一直记得下面的一首：

江山也要伟人扶，神化丹青即画图。
为有岳于双少保，人间才觉重西湖。

“岳”是此处所要谈的岳飞；“于”是“粉骨碎身浑不怕，要留清白在人间”的于谦。说也惭愧，我在杭州将近住了三年，并不知道这位抱屈含冤的明代忠烈之臣的于谦祠墓，到底在什么地方。但一到杭州，首先急忙要去看的，正是岳飞埋骨之地的岳王坟，陪同朋友，带着家人，看得千百回不厌的，也是岳王坟。湖边马路旁，一座小小的祠堂，进到祠堂去，中间一个小院落，院落左边是一个月亮门。穿过月亮门，向上一望，便是岳王的坟墓。墓前用铁铸成的一男一女，身披枷锁，跪在地下，一任万人唾骂的，是谋害岳飞的秦桧夫妇。每到一次，心血亦抑制不住的激动一次。这是我国民族精神的壮烈象征，也是亿万人所要求的忠与奸的大判断。中共势力到达了杭州后，我只听说要把苏小墓去掉了，这虽然有点煞风景，但并不是不能理解的。过去有闲阶级文人们所发出的遐思的点缀，所叹息的“桃花流水渺然去，油壁香车不再逢”（苏小墓亭上的对联）的闲愁，假定不从历史的观点去处理，而仅从现实的观点去处理，其不能存在于社会主义制度的社会，在道理上是可以说得通的。谁知我日前遇着一位在大陆上去过西湖，急于回美国去的朋友。他告诉我，岳王坟还在禁锢着，不让人参观。因为他曾经打洞庭湖起义的杨幺，所以目前还不能承认他们的历史地位。这位朋友的话里所含的意味，我一直在脑海中还回忆往复地思考着，由江青领导的文化路线，到底意指着什么呢?

二

《宋史·岳飞列传》里对杨幺的情形，写得很简略。但由综合宋人笔记所写的《杨幺传》（商务出版，忘记著者姓名）看，可以了解《杨幺传》是代表了当时农民对土地的要求，也可以称之为农民起义。不过，杨幺活动的时代，正是北宋瓦解，敌骑纵横，南宋还没有站稳脚，民族生存遇到空前危机的时代。杨幺所活动的地区，正是襄、樊、随、邓等重要前方的支援地区，并且横截着后方东西交通的要道。据《岳飞列传》，“伪齐遣李成等挟金人入侵，破襄阳，唐、邓、随、郢诸州及信阳军。湖寇杨幺亦与伪齐通，欲顺流而下”。是杨幺此时已站在汉奸的一方面，干着通敌卖国的勾当。岳飞此时负长江上游的军事责任，他对这种情势的处理是“奏（陈）襄阳等六郡”，“为恢复中原基本。今当先取六郡，然后加兵湖湘，以殄群盗”。他收复六郡后，对杨幺采取分化招抚政策，因为若能整个招抚，问题便早解决了。他先招降黄佐，以次招降杨钦、余端、刘诜，“降其众数万”。最后“飞入贼垒，余酋惊曰‘何神也’。俱降。飞亲行诸砦，抚慰之。纵老弱归田，籍少壮从军”。这在当民族生死存亡之秋，岳飞的处置，并没有一点残暴的意味。并且宋朝此时对各地蜂起的寇盗，采取招抚政策，而岳飞的军纪特别严明，在他手上招抚的如吉青、郭吉、戚方、马进、张用等，近二十万人。江青们的意见，大概认为此时应当让杨幺们割据扰乱，敞开门户，让金人完全征服中国后，杨幺们可以在异族统治之下，实行“毛泽东思想”。曹操为了个人功名，屠戮黄巾及人民数十万，但郭沫若曾用很大的力量，要为曹操翻案。岳飞为了民族的存亡，以剿抚兼施的方法，平定内郡，力图恢复中原，却遭到江青们的贬斥，这怎能令人了解呢？

## 三

从赵松雪“岳王坟上草离离，秋日荒凉石兽围”的诗看，岳王坟在元代初年，并没有得到政治的照顾，这是当然的。异族统治中国，不可能提倡中国的民族英雄。但元朝的统治者，让游人自由凭吊，而一无禁忌，这也是事实。清人以异族入主中国，猜嫌特甚，但对岳王坟也没有加以禁锢。江青的崇洋媚外，从她在民族形式的京戏中，非以钢琴代替原来的乐器不可的这一点，也可以透露无遗。她心目中只有个人的权力，各种口号、名词，只不过作为“夺权”的工具。他们的统战工作，以拉拢汉奸为先；以招待吃洋饭的为急。据日人尾崎秀树的报导，代替鲁迅登场的是文化大奸周作人，则他们对岳王坟的待遇，远不及异族的元、清两代，决不是偶然的事情。

这些年来，凡是中共代表民族利益的行动，我无不由衷地赞成。尤其是毛泽东修正了自己所决定的向苏联一面倒的政策，转而采取抵抗侵略的态度，乃至在珍宝岛一带所采取的自卫行动，我都是由衷地感奋。但这一切，到底是一时的工具呢，还是代表着共产党人的真实态度呢？毛泽东并不是不重视科学。他应当知道，有对自然界的科学，也有对历史的科学，即是每个人生存在具体的历史条件之中，很难作超历史的突破。对于人，对于事，所作的价值判断，必须在具体的历史条件之内作比较性的选择。拿现在的要求，作衡量古人的尺度，结果只有把全部历史否定，这简直是一种荒谬。陈伯达，本是佞幸型的人物，现在受到清算，并不足惜。而他受到清算的原因，外人也很难断定。但清算陈伯达的公开理由，却是因为他在准备对日抗战的前夜说了几句“国防文学”的话，则“民族”利益在中共心目中到底居于何种地位？尤其是今日已开始进入到崇洋媚外、沦肌浃髓的“江青时代”，他们是否以对待岳王坟的态度来对待我们的民族，是值得提出来追问一下的。

一九七一年十二月二日《华侨日报》

# 自由中国的国剧运动

## 一

把平剧，或者称为京剧，说成是“国剧”，并不算过分。因为粤剧、汉剧、川剧、湘剧、桂林戏、福建戏，都是一个宗枝的蕃衍。它的普及性与延续力，的确可以作为一个国家在戏剧方面的代表。

各种剧本的结构，有的很生动谨严；但多数却是荒唐幼稚。例如有名的《定军山》的内容，便属于荒唐幼稚的一类。它的唱辞，有的是当行出色，但多数却是酸腐陈俗；这便例不胜举。但它何以有这样大的感染力，发生了无数的戏迷，得到最多数人的欣赏？我现在稍稍可以了解一点；即是，它是产生自民间，保持着民间的一副纯朴的感情和想象力；凡是由旧式文人所编造出来的戏，都是低劣不堪入目的戏。其次，在长期发展中，由许多名伶的苦心体验、改进，使唱腔适合于喜怒哀乐的感情；使音乐、服装、道具、念白、台步、动作，都能互相生发，互相映带烘托，形成自然而圆满的统一气氛、情调。所有的一切活动，都安放在现实与象征之间，而使象征与现实，交织为浑沦一体。过去的名伶，本不知道甚么的艺术。但当他们说出自己的体验时，却自自然然地合于艺术的最高理论。所以每位名伶，哪怕是唱同样的戏，实际都是在他们所继承的传统中努力自己的创造。

二

因为国剧的内容，有基本缺点，当然应大力加以改造。但改造的方向应以深刻的艺术修养，在保持它已经达到了的艺术水平上，改造它的结构与内容。我瞧不起江青的样板戏，除了政治观点以外，把作为京剧生命的，也即是作为一切艺术生命的象征的意义及统一的气氛，完全破坏了。所以经过文化大革命以后，大陆上剩下的名伶，已经被斗争净尽，有广大社会基础的京剧中的艺术成分，也随样板戏的出现，而告一结束。站在此一立场，自由中国的国剧运动，便有他特殊的意义。

一九四九年前后，以顾正秋为台柱的民间京剧团，曾表现出相当的水平，但因语言关系，终于风流云散。顾正秋去当了当时财经红人某君的贤内助。中间出现了几次短期的民间剧团，都不出“收拾余烬”的性质，无法生稳根。使京剧在台湾能继续存在，并且得到相当发展的，首应归功于由空军所支持的大鹏剧团，它收容了若干老艺人，也培养出来不少的新血。徐露、钮方雨等，都是从大鹏剧团出来的。现时新兴的剧团虽多，有如明驼、陆光等，但恐怕依然以大鹏的水平为较高，贡献也较大。现时三家电视公司，都有固定的平剧节目，使许多这一方面的艺人，得到表演的机会；这是除部队以外，支持京剧发展的重要力量。

## 三

京剧人才的正规来源是出自科班，以后便有戏剧学校。台湾的复兴剧校，原来是由名票王振祖私人创办的。经过了十年时间，一九五九年到六七年收到了相当成功，也历尽了许多辛苦。到了一九六八年元月，正式改为“国立”，所有学生，得到与师范生相同的公费待遇，并把校址由北投迁到山环水抱的内湖风景区，已具备了相当的规模。我希望它能担当起存亡继绝的责任。

教育部接办此一学校，是费了相当苦心的。因为收入的学生，不能保证每人都对京剧有兴趣，也不能保证有兴趣的学生都可以成材。所以他们对此一学校的设计，一方面是要能养成京剧的专才，同时也要为学生开出京剧以外的一般的出路。因此，他们把课程分为专科与普通科。从早上五点五十分起，到十一点五十分止，大体上守住科班的传统，作专科训练。下午则是普通教育。教育的进程，分为三个阶段：初级二年，相当于小学五、六年级；中级三年，相当于初级职业学校；高级三年，相当于高级职业学校；还有实习两年。所以一个学生的训练完成，前后共需十年时间，年龄约在二十二岁左右。

这里面遇着一个奇特的困难问题，便是由生理原因而来的倒嗓的问题。在北平，男孩子大概在十七、八岁时倒嗓，倒了以后，若是调、吊得法，经过一个冬天，便可以恢复。但在台湾，因气候及社会风气的影响，男孩子在十四岁时便倒嗓，而且倒了以后，须要三、四年才可以恢复；这便使学生正在训练的紧要关头，恰是他丧失信心的时候。女孩子便较少受到这种影响。成才能女生较男生为多，原因在此。

我参观该校以后，另外一点是：普通科的课程，稍嫌公式化了一点。高级部应该注重各种专门技术学习，使学生除演出以外，还易找到技术性的工作。但这大概和经费有相当的关系。

一九七二年一月十二日《华侨日报》

# 争祖坟的故事

最近收到朋友从东京寄来四月号的《新世界札记》，这是我第一次入手的刊物。打开内容一看，原来是苏联对外宣传的日文译本。而苏联的对外宣传，是以反毛泽东为主导的。毛泽东之所以必须一反到底，因为他是马列主义的叛徒。说也奇怪，把这刊物略为翻阅后，立刻引起我小时所听到的许多争祖坟的故事。

从我开始记事时起，一直到民国十二、十三年为止，在乡下所听得最多的故事，一是“跑长毛”，一是“祖坟的风水”。每族的富贵贫贱，盛衰存亡，都从各族“祖坟的风水”，可以得到圆满的解释。几乎每一个人，都保有这类的故事。而一经说出，又都是灵验得活龙活现。这是各族各家各人命运之所系，不仅继续寻觅新的风水，并且对几十年几百家以前的风水，也不断引起纠纷。张家的祖坟，被李家偷葬、换碑的事，时有所闻。于是“打祖坟官司”，成为各族族长和讼棍的一大任务。

我这里举出一个记忆得不太完全的故事，作一例证。民国初年，我们县里的汤化龙、汤铸新兄弟，一个当了内务部总长，一个当了湖南督军，这在乡下人心目中，简直是“红了半边天”的大事，于是争祖坟的故事流传出来了。不知是汤氏兄弟的祖父或者是高、曾祖，在一个姓易的（或许是姓另外的姓）祠堂里教“泥巴馆”（私塾）。睡到半夜，常听到有点像雄鸡叫的声音。留心考查，原来祠堂后山的易姓祖坟，葬的是个“凤凰地”，照说，应当出皇帝的。于是这位教书先生，偷偷把自己祖宗的骸骨，移到易姓祖坟里面，并把坟碑也换了，另外还纪录到汤家谱课上面。及被易家发现，便大打官司，官司无法了结，县官有次摆上一口烧沸了的油锅，说谁人愿跳油锅，这祖坟便归谁所有。结果，汤氏的祖父或高、曾祖跳下去死了，这祖坟便归了汤家，所以才发在汤化龙兄弟身上。可惜汤化龙在美国被刺的这一年，凤凰地右翼上的一柯古树被雷打死了，“凤凰折翼”，汤家遂一败不起。

现在还有人相信这种故事吗？但在当时，会有人敢不相信吗？值得信，不值得信，一时不能解决的，在历史之流中自然得到解决。马列主义，是许多思想家中的一种思想。马克思是德国人，首先修正他的思想的便是德国人。他的《资本论》写成于英国，英国有谁把它当作《圣经》看待呢？列宁是俄国人，据中共说，苏联现在是修正主义，即是修正了马克思列宁主义；只有中共才是真马列主义。而苏联在这个刊物中，又在复骂毛泽东是马列主义的叛徒。他们大有非争到跳油锅不可之势，这和过去为争祖坟而跳油锅，最低限度在情调上似乎有些相似。

一九七二年五月十三日《明报 · 集思录》，署名王世高

# 不是结婚几次的问题

据最近的调查报告，美国多数的未婚少女，主张女人应当结两次婚。在变动剧烈的时代中，各个人的环境，常有意想不到的变化；各个人的心理，也常会发生非始料所及的变迁，加以道德观念，也随社会的剧烈变动而变动，结婚、离婚的拘束，可以说是越来越少。一个男人或女人，结两次以上的婚，在今日已经是司空见惯，社会上并不把它当作一个问题。但这种情形，只可称为人生历程中的临时遭遇，而非出于人生的预定要求，乃至预定计划。美国少女们主张应结两次婚，这是她们人生的预定要求、预定计划，倒真可反映出美国今日所面对的问题。

“恋爱”在西方文化中，占了相当重要的地位。由中世纪骑士的浪漫故事演变出来的许多文学艺术作品，多以恋爱为其生命，并由此发掘出人性的真纯伟大。由恋爱所结合的人与人的关系，是真正忘我的两位一体的关系。性行为，乃恋爱中的无可奈何的副产品。性行为与恋爱之间，不能划一个等号；恋爱是整个生命的投出，而性行为不过是生理一时的冲动。尽管古往今来发生过无数次的情变，但正在恋爱中的两方，总是要求天长地久，永不分离。“在天愿为比翼鸟，在地愿为连理枝”，这是爱情自身的要求，也可以说这就是爱。美国的少女们，在未结婚之先，已经要求、已经计划要结两次婚，这说明美国的现代文化，已经吹散了少女心灵中所蕴蓄的爱苗，所剩下的只是赤裸裸的性的要求，性的观念。结婚不过为了性的满足，丝毫没有由爱而来的两个生命互相胶结而不可分的感觉；当然更没有由无限之情而来的，对自己、对他人在生命历程中的责任的担当。所以在未结婚以前，便已经构想了离婚、再结婚的计划。由这种心理状态推演下去，不到男女乱交不止，两次结婚能得到满足吗？

美国今日的社会，在少男少女的心灵中没有了爱，还在甚么地方可以发现出爱？通过婚姻尚且不能巩固人与人的关系，则在甚么地方可以巩固人与人的关系？美国今日真正的危机，乃在他们的精神，由堕落而解体，遂至以自暴自弃为解放、为革命。开国的清教徒精神，随行为心理学、精神分析学、实存主义哲学等的互相结合，而荡涤得干干净净了。纵有少数人在那里吹笛子，其如生命力快枯竭了的蛇睡在地下不动何。

一九七二年五月二十五日《明报·集思录》，署名王世高

# 我看《白毛女》

我看过江青样板戏中的两个改良京戏，把胃口倒透了，所以根本不想再沾样板戏。但有的朋友向我说，《白毛女》并不错，昨天晚上便又一次走进了他们的戏院。

《白毛女》好像是由歌剧改成舞剧的，把唱的责任交给幕后；这样一来，在前台的演员倒可获得自由，可以尽量在舞姿上发展。并且幕后的唱，和前台的舞，也配合得相当成功。而在剧情方面，似乎也有相当的改进，使其更富于戏剧性。这是相当进步的地方。

在内容上，艺术总不免要把现实加以夸张。但地主打死了人，抢走了闺女，而竟无官府过问，不吃上官司，此乃必无之事。这种地方，未免夸张得过火，赶不上《打渔杀家》，还要经过豪绅与官府勾结的过程，较为合理。江青们竟在以此种手法显出旧社会的罪恶；但在国际上只能造成中国是一个野蛮民族的印象，很符合某些帝国主义者的胃口。

还有，地主若只为添一个女佣人，再乘机偷鸡摸狗，则对于喜儿用不上打死她的父亲去抢。下了这大的架势把喜儿抢来，却能让喜儿以清白之身逃出，这是因编导时的心理作用，致使剧情与现实脱节的漏洞。

但不能因上述的缺点，便抹煞它的艺术上的成就。演员的表情，都为剧情所应有；而演员的舞姿，又与他们的表情相融合。不仅芭蕾舞达到了国际的水平，并且就我这个外行人来看，《天鹅湖》的舞姿，我只能领略到仪态之美；而《白毛女》的舞姿，却能把看不到、摸不着的感情，赋予以形象，因而使“感情形象化”。感情形象化，便使舞姿中蕴涵了强烈的生命力。这是他们最成功的地方。

其次，在喜儿等待爸爸回家过年时的心理描写，及爸爸回家后的父女心理描写，及对地主婆一面念佛，一面行凶的刻划，细致深刻，在艺术上也值得称许。

假定此一舞剧，只在反映社会的问题，及社会问题的解决，而不存心以宣传共产党为目的，不存心以推动个人崇拜为目的，则剧情的后段，将另行安排，使剧情能在“首尾圆合”中结束。共产党在这种地方，赶不上中国人民心目中的豪侠。中国人民心目中的豪侠，是“既已存亡生死矣，而不矜其能，羞伐其德”的。至于个人崇拜，那只是一种愚蠢丑恶，破坏了这个相当成功的舞剧，是非常可惜的。

一九七二年六月八日《明报·集思录》，署名王世高

# 契可夫与鲁迅

我的女儿是研究生物化学的。但为了保持每周一封家信，而又苦于无话可说，便常常发表些有关政治、社会、文艺这方面的高见；因为她知道在爸妈面前是真正“童言无忌”的。昨天收到的信，除叙述了因同情“寂寞湖”的名称而去游了一趟，并因此领悟到孔子所说的“仁者乐山，智者乐水”的艺术与道德合一的意境外，又谈到俄国的契可夫和中国的鲁迅：

> 最近看了几篇俄国作家契可夫的短篇小说，对农村生活的描写，可以直接透入读者的骨髓。鲁迅也有这类的小说，比起来却逊色得多；是不是因为在文学天份上有所不及？鲁迅之所以为鲁迅，大概多半因为他能有血有肉的写了那些感时愤世的杂文……

我对契可夫一无所知，根本无从作比较。对鲁迅的了解是，他出生于沉醉在八股科举制度之下的家庭。这种家庭若不曾出现过能由八股而上透到学问领域的人物，便是最卑鄙、最势利、最无知的家庭。鲁迅能从这种家庭中透出，而发现其愚昧黑暗，并由此以剖视当时在长期科举阴霾之下的社会，而发出愤怒的呐喊，这是他最了不起的地方。这种心理状态，用到统治阶级及与统治阶级密切关连着的知识分子身上，我觉得并无不当。但从他的前期作品看，他把整个社会，都是安放在这种心理状态之下来加以处理。长大了的闰土，除了可怜可悯之外，再无一点可爱之处。回忆中的村戏，除了胡里胡涂地来往一番之外，再无一点可资回味之处。阿 Q 本是农村的无产阶级，把民族的弱点，都塑造到一个农村无产阶级身上，当然也不算公平。总之，在他前期作品中，是以不屑不洁的眼光看农村。虽然把握到农村黑暗的一面，但黑暗中的光辉，愚昧中的智慧，对他来说，完全是无缘之物；这便不能真正发现农民的生命，农村的生命。看完他这类作品后，只能给读者以迷惘乃至迷失的感觉。

晚期的鲁迅，他的心灵活动，比较深入了一层，但他的生活已与农村隔得愈离愈远了。同时，我曾经指出过，自卫的意识太强，则客观的伸透与描写的能力，将成正比例的减退。他的创作力的早衰，恐怕和这点也有关系。

一九七二年六月十一日《明报 · 集思录》，署名王世高

# 台湾二三事

## 一

政府在危急存亡之秋，由蒋经国出来组阁，这是打出了最后的一张王牌，所以不论个人对蒋经国的好恶如何，大家都应帮助他的成功，决不希望他的失败。国府迁到台湾以后，积弊之深，风气之坏，特权阶级之多而且横，远超过大陆时代。蒋经国一旦挑起这样的一副沉重担子，纵有再大的才能和抱负，也无法收立竿见影之效。他上台后宣布的十点改革，客观地看，未免过于低调了，与情势的要求不大相称。但若了解他的处境，则从小处下手，也未尝不是渐进改革之一端，仍值得寄托以希望。

最近有人告诉我，经国初上台的时候，社会反应甚佳。但因内政部一位参事，为了儿子结婚，下了千多张请帖，违反了十点改革中的一点，经国下令将其革职，社会上又觉得他做得太过火了。我听了这番话后，立刻感到这是大家缺乏与人为善的精神。政府的领导人，过去不是完全没有求好的心，也说了不少的求好的话，但赏罚不行，疲玩成习，各种计划、训词，最后都以归档了事。历史上凡是有建树的人，必以“信赏必罚”为重要条件之一。经国有决心撤一个疲玩的参事，正是信赏必罚之一端；大家应当色然以喜，与以精神的支持、鼓励，他的改革计划才可逐步实现。假使大家因为他的做法不合自己的脾胃，乃至不合自己的利益，便腹诽色拒起来，那就糟蹋这张王牌了。

二

这一个多月以来，常常在我脑筋中起伏的，是一件法律上的问题。政治大学外文系的主任，因为他的女儿用功得不肯睡觉，最后伏在书桌上睡着了，他气起来把那个可怜的孩子勒死。法院从轻发落，判处年半徒刑（或者是两年）。我每次想到这一问题，精神便感到莫名其妙难过。

大概是七八年前，我的朋友罗清泽教授，住在台北青年会，迎候自美返国的名植物学家易希道夫人。他的一位儿子，因为要花零钱而父子发生争执，在扭缠中用他颈上的领带，把他勒死在房子里面，后来法院判处这个孩子以无期徒刑。对于朋友间的这种人伦惨变，什么话也说不出来。

但现在想起，罗教授的那位儿子，平时的精神状态并不正常，而惨变的发生，乃在反抗扭缠之际。政治大学的那位系主任，则是对于一个因用功疲倦，伏案而睡，毫未发生争执抵抗的女儿，居然能把她勒死；其事较罗氏父子间的大变，更为惨酷。世界各民族，只有中国才有孝的观念，但任何民族，有不孝的子女，很少有不慈的父母。一个受了高等教育的父亲，而可以杀死一个天真无邪、发愤向上的女儿，我真不了解“人到底什么东西了”，我不忍责备司法当局，拘于传统的人伦观念，认为杀父之罪，远重于杀女之罪。我所感受到的，乃是不忍以法律作衡量的人性自身的问题，在这种地方，能作什么明确的判断呢？

三

看到最近台湾一家报纸的社论，对于中共、日本快要进行外交正常化的情形，有如天崩地裂，惊呼欲绝，我觉得有些可笑了。国府为了争取日本的友谊，可以说是尽卑躬折节、委曲求全的能事。日人利用此一弱点，占尽台湾的便宜，力图恢复对台湾的经济与心理上的控制，连面包、蛋糕、胶鞋这类的东西，也落在日本人的手上，阻碍了民族资本的发展，抑压了民族精神的向上与自尊。即使日本不与中共建立外交关系，假定中共有力攻台，日本能以一兵一卒相助吗？假定中共没有力量攻台，则国府与日本有无外交关系，事实上还不是一样？日本对台的投资，不过九千多万美元，日本资本从台湾退出，正是台湾摆脱日本经济控制，集中民族资力，发扬民族精神的良好机会。政府和社会，筹措九千多万美元，以接办日本退出的经济企业，易如反掌。接收日本企业以后，政府应有一套计划，交给年轻一代的人，以合作的方式，负责经营，让年轻一代，有发挥才智的机会，而不可落到现时的大资本家族手上，这才是值得预作准备的。

所以我认为在日本一旦与国府断绝政治关系的时候，国府即应与日本断绝一切关系，而不让它继续在台湾取利。此种做法，除了少数的媚日分子稍感不便外，我倒认为是促成发愤自立的良机，不值得大惊大骇的。

一九七二年七月二十二日《华侨日报》

# 老人的问题

## 一

第二次世界大战后，因科学技术的飞跃进步，工业的迅速发展，对人类生活水平的提高，有了非常大的贡献，但同时也制造出许多新的问题。在许多新的问题中，有四大问题较为突出。一为青少年问题，二为环境的破坏与污染的问题，三为空间、时间的安排利用问题，四为此处所提出的老人问题。

老人在今日之所以特别成为问题，第一，因为医药卫生的发达，人的寿命普遍的延长。我国过去认为“人生七十古来稀”，现在则变成“只活七十今日少”了。这便使老人的数字，会一天加多一天；不久的将来，在少、壮、老的人生三阶段中，可能以老的阶段占到优势。第二，退休制度的普遍推行，使许多老而未衰的人，退出了他工作一生的场所与行业，也即是退出了他一直生存于其中的社会关系。这便一面引起了生活问题，同时也引起了精神问题。第三，家庭制度的进一步的解体，使老人感到漂泊无依。尤其是与现代流行的上下代间的差距问题纠结在一起，儿子对父亲已经有了难以逾越的差距，则对祖父的差距当然更大，这便使老人在孤独感中，更增加一种拂逆之感。

## 二

正因为老人的问题日益严重，所以现在出现了一门新的学问：“老人社会学”。这门学问，无非是对老人心理的分析，对老人社会福利制度的提倡等等。但到现在为止，似乎还没有出现一部由老人自身出来说话，以这种说话为内容的老人社会学。今日讲一门新学问的人，多是年轻气盛，急功近利的人。这些人与老人的生活、心境，相差太远了，他们恐怕只能把些隔靴搔痒，似是而非的话，安插一些学术名词，安排成一种著作格式，以便取得他们想要取得的东西。到目前为止，对这些著作，似乎尚不能过存奢望。像我们这些落后地区，此一问题，连提都没有人提起。

老人问题，从社会看，他是占人口总数大约四分之一的问题。从人自身的立场看，是经过劳碌一生，由开花而进入结果阶段的问题。社会有四分之一的人不得其所，这实际比盗劫等社会问题更为严重。而每一个人，或者是多数的人，都开花而不能结果，这便引起另一问题，即是人生有何意味，少年壮年的辛勤有何意义的问题。“采得百花成蜜后，为谁辛苦为谁甜？”这两诗句，似乎是今日许多国家的老人们的共同叹息。

我近来留心外国的报纸，在有关老人问题的提议中，特别欣赏一个提议，即是“重新创造老人工作的机会与环境”。粗线地看，假定能不工作而生活，得到福利的保障，似乎是很恰意的事情。但当一个人离开做了几十年的工作岗位时，所失去的不仅是薪资，更失去了他的精神凭借。人生而有心思、手足、耳目，便是生而要在工作中安顿自己的人生的。

## 三

我已经老了，但有两个故事启发我，使我忘记了自己的老，使我脱离现社会的势利场中的孤独感，而进入到没有势利纠缠的另一种热闹场面，即是争学术上的是非得失的热闹场面。

第一个故事是《论语》中孔子自述的“其为人也（孔子自己），发愤忘食，乐以忘忧，不知老之将至”的几句话。孔子说这几句话时，他正在当时的楚国的边境，他这时大概是六十六岁左右（未及详考），按照现在的情形说，他已过了退休的年龄，他已经老了。但他说“不知老之将至”，是孔子只以躺在床上动不得的时候，才算是老。所以子贡问他如何可以得到休息机会时，他很明确地告诉子贡，人只有死的时候，才是休息的时候。当我读懂了他这几句话的时候，怎能不恭维他是圣人呢？他的心思，完全用到如何为人类担当千百万年的命运上面；个人有什么老不老的问题？

另一个故事，是我在从台中到台北的火车中，看《二程遗书》，看到程伊川说的“不学则老而衰”的一句话，吓得我出一身冷汗。原来程伊川认为老是无可避免，也不必避免。老而不衰，与未老同。他之所谓衰不衰，当然不是指气力而言，而是指智慧、胸怀、志气等而言。只有靠学问之力，才能维持老年人的智慧、胸怀、志气，使老人自己觉得还无愧于是一个人。只要自己觉得还无愧于是一个人，社会对之如何，便不足轻重了。作为一个智识分子，到了成为一个不学的老人时，必然会成为人间世中最丑恶的人。因为少年壮年，多少还爱点面子；老了，一切看穿了，便尽情发挥人性中丑恶的一面。社交中最大的痛苦，莫过于与这种不学的老人相接。我一个人住在一个斗室中，还能做点学问，便是受了这句话的鞭策。

上面的话，只说出了我这个老人的感受，不能代表一般的老人问题。一般的老人问题，更值得进一步去谈谈。外国的报纸，常花费很大的篇幅来谈这种问题。

一九七二年八月十九日《华侨日报》

# 东与西的心的接触

## 一

从八月十四日到十九日，国际心理学会，在日本东京开了第二十次会议。此次会议的最大特色，在于西方所发展出来的心理学，第一次在会议席上，和印度的瑜珈，及日本、中国的禅，乃至其他各宗教所把握的心，有了正面的接触。日本报纸上夸张这是“融合”。我想，这与融合的距离还远。

所以能得到这次接触的机会，主要是来自西方工商业竞争激烈的社会，开始发现，若使竞争的担当者，能得到“心的平安”，以中和由外面来的刺激，在生理上，在精神上，有其重要性。而心的平安，正是瑜珈和禅等的安顿之地。

据美国有位心理学教授的报导，在他们用老鼠做的实验中，把两只老鼠关进笼子里，在它的尾巴上安上电线，与以完全相同的电的冲激，一只老鼠完全没有逃避的方法，另一只老鼠则把鼻子顶在笼子里的壁板上，以减轻这种冲激。然后加以解剖，不知道逃避的老鼠的胃溃疡伤痕，较之知道逃避冲激的老鼠，要长一倍。不是冲激使老鼠加重了胃溃疡，而是由冲激来的心理作用，加重了胃溃疡。

并且在实验中，对知道逃避冲激的老鼠，减轻它所受的冲激，于是这只老鼠，感到是否要突出鼻子顶在壁板上，迟疑不决，这便形成了这只老鼠心理上的“葛藤”，把这只老鼠解剖后，它的胃溃疡的伤痕，比不知道逃避的老鼠又长了两倍。由此可知，工商业社会中的董事、总经理们，经常遇着要解决的困难问题而引起心理上的烦恼，除了性无能外还有生理上的大损害。

## 二

工商业的领导分子由外面的冲激而引起心理上烦恼，由心理烦恼而引起生理上的损害，当然会使心理学界发生忧虑而想加以解决；即是如何解除这些烦恼，而求得心的平安。在开会的第一天，有位日系的美国人，首先发表他所发明的电子装置以控制脑波的机器；这种机器，在美国已有出售。据这位日系美国人说，他是着眼于禅僧的脑波，平静的“阿尔发波”比较多些，他便作成一种装置，取出普通人的脑波，使其成为与禅僧相同的脑波，可以继续十多小时，完全入于禅定的状态，以解除人生的各种烦恼，获得心的平安。这是由禅导向机械，也即是以机械代替了禅的发明。

这位日系美国人报告完了之后，有位研究瑜珈术的印度人，投袂而起，他说，不用任何机械装置的瑜珈状态，增加阿尔发波，心的内部成为平衡状态，对于冲激的反应，较之普通的状态为少。“用机械装置所造成阿尔发波，不是真正的阿尔发波。”这位印度人士，是要把“心的平安”的权利，从机械夺回到人的手上。

日本有位医大的教授，报告了基于禅的思想新发明的治疗神经症的“森田疗法”。在他的英语报告中用了许多禅的有关名词，大有使会场的人们，越听越糊涂之感。但这也说明了东方的禅，与这些心理学者依然是非常缘远的。

## 三

会中还有各种宗教的报告，但最重要的还是禅的问题。禅由日本人士的提倡、研究，现在居然导入进实用心理的范围中去，这不能不说是一种成果。但最微弱的阿尔发波，只不过是禅的一过程，而不是禅的真际。“不曾断灭，炯炯常知”，这才是禅的真际。以半睡眠状态当作禅，这不是禅的堕落吗？尤其是禅对“贪、嗔、痴”三毒的彻底消解，以转出贪、嗔、痴以外的新人生观，由机械装置也好，由心理训练也好，得到了心的短时平安，对生理会有些好处。但经过这一短时期以后，放在现代人的心中眼里的，黄金还是黄金，股票还是股票，竞争还是竞争，成功失败还是成功失败。只不过受了机械与心理训练过的人，对于这些刺激、冲激，能作较冷静的反应，能作较冷静的处理，以发挥竞争场中的更大效能，加强此一世界结构中的演进。但对解消此一世界结构中的矛盾，乃至对于解消此一世界结构中的个人矛盾，完全是无能为力的。“橘过淮而为枳”，今天美国所流行的禅，到底会变成什么，是很难说的。

在这次会议中，关于“洗脑”的实验报告，倒也有点趣味。一个吃烟的人，严格遮断对烟的感觉二十四小时，到最后，可以从麦克风中听到此人认为“烟是有害”的声音。自此之后，在三十个人中，有十一个人烟量大大减少，也有人因此而完全戒绝。

同时，我们的头脑，在各种刺激中，有的加以接受，有的加以拒绝，但若被置于感觉遮断的状态，则会感到只要是刺激，便是好的，而迅速加以接受，此时便显出说服的效果。他们认为洗脑的工作，是在此种心理置境之下进行的，是不是太夸张了一点呢，也可引起人们的思考。

一九七二年八月廿五日《华侨日报》

# 扩大求真的精神吧

## 一

古希腊文化，标出真、善、美为人生所追求的三大理想。真善美，有相互的关连，也有独立的领域。但有一点必须特别指出的是，真的事物未必即是善的、美的事物；但善的事物、美的事物，必须是真的事物。所以求真有其自身的自足要求，同时求真又是通向求善、求美的必经之路。一切的罪恶，一切的丑恶，都是由与真相反的欺诈、虚伪出来的。我国文化中，特别强调“诚”，强调“信”，正由此而来。真不能代替善，不能代替美，但突破一切自我与外境的困难以求真的一切正直之心，其本身即是善的，即是美的。

诈欺虚伪的产生，在于常与他人相接、与社会相接时，为了从他人身上，从社会方面，取得自己物欲——名、利、权力、情欲等的“逾分”的满足。政治是人类最大的“物欲”宝藏，政治活动、政治斗争，实际即是最大的物欲活动与斗争。所以政治是诈欺、虚伪的最大的发酵与发挥之地。政治人物之可恶又可悲的原因在此。为了挽救政治人物的自身，及在政治人物支配下的人民，只有民主政治才有其可能的原因之一，因为在民主政治之下，社会保有了解、追问、批评人类的自由权利，随时可以揭穿政治人物的诈欺虚伪，也因而限制了政治人物的诈欺虚伪。政治民主的程度，是测度政治人物及政治行为的诈欺虚伪的体温器，也是人类追求真善美的可能性的测量器。

## 二

人类除政治行为以外，还有其他许多行为。其中的学术行为，是专以求真为职志的。只就这一点来说，即可表现学术的崇高价值。学术而不以求真为职志，等于是学术的自我否定。但不仅在专制极权政治之下，经常要求学术工作者为政治的诈欺虚伪服务，并且在以诈欺相尚、虚伪成风的堕落社会中，学术工作者自己也多走上诈欺虚伪之路，以小我物欲之真，代替学术之真。一个集团、一个民族，演变到了连学术工作也意识地放弃了求真的任务，这种集团、民族，大概也会沉沦不起了，此之谓“不诚无物”。“无物”者，不能成为物，现成之物也将归于消灭之谓。

因为我曾经看到以权力护卫不可争辩的伪迹的情形，对于日本去年发生的一件事，留下了深刻的印象。日本东京上野公园的国立西洋美术馆，在一九六四年，列了三千万日元的购置费；在同年及一九六五年，经过由专家组成的“购入委员会”的审查、通过，从住在巴黎的鲁格罗，以二千二百三十二万日元购入多兰的《伦敦之桥》，以二百八十八万日元购入雕夫的《安久湾》，以一百二十九万六千日元购入莫纪里阿尼的《女容》。三者都是二十世纪初名画家的作品。多兰的画，有法国的法定鉴定人的鉴定书。雕夫的画，有他的朋友的鉴定书（以后才知道此鉴定书也是伪造）。

但在六五年，社会党的参议员小林武，开始提出疑问，当时的文相彻底加以否认。但在美术人士之间，认为是赝品的空气越来越浓厚。遂于一九七〇年设调查委员会，交由X光、紫外线、赤外线等作检查，还不能完全断定；乃由笔触与画具的比较研究，终于看出是赝品。继续追下去，原来鲁格罗驱使与他有同性恋关系的荷李，伪造了大批伪迹，流入市场。案子发作，他逃到瑞士，把他无可奈何。日本的国立西洋美术馆只好甘心认输，把这三张画标明出于"恶德商人之手"，摆到柜子里去，大概没有再见天日的机会。

三

中共政治斗争使用的手法，例如说刘少奇是工贼、叛徒等，决不能使人信服。因而影响到"为政治服务"的学术工作，尤其是文史艺哲这方面的工作，在文化大革命后，希望能一任工作者的自由意志，以走上求真之路，是非常困难的。但在《考古》续一二一期读到夏鼐的《晋周处墓出土的金属带饰的重新鉴定》一文，对学术的求真，又给了我一些鼓励。

一九五三年三至四月间，宜兴发掘了西晋周处墓。其中有十七件镂孔花纹的金属带饰，另外还有少许小块残片。小块残片中之一，经过化学分析，断定"带饰内层合金成分：铝百分之八十五，铜百分之十，锰百分之五。这是以铝为主的合金制品"。

铝虽然是地球表层中分布最广的三种元素之一，但把它加以冶炼却非常困难。丹麦于一八二五年才由奥斯特德提炼出杂质很多的金属铝，一直到一八八六年，由电解炼铝才得到成功。而我国在西纪二九七年以前，便提炼出了铝，这不仅是考古上的大发现，也是我国在冶金史上莫大的光荣。

但这是可能的吗？便经过再三再四的试验，那些小铝片中有的是以银为主，有的依然是以铝为主的合金。这还不能使工作者安心，便从十七件比较完整的带饰中采样试验，结果都是以银为主的合金片。因此而怀疑那一小块铝片，是由后来盗墓者所混入的。因而主张今后最好不要再引用它作为西晋已知道冶炼金属铝的证据。这种压倒考古乃至民族的荣誉感，而仔细求真的精神，是值得感佩的。当然，在铸铁上，中国比西方早了一千多年，此问题还不应因此而遽作结论。

但上述的例子，是与广义的政治都没有关系的。今后能给研究者以求真的自由，让研究工作者不看干部的颜色，而有胆量向求真的方向追进吗？这是学术上的死活问题。谁能保证中共能让出学术一条活路呢？

一九七二年九月十日《华侨日报》

# 关于《生命闪光之美》

我偶然在《中华杂志》上看到叶洪生先生《勇者的画像》一文，记述蒋桂琴女士在骨癌锯断一腿，肺癌已深入膏肓的时候，要求演出京剧《红楼二尤》的情形，不觉为之陨涕。我不认识叶先生，连蒋女士的姓名以前也没有听过；我写给叶先生要蒋女士的照片想托《明报月刊》刊出的信，是由《中华杂志》辗转寄去的。今天接到叶先生的回信和照片时，蒋女士已于十天前香消玉殒。叶先生大文前引有苏曼殊一首绝句，当即倒和其韵成打油诗一首：

> 不须惆怅忆芳容，便及花时色本空。
> 莫怪人天从此绝，六朝烟雨也匆匆。

据叶先生信中说，蒋女士并不姓蒋。出世未久，被其生父卖给蒋家以偿赌债。养母早死，由一女佣照顾。十三岁乃插班进“小大鹏”学戏。毕业后，再考入淡江文理学院夜间部中文系，精励奋发，刻意上进，死时年刚过二十。蒋女士短暂的生命都是挣扎向前的生命；每一挣扎的刹那，都像闪光样的放射出生命的光辉。美，本是刹那间的感受，因而美乃是刹那中的永恒。竭尽最后一滴生命，以放射出生命最后的刹那之美的这一颗心，也是纯粹至善之心。用美与善来烧尽自己的生命，这是“真”的生命。我在蒋女士的短暂生命中，发现了真、善、美的统一，或者蒋女士也是刹那中的永恒吧！此文经叶先生改写，我很僭越的易以今名。

徐复观谨志

一九七二年十月五日于九龙斗室

一九七二年十一月载《明报月刊》第七卷第十一期

# 一个民族的衰老

一

近代工业革命，科学发展，及民主制度的建立，英国对人类都提供了典型性的贡献。他的庞大的殖民帝国，在第二次世界大战后，是完全瓦解了。但在瓦解的过程中，也表现出英人处理这类问题的智慧。不过，由最近英首相所主持的三边会议的失败，更追溯近十多年的情形，他似乎已经衰老了。

一个集团的衰老，和每一个人的衰老，在心理上、生理上，有许多相似的地方。孔子说："及其老也，血气既衰，戒之在得。"不振作的老人，常常是只想到个人眼前的现实利益，而不顾及将来，不顾及他人的人。英国现时有不少人，便出现了这种现象。有人说，这是来自英国个人主义所无法避免的流弊。从威尔逊的工党内阁时代起，在遇着重大经济危机时，不论当局者如何大声急呼，要求国民暂忍一时的艰难，共挽经济的危局，几乎没有发生过什么效果。除了个人当下要求增加收入以外，作为一个国家的全般痛痒，英国人好像是漠不关心的，这正是个人主义的极端的表现。但英国过去的伟大活力，都是以个人主义为基础所培养、发挥出来的。个人主义中的权利与义务的互相制约，曾经由一只看不见的手，把英国人团结在一起，渡过了许多难关；为什么现在却不能呢？此无他，英国民族可能是已经由壮而老了。过分的个人自私，与其归咎于个人主义，不如叹息于一个民族已面临到衰老的命运。

二

老人在生理上的显著现象，便是只想安享而不想工作。在先进的国家中，英国大概要算罢工最多，工作效率最差的国家。试借用联合国近年有关工业生产的一部分统计，来证明这一点。

**工业生产指数**（以一九六三年为一〇〇）

| | 英国 | 法国 | 西德 | 意大利 |
|---|---|---|---|---|
| 一九六四年 | 一〇九 | 一〇七 | 一〇九 | 七三 |
| 一九六五年 | 一一二 | 一〇八 | 一一五 | 一〇五 |
| 一九六六年 | 一一四 | 一一七 | 一一七 | 一一八 |
| 一九六七年 | 一一四 | 一二一 | 一一五 | 一二八 |
| 一九六八年 | 一二一 | 一二八 | 一二九 | 一三六 |
| 一九六九年 | 一二六 | 一四三 | 一四七 | 一四六 |
| 一九七〇年 | 一二七 | 一五四 | 一五六 | 一五一 |
| 一九七一年一月 | 一二六 | 一六二 | 一五一 | 一四一 |
| 一九七一年二月 | 一二八 | 一六七 | 一五七 | 一四三 |
| 一九七一年三月 | 一三一 | 一六九 | 一五六 | 一五七 |
| 一九七一年四月 | 一二五 | 一六九 | 一六七 | 一五〇 |
| 一九七一年五月 | 一三四 | 一六七 | 一六七 | |
| 一九七一年六月 | 一三一 | 一六七 | 一六四 | |

由上表的统计，立刻可以了解，在欧洲四个大国中，英国的工业生产，是伸长得最慢的国家。这中间，虽然有机器设备的更

新率不够，以及管理者的能力等问题，但过多的怠工罢工，尤其是他们发明的“山猫罢工”，要占最大的原因。

英国目前最严重的经济问题，是通货膨胀。通货膨胀不能阻止，便会影响整个国民生活的安定，且影响到一九七三年一月加入共同市场的地位问题。要控制通货膨胀，必先控制物价与工资。一年以前，英国零售价格，以百分之五点四上涨，现时则以百分之七点八的速度上涨；加入共市后，食品的价格还要增高。工资在一年内的上升率为百分之十四；现在正要应付大约二百七十万工人的加薪要求，有的要求增加到百分之六十。现时是工资增加的速度，跑到物价的前面。但工资高，生产成本增加，物价势必升高。物价升高，原有的工资不能维持原有生活水平，势必又要增加工资。物价与工资，在恶性循环之下，共同推荡着通货膨胀；通货膨胀了，又激励起物价、工资的上升；这种恶性循环不已，最后只有国家经济破产。希斯的三边会议，是想达到物价与工资同时自动限制的目的。使三边会议失败的，主要是来自代表一千万工人的工会代表。《泰晤士报》说此一谈判的失败，对英国，对有建设性的工会，都是悲剧。尽管多数的英国人民赞成希斯的政策，但一千万工人中的急进分子反对，希斯便无法达到自动限制的目的。谈判失败后，希斯可以颁布管制物价工资的法令。但由此而引起的山猫罢工，将层出不穷，使管制失效。于是希斯想使英国的经济生长率达到百分之五便会落空。

## 三

不论从心理上，或从生理上来看，今日的英国民族，确实是已经进入到老境了。其原因何在，值得略加讨论。

一种是斯宾格尔所倡导的文化自然衰老的说法。他大约在四十年前，认定西方文化，已进入到衰老期，势将由其他文化取而瓜代。近代西方文化，最先在英国得到发展；则由英国最先看出衰老的现象，乃文化自身命运之无可奈何。但此种说法，不能解释，同属于一个文化基型，何以十多年来，德、法反露出复兴之象。

第二种解释是站在社会主义的立场，认为英国资本主义的结构，贫富不均，生活的差别太大；不从根本解决所有权制度，将财富重新分配，则这些管制工资、物价的办法，只是为资产阶级服务。所以英国现在是面临资本主义快要死亡，而没有勇气让它痛快死亡的问题。今年十月二日到六日的工党大会，在会场入口处，年轻的党员，正叫喊着"实行一切产业国有化"、"用罢工粉碎资本主义者"等口号，正证明了上述的看法。我想，社会制度总是会改变的，英国也正在改变之中。但若以苏联为变的榜样，则工人连罢工的自由也失掉了，只有在组织的鞭子下加倍工作。懒于工作的现象，是不能支持任何社会制度的。

第三种解释，是认为过分的社会福利制度，是促成英国衰老的主要原因。有一次，我到阳明山去看孙哲生先生，他突然问我："你认为英国为什么现在不行了？"我当时举出了若干理由，他觉得都不是主要原因。主要原因，他说是来自工党的过分福利政策，养成了英国人民的惰性。当时我并不以孙先生的话为然。现在想起来，或许孙先生是说中了一个要点，但这里便牵涉到很多问题了。

一九七二年十一月十一日《华侨日报》

# 老犹栽竹与人看
## ——试论香港的前途

一

我认识的一位由店员而自己当到小型商店的老板的朋友，有一天很感慨地对我说："再过三年，香港便会发生大暴动，谁也过不了安然日子。"我反问："你为什么故意作此惊人之谈？"他说："香港的地价是这样的高，房租一天一天地贵，随着百物涨价，工价增加，成本提高，制品失掉了竞争能力，工厂大量关门，工人大量失业，到时怎能不引起大暴动？"这位朋友，把复杂的问题，作了过分单纯的推衍，所以不应把他的话当作一种肯定的判断。但若以为他的话不反映点什么问题，也未免近于麻木。

社会一般的说法，香港地价暴涨，除了香港的地区狭隘，及随经济繁荣而来的人口集中的必然现象外，香港政府的高地价政策，也尽到了火上加油的作用。香港政府何以会采取这种影响香港发展乃至生存前途的政策？社会心理，认为香港政府知道他们统治的时期不会太长，便想在掌握的土地上，多淘一笔钱走路。至于发展卫星城市，费钱费事，又可能减低政府手上的地价，犯不着作这类长期的打算。

上述的悠悠之口，是否说出了事实的真相，我无法断定。同时我年来观察香港政府的作风，审慎而坚实；若把殖民政府的本质，暂时摆在一旁，也可称为这是正常而有效率的政府。但毕竟他在基本决策上似乎缺乏了一样东西，即是中国人所说的“老犹栽竹与人看”的精神态度。

二

在人类日常生活的行为中，有的只在几个小时内发生作用，有的只在几天、几个月，或几年之内发生作用；为了几十年、几百年着想所做的事情，乃是少数中的少数。不过，假使断定地球会在十年、二十年间就会毁灭；人类的生活，只能在这一限定的期间内打算，则人类日常正常的行为，还能保持正常地进行下去吗？人类日常生活之所以能不断地进行，是根本没有把地球毁灭这类问题介入到中间去。就一个人说，假定医生告诉一位病人，你的生命只有三个月了；这位病人便对自己的生活，对自己所负的各种责任，都只作三个月的打算；对三个月以后的问题，都采取自暴自弃的态度，则这位病人在三个月以内的生活，还能保持正常吗？中国人在这些地方，便有种通俗的人生哲学，即是“老犹栽竹与人看”的人生哲学。老而栽竹，自己未必能看到绿竹成林时的景象，但自己以外还有许多未老的人；自己看不到自己栽竹的成果，但预想到他人能看到时的一番喜悦，则自己所栽的竹，依然算有了报酬；因此，不因自己之老，而不栽所应当栽之竹。由这句通俗的诗所表现的中国的通俗的人生哲学，或许也是中国民族得以绵延发展的因素之一。

香港的现状，到底能维持多久？五年？十年？二十年？即使能维持二十年吧，香港政府的心目中，若经常想到二十年以后，此地便非我有，则岂特要在十年、十五年以上才能收效的事业，踌躇不前，即是面对着的严重问题，也难下定决心，全力以赴。其实，站在英国的立场，应当在香港这一块最后的殖民地上，为他过去的庞大帝国，留下一个光荣的纪念。一年以后移交给中国也好，十年、二十年以后移交给中国也好，凡是香港的眼前问题、根本问题，都抱着“老犹栽竹与人看”的精神，毫无瞻顾地干下去；临到要移交时，移交的是一个繁荣而生气勃勃的香港，这对于英国人在精神上、在历史上的收获，不是几亿乃至几十亿港币的收获可以相提并论的。

三

香港的紧迫问题，也是香港的基本问题，如前所述，是地价问题。日本政府为了抑制东京的地价，划出八百多万日币，研究迁都的计划。由此可知地价对他们的社会结构、经济结构等影响之大。香港的房租，还超过东京。香港政府为了解决此一问题，应当扩展郊区的交通，及其他公用设备，鼓励地产公司，在郊区多建立现代化的社区；这都是香港政府曾经这样做，现在也正在这样做的工作；但做的规模与速度，远落在迫切需要的后面。这中间可能含有“五日京兆”的心理因素。此外，香港政府，应当停止出售地皮政策；不妨推扩“廉价屋”的办法，将手上掌握的土地，建成多数的“廉价市场”，以减轻土地投机者的压力。这虽然是一种新的构想，但并不是不值得研究的构想。

但决定香港前途的最大力量，依然是操在香港的工商业者手上。世界是不断地在改变，香港更是沧海之一粟，只有随沧波而浮沉上下。但在改变之中，总有许多合理的生存因素，不会改变得太远。而不合理的生存因素，不容于此，未必便能容于后。所以今日的工商业者，应当放大眼光，发挥积极的创造能力，尽当下之所当为，尽当下之所能为；对于香港前途，倒真可抱“以不变应万变”的态度，而不必存五年、十年、二十年等的短见。有坚定而积极的广大市民，香港的前途是不可限量的。

一九七三年一月廿五日《华侨日报》

# 狗尿洒遍了美孚新村的海滨走廊

情商好友胡菊人先生，借用一次宝贵的园地，报导一个奇特的事实，即是狗尿洒遍了美孚新村的海滨走廊的事实，以见有的中国人，虽然西装革履，扭腰摆臀，但他或她的心灵，却是如何的丑恶而卑鄙。

早晚在美孚新村的海滨走廊漫步一番，吸点新鲜空气，望望海上的渔舟以及巨轮，是住在这里的人们在生活上的大调剂。谁知每个花坛的角落，每一个固定坐椅的角落，每一个海边石灰栏杆的脚下，都重叠着各形各式的狗的小便。初以为是偶然如此，住了两个多月，才知道每天早晚是如此，并且有倡之者于前，必群起和之于后，以致这里成狗尿的世界。

其实，在公司的建筑设计里，早为狗尿、狗屎想好了出路，在适当的地方，建筑了不止一个的狗厕所，天天有人换沙、消毒。但有些养狗的人偏偏不用，非要选定大家调剂生活胜地，早晚带着他或她宠物——狗，表演一番不可。这种人，以为没有机会给环境以破坏，给他人以毒害，便显不出他的摩登，显不出他的存在。他们的满足，便是建立在破坏环境，毒害他人之上。凡是作为一个人的起码条件，对他们是毫不相干的。这我才说这种人的心灵，是丑恶而卑鄙。罗素在一篇文章中曾说：把坏人比作畜生，其实是冤枉了畜生，因为畜生是无知之物。拿着畜生去害人的人，其品格乃在畜生之下。我不太喜欢罗素的哲学，但他指出有时人并不如畜生，证明了他作为一个大哲学家的智慧。

美孚新村管理处猛加管理费，曾引起住客很大的抗议，这是事理所当然。但除了上述的狗客以外，有少数的人，随处乱丢果皮、残纸等等；还有一座楼的下面，天天早上有人丢下来的几张粉红色的卫生纸，经过者有的神往，但也有的恶心。住客不发挥一点起码的自治能力，而只抗议增加管理费；管理处只顾增加管理费，而完全不援引“清洁香港”的有关法例。我看，美孚新村要慢慢变成一个藏垢纳污之地了。问题很简单，严格控诉之于法，控诉了几次，污风便可稍息了。

一九七三年四月四日《明报 · 集思录》

# 中国人可以不纪念七七吗？

中华民国二十六年七月十七日，由今总统蒋公在庐山海会寺广场，代表中国全体军民，宣告对日本凶残没有止境的侵略，发动抗战；终因此不仅挽救了民族的危亡，并且在全人类历史的面前，证明了中国文化大无畏的道义精神，是反抗一切野蛮暴力必定得到胜利的精神力量。我国历史中，有许多壮烈光荣，可供黄帝子孙永远纪念的伟大日子；但衡量全局，比较内涵，没有任何一个纪念日，能与七七这一天，同其分位。只要中华民族存在一天，黄帝的子孙，便应自然而然地，使这一天所代表的精神，随天壤以不朽。这实际即是使中华民族的生命，能随天壤以不朽。

年来奇怪的现象是，上自政府机关，下至人民团体，尤其是许多报纸、杂志，对这样的一个神圣的日子，一天冷漠一天，仿佛已经被生存在此一空间时间的人们抛弃到垃圾箱里去了。其意若曰，七七发动的抗战，早经过去了，还提他干什么？甚至有人以为继续纪念七七，会引起东邻的误会，妨碍到我们的生存。据朋友告诉我，“知日派”便是这种想法，而知日派在今日的势力是非常浩大的。我的看法，“知日派”三字，并不是坏的名词；但知日派的想法假定真是如此，那便未免过分不堪。

发动抗战的是七七这一天。但所以能发动七七抗战的，不仅是全体人民求生存的迫切要求，而且是在几千年文化熏陶之下，使全体人民得到了由道义所支持、所充实的“虽千万人吾往矣”的精神、意气。以弱抗强，稍有常识的人，立刻能预见到抗战发动后公私牺牲的惨重。但大家宁愿赴汤蹈火，损命毁家而无所尤怨，这主要是来自中国文化中“杀身成仁”、“舍生取义”的尊严的人格和远大的志气。此种尊严的人格与远大的志气，是和我们民族的具体生命，凝结在一起而永远不可分的。有了这种人格和志气，我们便可抗拒一切强暴，克服一切困难，很光荣地永恒地生存下去。失掉这种人格和志气，我们便会堕落向奴隶、犬马的领域，最后必从历史中消失掉。七七，已经是过去的历史，但由七七所表现的意义，必须由我们的自觉自强，使其永久生根于我们民族生命之中。纪念七七，乃是纪念这种意义，乃是表示我们还在传承这种意义，以证明我们确确实实地是一个堂堂正正的中国人，上无愧于祖先，下无愧于后代；且以自尊、自信之念，面对着所有的圆颅方趾的人类。只要是良心尚在、血性犹存的中国人，能淡忘掉七七这一天吗？

下面把问题说得更具体一点：

我们总统一生的丰功伟业，不可胜数。但站在历史家的立场来看，领导抗战，乃是丰功中的丰功，伟业中的伟业。不热烈纪念七七，即是抹煞了总统在历史中的这一崇高地位。

抗战胜利后，无数稍有正义感的日本人，对他们侵略中国的罪恶行为，无不感到愧耻、歉疚。在这种愧耻、歉疚的后面，即承认了我们八年抗战的伟大意义。若是此种伟大意义，首先糟蹋于曾经创造此种伟大意义者的自身，则在稍有正义感的日本人的眼中，今日住在台湾的这一批中国人，到底“是人”“不是人”，而不是什么亲善不亲善。“不是人”的人，有资格向人家讲亲善吗？

中共攘夺大陆后，说抗战是由毛泽东所领导，而不是由蒋总统所领导。我们不热烈纪念七七，便是帮助中共的这种工作。

人与其他动物重大区别之一，即是人有记忆力，而其他动物或者没有，或者是还较人类为低。日本屠杀了千万以上的中国人，奸淫了百万以上的中国妇女，摧毁劫夺了天文数字的中国财产。这种事如能被中国人忘记，便只证明中国人是最低等的动物。假使有这样的知日派，还能有面目地站在自己同胞的面前吗？

凡事都决定于一念之间。我希望自由中国的全体军民，能立刻转回这差错的一念，不与知日派同流合污，有中华民族之日，都要年年热烈地纪念我们的七七。

一九七三年七月《中华杂志》第十一卷第七期

# 沧海遗珠

## 一

沧海遗珠，是由唐代狄仁杰的故事所形成的一句成语。我这里借用此一成语，赋予以新的解释。沧海是指当前的世界，珠是指的智慧之珠。当前世界，因科技发展得非常迅速，物质生活非常丰富，反而把人类推向各种根源性的危机。每个人只要平静下来想想人类的前途，总会浮出面临不可测度的深渊的感觉。此无他，因为有的是科技，缺少的是智慧。然则在这诡幻浩瀚的沧海中，还有没有遗留着几颗智慧之珠？在蒙昧黑暗中，现出一点光芒，闪出一些宝气，这应当是有心人苦心探求追索的对象。日本《朝日新闻》，自今年九月起，以“思考地球的未来”的大标题，访问世界成名的人物，听取他们对这一有关问题的意见，每月一次，用全副版面，刊登了出来；他们不惜人力物力地这样作，我想，大概是想探求出在这一沧海中的遗珠，供大家反省之用吧。我对他们的这种努力，感到兴趣，所以用摘要的方式，转介绍出来。

他们九月份第一次访问的是英国著名史学家汤恩比。他对“现代”这一时代，“应给以何种特征”的答复，举出两点。第一是

"世界极端的均一化"，另一是"变化的速度特别快"。这两个特征，当然是来自科技的非常进步。他认为科技进步，在物质方面是有利的；"但对于提高人的善意、良心，及改进人与人之间关系的这一面，反成为不利"。"我们称这为道德的空隙，科技的发达，对此不仅不能加以解决，反而只有增加其矛盾。此事的自身，成了哲学的问题。我们只是议论，还没有看出解决之道。"汤恩比的话，是早已耳熟能详的老生常谈。但提到人自身的基本问题时，只能是老生常谈。越出新花头，越驱使问题的严重化。

二

关于上下两代间的"代差"问题，汤恩比的说法很有点意味。他说："在美国、日本大概也是一样，'代差'是由中产阶级达到一定的经济水准时，他的儿子们的这一世代，便失掉了经济的现实感觉所发生的。年轻的一代，对于他们上一代得到现时经济水准所凭借的规律与勤勉，轻易看过，只把上一代所得的成果，收到自己手上，世代间的相互理解，便更为困难。"许多聪明的年轻人，对于"代差"问题，编出许多理由出来，以伸张自己的一代，把上代涂上些污秽的颜色。但在汤氏的心目中，这只不过是坐享其成，不知道艰难苦涩的宠坏了的孩子们的胡闹。就我观察所得，穷苦家庭并没有甚么"代差"问题，代差问题的发生，多半出在中等以上的人家。则汤氏的看法，可能指出了真实问题的关键。

"代差"最强有力的辩护是认定年轻一代，为了获得自由，必须反抗传统，而上一代即是代表传统。在汤氏看来，"老一代的必须学习新一代的事物，新的一代必须学习老一代的经验，这即是人类的历史。佛教中，有称为‘业’的概念。人都承认受‘业’以与前世联系。并且此业还被次一世代所继承。这是不能像西洋科学样地加以明确证明的，但我觉得它暗示了人的一半是与前一世代相联系，一半是可以自由。谁也不是完全自由，谁也不是完全的历史的俘虏。恐怕被继承的‘业’，是从前一世代的业，推着人类前进的”。

汤氏接着说，“年轻的一代，若注意到自己既不是完全的自由，也不完全是历史的俘虏的时候，才会对处于同一情况下的老一代发生共感”。汤氏是位历史学家，从历史之流中看问题的人，所得出的结论总是中庸之道。

三

当汤氏被问到现在最可忧虑的是什么时，他毫不迟疑地答复“是暴力的增加。公的、私的，特别是没有动机，为暴力而暴力的增加”。他在这里，特别重视电视所发生的不良影响。

问到当前有什么值得鼓舞的现象没有，他说，“为了他人而想做好事的人，还没有减少。当然这只是人类中的少数，但这说明认为人生不仅是为了赚钱的人，在此一地面上，还没有消失掉”。这是他认为值得鼓舞的现象。

他们还谈到工业化、都市化的环境污染、自然破坏等问题。他觉得“除了大家应注意到不保护自然，人会受到报复的这种事实以外，实在没有什么好办法”。

当日本记者问他，日本经济的发展，已开始引起周围诸国关系的滞碍，为保持调和的国际交往，年轻一代应注意什么时，汤氏说“日本有由责任心与爱国心而来的能源，常常是前进的国家。此种能源用向军国主义时，日本自身及近邻诸国都受到困扰。最近，则表现在使美国也闹着收支不均衡的这样大的经济伸长。年轻的世代，当然继承这个日本。若是我能以语言帮助你们，则你们前进的指针，可一句言而说尽，即是应当有取有与（give and take）”。这把日本人只揩他人的油，自己则滴水不漏的特性，完全点出来了。

日本记者在访问终结时，要求汤氏赠言给日本年轻的一代，在汤氏的答复中，表现了他的深远的智慧。他说：“西历三世纪之初，有位塞伯罗斯皇帝。这位皇帝晚年想征服英国，死在约克的军营。他临死的时候说，‘我到现在为止，是一个士兵，但我希望转生为一个劳动者’。我觉得这正象征了现代的日本。成为适合时代的、被世界人人所愿接受的好劳动者，这不是日本人前进之路吗？”这话说得真深刻，真巧妙，应算得是沧海中的智慧之珠吧！

一九七三年十二月十一日、十二日《华侨日报》

# 经济上的循环报应

## 一

在二十世纪的二十年代，有的人作中西文化比较时，说中国是“循环史观”，西方是“进化史观”。其实，受气候支配的农业生产，每年的气候是循环的，生产也是循环的，生产的种类、数量也大体上是循环的，人们行为的规范及政治社会的反应，也是静止而循环的，由此而形成循环史观，不足为异。由技术进步而促成工业社会，由工业社会又促成技术进步，产品产量，不进步，便被淘汰，只有进步，才可以生存发展。所以由农业社会进入到工业社会，循环史观便自然让位给进步史观，两者中间，只是社会基础的问题，不关涉到中西文化异同的本质。

在循环史观之下，自然产生“报应”思想，或者可以说是“物极必反”的思想。某种行为超过了一般水平时，常由其超过的成分，发生相称的反弹作用，得出相称而出乎主观预期以外的结果。中国的此种思想，乃出自中国的历史意识，在周初已表显得很清楚，《左传》、《史记》更不断出现此类的记载。及印度佛教东来，更将此一思想赋与以宗教的信仰，赋与以轮回的具体图案。循环史观改变了，报应之说，也自然归到迷信的档案中去。但是，事实上并不一定这样简单。在现代社会中，并非像许多乐观派样，一切都是直线的上升，直线的前进，而依然会出现强大的循环、报应的现象。专制极权政治下的循环报应，中国人应当有最深刻的体会；而经济上的循环报应，目前正以世界性的规模在进行，尚不知伊于胡底，这真是使人怵目惊心的大问题。

## 二

中国人传统的经济生活规范，可用“勤俭”两字加以概括。中国人对于节俭，不仅是匮乏经济条件下的经济理由，而且是报应观念下的道德理由。爱惜物力，中国称这是“惜福”，多爱惜一分物力，即是多爱惜一份“福气”，把爱惜下来的福气，留给自己的晚年和子孙享受。否则由浪费而把福气耗费太早太多，即是把晚年或子孙所应享的福气透支了，必然受到以困苦来填债的报应，因此，“节俭是美德”是无可怀疑的。

但时代变了，上述的经济生活规范也为之大变。这一大变，现代首先开始于美国。

第二次大战后，日本有位著名的医生，于一九五一年春，被招待到美国去走了一轮子，返国后，在报纸上发表了一篇“方块文章”，以“弃的文化”作标题，对美国人把使用过而还可再用的东西，随手抛弃，不稍加爱惜的情形，大感惊异，内心里实际也是大不以为然。但随日本经济的复兴，欧洲经济的复兴，“弃的文化”不胫而走地弥漫了先进工业国家，并形成了经济理论中的重要一环，于是传统的经济生活规范，完全被推翻了，“节俭是美德”的口号，被“消费是美德”的口号所代替。

“提高生活水准”是进步的总目标。而生活水准，是由供应生活的物品所表征的。在过去，一样用品出现后，常是维持很久的时间，而无需改变。现在因技术不断的革新，每一样值钱的用品，有如雪柜、洗衣机、电视机之类，买入后经过两年、三年，便成为落伍的东西。用品的落伍，亦说明生活水平的下降，这能不“弃”旧更新吗？何况富有诱惑性的新出品，层出不穷，为了使生活丰富，断不能坐视不理。这不够吗？有分期付款制度来加以解决。

重大的理由是：技术进步，生产率提高，而经营的原则，规模愈大，愈为有利，于是生产的设备，一天天地扩张，使生产量一天天地膨胀。假定不激励相应的消费，则货物滞销，工厂减产，工人失业，以致整个社会的机能停滞混乱。所以提高生产和鼓励消费，是现代经济运行的两只轮子，决不能让一只轮子动慢了一点。这样便形成了现代物质文明的光辉，和现代生活的灿烂。

## 三

但几年以来，这种直线前进所引起的严重问题发生了，一是对自然的破坏，一是对环境的污染。这两样，都可直接威胁到人类的生存。但最奇特的是，自去年以来，出现世界性的物质缺乏，出现世界性的物价膨胀。

最先惊呼缺乏的是“能源”问题，亦即是石油问题。石油是现代生活中的血液。现阶段是产油国间的矛盾、斗争，最后是地球的能源究有多少。此一问题随卡达菲这类狂人之出现，不能保证不引起由局部战争而发展向核子大战。其次是粮食问题，南亚次大陆及非洲大陆，饿死的人以百万计。因全面的紧张，有的地方，粮价在一年之间，涨上了一倍；例如香港，除米麦之外，所有食品，无不因缺乏而直线上腾，肉类不待说，连菜蔬也是连翻数倍。大家应记得美国曾把大量牛奶倒向海里，把动物的内脏做成喂狗的罐头，并加以科学的论证；现在鼓励人吃动物内脏。建筑器材，从钢筋、洋灰、厕所用具、洋钉等，无不表现短缺。废铁、棉花、塑料原料、纸张等，无一不在缺乏之声中抢购、哄抬。于是节约声，首先从美国发了出来，日本报纸的社论也提出对浪费的警告，英国最近有人发出的警告，也说得上是颇为迫切。这不是经济上的循环报应是什么？巨大的机器设备，有如吸血的魔鬼，成天地吸地球的血，养活现在肥肥胖胖的人，迅速增加的吸血总有一天吸完，地球的血吸完了，吸血的魔鬼也动弹不得，这一堆一堆的肥肥胖胖的人，还能活得下去吗？这是“现代化”中所包藏的一颗氢弹。

一九七三年十月二日《华侨日报》

# 中国古代妇女的地位问题

## 一

我国古代妇女的地位到底如何？这应当在古代各民族中加以比较。历史上出现过母权时代，这和生产及杂交有不可分的关系。在“民知有母而不知有父”的情形下，生产和子女养育的责任，自然落在“母”的身上；社会的权力，当然也落在母的身上。社会进步，母权社会为父权社会所代替，妇女的地位问题，大概由此时开始。关于这，德国的社会主义者伯伯尔，在他的大著《妇人论》中，有详细的考察。

古希腊雅典妇女的地位，反映在荷马叙事诗《奥德塞》中的一个故事里面。即是特勒马斯对他母亲出现在求婚者之前时，当下加以警告说“你小心谨慎地回家去做自己的事情。有什么意见可由婢女转达。与客人谈话是男人的任务，特别是我的任务，因为我有权力支配我的家”。也反映在悲剧诗人幼里披底的密提阿的口里。她说“在一切有灵魂与生命者之中，最可怜的生物，实在是我们女人……”

据伯伯尔说，《旧约》十戒，是专为男人说的。第九戒中说，“不可盗窃邻人的妻、仆、婢、公牛、驴马及一切所有物”。在这一戒中，把妻和仆婢、牛马说在一起，“可知妇人不过是一个物件”。照基督教说，“妇人是不洁的，带罪恶到世界，使男人堕落的诱惑者”。印度的《玛鲁法典》中这样说“耻辱的根源是女人，不和的根源是女人，卑俗的根源是女人。所以应当避开女人”。西方进入近代，渐渐建立人权观念，因而妇女也由隶从的地位中获得解放。但英国在十七世纪初，结婚的床上还挂着一条皮鞭，以象征丈夫的权威。丈夫打老婆时，能一拳打得老婆的鼻子流血，便算有丈夫气概。同时妻子没有资格和丈夫在一个桌子上吃饭，更是普遍的风俗。而代表近代精神的《拿破仑法典》，妇人在法庭上只能算作从属于丈夫的物品，没有独立的人格。

## 二

中国古代社会上，大概也有上述的情形。但表现在文化上、礼制上，则在世界一切民族中，妇女最早获得平等的地位。《仪礼》中的昏礼，表现得非常清楚。

《仪礼》是纪元前十世纪左右在贵族中所开始实行的礼，仪节相当繁缛。但冠礼、昏礼，在“国人”中也推行，所以加上一个“士”字。士在结婚以前，要经过纳采、问名等一套严肃的手续，《礼记》中的《昏义》解释说，“所以敬慎重正昏礼也”。到了结婚的一天，新郎的父亲敬新郎一杯酒，叫他去亲自迎接新娘。新娘出来，新郎先驾新娘的车，把扶着上车的丝带恭恭敬敬地奉给新娘，请新娘上车，这用的是仆人侍奉主人的礼节。新娘上车后，新郎驾着走三个圈圈，然后改坐自己的车，先回到自家门口，伺候新娘的驾到。新娘到了，“婿（新郎）揖妇（新娘）以入，共牢

（有如广东的烧猪）而食，合卺（一瓢分为两瓢，各用一瓢）而酳（饮），所以合体（合男女为一体），同尊卑，以亲之也”。

新婚的次日一大早，新妇谒见公公婆婆（舅姑）。又次日，公公婆婆合谦新妇。谦毕，“舅姑先降自西阶（客人升降之阶），妇降自阼阶（主人升降之阶），以著代也（以表示新妇代为主妇）”。

在上述的昏礼的仪节中，岂非表示了男女平等的地位？

《昏义》发挥“昏礼”的含义是“敬慎重正，而后亲之。礼之大体，所以成男女之别，而立夫妇之义也。男女有别，而后夫妇有义。夫妇有义，而后父子有亲”。男女有别，是男女的分工，即是男主外，女主内。有分工然后各人有应遵守的行为标准，家庭才能有合理的秩序，才没有上下两代的“代沟”。这是值得在生活中加以体验的。

## 三

《仪礼》是经过孔子整理的。《仪礼》中男女平等的精神，必为孔子所印可。但毛、江集团，因《论语》中有“唯女子与小人，为难养也。近之则不逊，远之则怨”的话，说孔子是抑压妇女，成为批孔的真正动机之一。对于女子与小人，可近可远，这是政治中的情形。所以孔子的话，是就政治来说的。孔子作《春秋》，对于好的妇女，如鲁穆姜、宋伯姬，既表而出之，对于淫乱暴逆的妇女，如鲁文姜、晋骊姬，也一样加以纪录，以供后人鉴戒。他发现女子因人主的过分亲近，因而越出男女之别，干预到政治问题，在他所把握到的历史中，没有不是出于昏乱之朝，卒以酿成杀身亡国之祸。但在开始时，人君以为女子、小人是最亲爱的人，是最可信赖的人，是不须防备的人；并且在心理上以为是可近可远，都无所谓的人，很少想到最后的结果。孔子便从历史的教训中，说出上面的两句话。“不逊”便要因扩充自己的权力而篡窃国政，“怨”便要因保持自己的权力而残害忠良，甚至弑君杀子。孔子的话，是说得很含蓄的。

在以后的专制历史中，孔子的话，更得到永恒性的证验。孔子所说的女子，在专制中即是外戚（原编者按：孔子恐怕泛指一般女子，并不限于外戚）。孔子所说的小人，在专制中则是宦官。外戚、宦官之祸，是由专制的本质所产生的。只要是专制，便必定有外戚、宦官之祸。这种祸，常暴发于昏庸之主，但祸根必定种于所谓雄才大略的开创之君。因为这些所谓雄才大略之君，要求权力彻底的集中，必定破坏正常的政治制度，杀戮有能力、有品格的大臣，其势只有与女子、与小人，共图大计。汉武惩于吕后之祸，以至“欲立其子而先杀其母”，然西汉终亡于外戚。光武空置三公，废弃地方武力，而外戚、宦官之祸，与东汉相终始。朱洪武惩历代宦官之祸，立下严酷戒条，明室宦官之祸，不减汉唐。满清入主中国，惩明代之史，训戒更严，其国运终结于慈禧及李莲英之手。只要是专制，孔子的话，便像天地一样，无所逃于天地之间。今日的批孔运动，正是为孔子的话，更进一步在历史中作证。

一九七四年六月十九日《华侨日报》

# 身后是非谁管得?

## 一

陆放翁有下面的一首诗“斜阳古柳赵家庄，负鼓盲翁正作场。身后是非谁管得?满村听唱蔡中郎”。蔡中郎名邕字伯喈，是东汉末朝有学问有志行，卒被王允所冤杀的一位了不起的知识分子。到了南宋，民间流行一个故事，说蔡伯喈上京求名得遂，抛弃他的发妻赵五娘，娶了一位牛丞相的女儿为妻，落得万人唾骂。实则这只是出某位人士采用指桑骂槐的手法，随意把要骂的人，用上了蔡伯喈的名字。一般不知就里的醇朴村民，信以为真，硬把蔡伯喈当作无情无义的代表，所以便引起陆放翁的一番感慨。但此一故事逐渐演变，到了写成《琵琶记》时，已委婉曲折地表白了蔡的心事，并给了一个好的收场。这当然也是出于写剧本的人的虚构，全无历史根据。但作者所以把他的想象力，向这一方面发展，乃是感到故事可以虚构，但“蔡伯喈”这个名字，毕竟不可诬蔑。这是人类良心自然的要求，也即是历史上是非的保证。由此可答复放翁，“身后是非”毕竟可由人类的良心来“管得”。

正如爱因斯坦所说，人类的生存是靠行为，行为的构成是靠是非价值判断。

是非的标准最难决定的，是与政治关连在一起的行为。因为政治的实质是权势，权势可直接给人以祸福。权势愈高的人必尽可能地把是非的标准操在自己手上，以驱策避祸趋福的众生，便自然产生以权力大小作是非判断标准的现象。但此种判断标准，常常是与大众利害与人类良心相冲突的。当大众利害与人类良心受到权势的压制而不能伸展时，于是真正的是非，只有等到此种权势已经退潮或成为过去，才能大白于人世，给人心以安慰，给人类行为以指针。这便是历史家之所以出现，便是历史家所担当的任务。中国古代以历史判断，代替宗教的最后审判，原因在此。所以人类的良心，通过历史更易发生作用。

二

但是，历史家的品格不同，识量不同，由历史家所纪录的史实，在作是非判断时，难说不会发生见仁见智的争论吗？我想，历史中有些是非问题，会随时代不同，学识不同，各人的个性与利害不同，而会发生不断的争论。但历史上有其大是大非。大是大非之所在，是没有争论，也不能推翻的。要推翻历史上的大是大非的人，只说明他因自惭形秽，知道自己不能为历史所容，其结果也必为历史所摈斥。史达林封闭了诗人普希金的铜像，但苏联的史学家更唾弃了史达林，重新为普希金的铜像揭幕。当然也可如秦始皇烧六国的史记一样，只让自己伪装的历史流传下来。但这在今日，一个民族的历史，同时即是世界的历史。民族中的暴君可以把他毁掉，世界的文明依然会加以保存。尤其奇怪的是，在想消灭他人的历史中，常常便保存了他人的历史。例如一般人很少能了解刘少奇的真实情形。使刘少奇得以不朽的资料，乃来自文化大革命的大字报。我认为林彪是利欲熏心的狂人，但由批林运动所吐透出的史料，使我渐渐改变了对林彪的评价。我早说“五七一工程纪要”是出于伪造，现在也有人怀疑到此一文件的真实性。这或许就是所谓辩证法的法则。

何谓历史的大是大非？简单地说，一是民族的，一是人民的。当自己民族受到外敌侵凌时，谁是站在民族的一边，谁是站在外敌的一边，这种大是大非，真如日月经天，没有人能加以改变。所以西湖的岳坟，虽然被江青小集团毁掉了，但由岳坟所象征的悲壮的民族精神，将永随我们民族的生存以不朽。

至于谁是站在人民的立场，谁不是站在人民的立场，谁是以人民为政治的目的，谁是以人民为野心的工具，这更是判决历史人物的大是大非之所在。孔子之所以成为万世师表，因为他一言一行，都代表了人民的立场，即使是夷狄之主、盗贼之君，也不能不屈服于此一大是大非之下。穷尽祖宗所蓄积的力量，都变成“负鼓盲翁”。说孔子是顽强代表奴隶主的利益，因而把他的坟毁掉，这比说蔡伯喈进京后抛下糟糠，与牛丞相的女儿结婚还要荒谬万倍。当中国人还有一丝历史知识时，这一“身后是非”，中国人的良心，必要求“管得”。

## 三

秦始皇本是一个了不起的人物。他建立的郡县，成为后代不能不遵守的制度。他所开拓的疆土，成为我们立国的规模。他未完成的统一文字工作，汉代通过很严的法令继续加以推行。但汉代像样点的知识分子，没有不由反秦以批评现实政治的，比较地说无非是站在人民的立场，想多为人民求活路。贾山《至言》说“秦皇帝以千八百国之民自养，力罢（疲）不能胜其役，财尽不能胜其求……劳罢者不得休息，饥寒者不得衣食，亡罪而死刑者无所告诉，人与之为怨，家与之为仇，故天下坏也”。贾谊在《治安策》中说，秦行商鞅之法，“并心于进取”，但“秦俗日败”的情形是“借父耰锄，虑有得色。母取箕箒，立而谇语。抱哺其子，与公并倨。妇姑不相悦，则反唇而相稽”，人与人的正常关系，完全破坏了。以至成为“众掩寡，智欺愚，勇威怯，壮陵哀”的人吃人的社会。路温舒的《尚德缓刑疏》中谓“臣闻秦有十失，其一尚存，治狱之吏是也”。当时“治狱之吏，皆欲人死……是以死人之血，流离于市，披刑之徒，比肩而立”，“棰楚之下，何求而不得”，“专为深刻，残贼而亡极，偷为一切，不顾国患”。秦根据法家精神所立的刑罚的残酷，流毒二千年而未已。犹记所有反秦的都是为人民作呼吁，则今日尊秦的到底是站在甚么立场呢？

一九七四年七月三十一日、八月一日《华侨日报》

# 漫谈香港问题

## 一

过去，我是香港的过客；现在，则是香港的住民。过客眼中的香港，有好有坏；住民眼中的香港，也有好有坏。但两者心理上的变化，是非常显然的。前者，自然而然的是，惊奇而并不关心；后者，自然而然的是，领受而多一番难以抑制的关切之感。有了关切之感，便必然有可说之话。但奇怪的是，香港的人口，比许多独立国家还要多；香港的生活程度，比许多先进地区并不落后；香港的报纸、杂志，比许多拥有一千万人以上人口的独立国家还要丰富；香港收集的情报，世界上只有少数几个情报都市可以比拟。可是，在保有言论自由的香港，对天下大势，是无所不谈；但谈到香港自身问题的，却少而又少。这大概是流行的“无得谈”的一句话，概括了住民的心理。

“无得谈”这句话，由听的人的不同，可以有两种截然不同的意义。在广东人士口中说出、耳里听到时的意义，是指某件事做得太好了，没有甚么可以批评的。在“外江”人士口中说出、耳里听到时，若不经过广东语意的翻译，其意义便成为整个的命运都掌握在另一种人手上，简直没有理由可说。“无得谈”的两种意义，似乎在香港都可以用得上。廉政公署检举贪污的重要原则，是某人的享受、财产与他的正当收入是否相符；并根据此一原则，判了一名贪官入狱，没收了他的超出正当收入的九十多万元。许多人看到这条新闻时，无不齐声称快。我并想到，有些地方，惩治贪污的口号，高唱入云，为甚么不采用此一原则，采用此一手段呢？举此一例，以见香港有的事，很合于广东人士口中所说的"无得谈"的意义。但香港是英国的殖民地，住在殖民地的人，除了被动地等待恩惠外，又有甚么好谈的？这便合于外省人士心目中的所谓"无得谈"。不过，我是中国人，中国人喜欢中庸之道。于是想在两种意义截然不同的"无得谈"的中间导出一条"漫谈"的方式。

## 二

香港假定说有问题，站在住民的立场来看，这问题只在目下，并不在未来。而对香港问题的看法，是要很实际的。站在香港来看，不能把调子打得高高的。站在伦敦来看，伦敦再高明的医生的听筒，也听不到香港病人的脉搏。举例说吧，我个人对恢复死刑一事，完全没有意见。但大多数香港住民主张恢复，而伦敦的绅士们却加以反对，这是以伦敦绅士们的尺度来看待香港的问题，实在是一下子把香港的水准提得太高了，乃香港住民所不敢高攀的。伦敦的政府，借债为英国公民增加福利；而香港的政府却把大量储备金摆在伦敦受通货膨胀的急遽消耗，却让香港住民陷入窘境而无可奈何。由此可知，香港住民有什么资格与伦敦的绅士们看齐？在恢复死刑这类的事情上，伦敦的绅士们又何必唱一番高调呢？中国过去的专制皇帝，要行使大赦的特权时，也必须定在国家隆重的节日。今天的香港，法律上的死刑，总督可以随时赦掉，其权力比中国过去的专制皇帝还来得特殊，像这类伦敦绅士们的观点，是无法使香港的住民能够了解的。

时代是在很剧烈地变。香港的地位，有如一个悬挂的风铃，随时都随着吹来的风向而摆动，所以变得更迅速。因此，过去有某种意义的规定，当它不能适应现在的需求时，即应决然加以废弃。例如规定不是联邦医学出身的人，不能在香港行医，过去或有若干意义。但香港大学医学院的学位，早与人口增加的速度，不成比例。而得了医学学位的人，在今日可以满天飞，香港政府又无法加以管制。在这种情形之下，依然禁止在联邦以外取得医学正式学位的人，在香港公开行医；这是牺牲大多数住民的医疗机会，以保障少数医师的特殊利益，我想不出有什么道理。这里我顺便提醒一句：时代之变，不是没有一个大方向。这一大方向，可以这样说，以保有特殊利益的少数人形成统治骨干的时代，会一去不返的。以为把少数高等华人安排好了，天下便可太平无事的做法，必须向新的方向蜕变。香港的政治骨干，必然由少数人过渡至中下级及中产者的人们身上，这似乎可以重新作原则性的考虑。

三

香港正卷入世界性的经济危机之中，接着来的可能是失业等严重问题的出现。存在伦敦的储备金，本为应付香港危机之用。香港政府，不仅应大力运用储备金，并可考虑发行公债，以扩大公共工程，加强公共建设，激刺私营事业，把私营企业带活，并减轻失业的压力。公共事业的扩大，也可以带来税收增加的结果。这是一条平实的正路。乃竟以财政为理由，把预定的公共工程缩减、放慢，而在增税上动脑筋。然则要把香港的窘境陷入到什么程度呢？自己有大量的储备金不肯用，却宣传如果如何借款的问题；正合中国人所说的“抱着金碗讨饭吃”，恐怕讨不到多少饭吧！在这种紧要关头，可否认真地想一想？

二十多年来香港的发展，也应算是一个奇迹。此一奇迹的造成，一方面是住民的勤劳智慧，一方面是政府有远见而行政效率高。但社会一般的印象，认为两年以来，是行政效率最低的时代，这是否值得反省一下？效率是以时间作标准来计算的。在住民心目中，似乎两年以来，很少有按照计划上的“时间表”推进某些重要工作，完成某些重要工程。最为住民所注意的地下铁路问题，大概较预定的时间拖延了两年，到现在还是吞吞吐吐，这是特权集团作梗，还是行政效率太低？香港因此所受的损失太大了。这是一个最突出的例子。香港政府年来做的一件好事，是整肃贪污。但应进一步了解，由行政效率太低所造成的损失，可能比贪污所造成的还要大。

一九七四年九月十一日《华侨日报》

# 再漫谈香港问题

## 一

我们读了一点书的人，站在文化的立场，对英国自然有一番真诚的敬意。作为进入近代讯号的人文主义，虽然开始于意大利，再向法兰西、普鲁士传播，但并没有真正叩开近代之门。叩开近代之门的，却是英国的议会政治，接着便是科学的稳步发展，及由工业革命所开辟的新天地。英国在十八、十九世纪，除了经济学、文学上的特殊成就外，经验主义的伦理学，与中国实践性的道德，有许多相通之处。所以同样的殖民主义，英国的来得比较开明，尤其是香港的住民，会有此感受。我们决不愿英国没落下去。

在整个自由世界的经济，因产油国家所运用的石油武器而陷于动荡之中的时候，香港的住民们，为了渡过难关，自然属望到存英储备金的运用问题。但二十日报载财政司夏鼎基十九日在伦敦的谈话中，有一段说："我不能回答英镑储备金的问题。我们愿意将储备金存在英国与否，全由英国政府决定。这个决定，并非双方面的，而是单方面的。"夏鼎基先生说的是一种事实，我们无从反驳。但英国政府是民主基础深厚的政府，他们对与香港住民有切身重大利害关系的问题，应承认香港住民有“知的权利”。香港住民郁结在心，慢慢酿成有些愤懑的，是对存在英伦储备金的情形，完全莫名其妙。第一，既称为储备金，而不是规定的“年费”，何以只能是单方面的行为，而不是双方面的行为？除了“人情”的关系以外，有无法律的根据？第二，香港政府把节余下来的钱，存在伦敦银行，乃是“客户”与银行的关系。存款的是法团或个人，在法理上似乎没有甚么分别。客户把钱存放进银行后，即失掉了控制权，银行是根据哪一条银行法而可有此特权？第三，英国与香港休戚相关，英国假定因遇到自身困难而不让香港运用这批储备金，也应说出法理的根据和事实的真情，并说明这笔储备金的归结。我相信，香港住民，在能够帮英国政府的忙的地方，会不拒绝这种帮忙，但总应帮得明明白白。总之，英国政府有责任把问题的真相，以任何方式满足香港住民的“知的权利”。此种责任，是来自英国三百年来对文明的贡献的自身，总不好采用“打闷棍”的方式。

## 二

有次，我陪太太到市场去买菜，发现许多刚摆出的水果活动摊子，很慌乱地收拾水果，推着活动摊子的轮胎向旁的街道乱窜。问了几个小贩，他们都用“有鬼”两个字作回答。再一看，原来街中停放着一辆大卡车，警察带着一批搬运工人，对不收拾的果摊，将果物装到大卡车里去。我想，这是应当的；因为放任下去，那条街道的交通，会完全堵塞掉了。可惜忙乱一会儿以后，警察带着大卡车走了，换了面貌的摊贩，又依然摆设了起来。我惘然若失地感到解决一个问题，实在太不简单了。此一戏剧性的场面，在我脑筋里一直不能忘掉。

香港因许多特殊因素，维持治安，实在比较困难；而目前警界的士气，好像也不太旺盛。社会不应仅仅责备警界，更不应轻视警界。我很希望，对鼓励警界，尊敬警界，社会的有力人士，能提出更有效的方法来实行。尤其是在肃贪工作展开之下，社会这样做，更能显出重大的意义。肃贪工作，惩治少数败类，正是保证警界工作的尊严，加强警界工作者的自信。因肃贪工作的展开而借辞逃避离职的人，这是证明受不得考验，为警界贻羞的人。警界首先应要求严办这类人员，和这类人员划清界线。所以肃贪工作，可以视作警界的自尊运动；社会应当与这种自尊运动相呼应，可能大大提高治安工作的效果。不仅对警界的轻视、敌视，是一种危险现象；对警界冷眼旁观，也不是正常的现象。至于“肃贪工作，打击了警界士气”的说法，完全是出自别有用心者的造谣，万不可中了这种坏人的毒计。

## 三

中国儒、道、法三家，都讲求无为而治，而民主政治初期的要求，也近于无为而治。但除道家外，无为而治的目的，乃在达到政治上最高的效率。儒家、道家认为，人君无为是为了不干预人臣，以便人臣能有所为。但仅仅这样，并不足以保证政治上的效率，所以儒家的“考绩”，法家的“督察”，是人君必须尽到的责任。而考绩也好，督察也好，有一主要的共同点，即是所谓“综核名实”，总的考核各部门的实效，是否与他们主管的业务及推行业务的计划能两相符合。说是“无为”，只是不亲自插手去作分工出去的业务，但决不能放弃综合考查的职责，并且接着综合考查而来的便是赏罚。只有这样，才可维持这副机器的运转。

但上述儒、道两家对人君在无为中所要求的职责，可以说是事后的职责。作为民主政治中的领导人物，随时代的变迁，决不能仅以近于尾巴主义的事后的职责，而必盱衡全局，把握时机，负起“推动”的责任，即是推动各分工部门的业务前进。因为时代越进步，社会的变化越大。担任分工部门工作的人，常常只能看到局部的问题，常常只能按照成规办事。这在太平时候，只要大家不贪污舞弊，便也可以应付了。但在变动不居的时代，最高领导者，必须负起综合地看问题、综合地想问题，并以综合的创意，推动各分工部门工作，不致与变动中的实际情形，过分脱节的重大责任。无为而治，这在今日，未免太天真了。若谈到香港政府中的人事问题，中国住民，只要求能与外国人有约略平等的机会；但对效率的要求，并没有华洋的分别。对于一个贪污或无效率的人员，香港的中国住民，决不会因为他是华人而多一分原谅。

一九七四年九月二十五日《华侨日报》

# 在神木庇荫之下

我国文化的整体，有如海涵地负的神州。而工业与艺术融合在一起的文物，是神州上的一株神木。我所以称之为神木，是因为各种文物，都是我们民族生命的具象化。民族生命，在发展中有各种不同的阶段。具象化的文物，便有各种不同的种类与形态。阶段虽不同，但都由原始生命之力所贯通。种类、形态虽不同，但都由原始生命的升华所流露。所以每一文物，是一个生命的有机体；所有文物，又是整个生命的共同体。真所谓一本而万殊，万殊而一本。这种情形，惟神木足以拟之。并且历史的灾难，使这株神木，不断地受到风吹雨打，甚至受到斧斫刀戕。但死于昨者生于今，绝于彼者萌于此。唐末中原糜烂，而人物画勃兴于西蜀，山水画大盛于江南。元代犬羊膻腥，而羽人墨客，流遁江湖，终有四大家在画史上的极谊。我们民族的生命，权现了天地生生不息的化机；而我们五千年的文物，又具象化了生生不息的民族生命。自暴者终不得而暴之，自弃者终不得而弃之。此之谓神，此之谓神木。

这株神木的枝叶，因民族的不幸而有不少的飘零；但它的根干及其整体的面貌，却艰辛地保存在台北外双溪的故宫博物院。因为除了新石器时代的彩陶外，由商周以迄清代盛时，都顺着历史的演进，形成一种有系统的收藏。由远古一直活跃到现代的，世界上，只有我们中华民族的伟大生命。由远古的一脉相传，收藏到现代的，世界上只能数得出我们的故宫博物院。其品项的精英名贵，固非飘零出去的所能比拟；其反映我们民族生命完整的历史面貌，尤不是飘零出去的任何公私收藏所能几企于万一。所以若能接触到故宫的文物，便等于接触到我们这一株完整的神木。

从商周彝器，可以看出我们工艺进步之早，及古代工艺成就之高。彝器是当时政治权力与光荣的象征。这种象征的成立，是由对工艺品的崇拜，而把人内心对超自然力的神的要求，倾注在最突出的工艺品上，因而将其神圣化。此时政治权力的掌握者，实赖制器的劳动者所塑造出的庄严形象，以充实他们的心灵，并巩固他们的地位。他们对彝器的崇拜，不能不发生推动工艺品前进的作用，也不能不提高工艺品制作者的地位。不仅在彝器的铭辞中，常记有制器者的名字；并且在我国传说史中，对各种工艺的创造者，常以某一位圣人作代表，如包牺氏作网罟，神农氏作耜耒，黄帝作舟车等。或泛泛地加以圣人的名号，如《易传》“后世圣人，易之以宫室”，“后世圣人，易之以棺椁”之类。可以这样地说，我们民族所以能创造像神州这样的文化，以生存发展于无穷，在根底上，一方面是重视农耕，另一方面是重视工艺。《尚书·无逸》周公告诉成王说：“文王卑服（事），即（就）康宫（当时制器之宫）田功。”这是说受天命的文王，亲身做卑微的事情，自己去做工种田。我的推测，文王是体现了我们远古重工重农的深厚传统。彝器后面所藏的，不是如某些缺乏独立思考的人们所说的奴隶悲惨故事，而实是对工艺突出成就的惊异，及对制作者的尊崇。

人类的进步，大概是使实用的工具，向更便于实用的方向发展。同时，又进一步，使实用性与艺术性相结合，以提高人类生活的意味，丰富生活的内容。由甲骨文到楷书，由繁忙的纪录到书法的怡情欣赏，由彩陶到唐三彩到宋汝窑定窑，以及故宫中收藏的许多文房四宝这类的东西，都说明了此一发展的大方向。实用性与艺术性结合，开始的阶段，创造者是特出的少数人，享受者是特权的少数人。但由少数人而普及于多数人，使特权者的生活成为一般平民的生活，正是人类进步的标志与标的。

人类不仅有求知的特性，也有装饰的要求。人类在求知中，将生存的范围扩大；在装饰中，将生存的意味提高。装饰常借实用品而表现，但也可离开实用品而表现。因为要求装饰的意识，本不必与要求实用的意识连在一起。我们民族的装饰意识，似乎是首先表现在各种抽象图案的彩陶上。其次，发展而为彝器上的抽象图案，杂入云雷饕餮等纹样；再发展而为象征贵贱等差的衣服上的黼黻文章；再发展而为战国时代在瓦当与铜器上的写实性的动植人物；再发展而为汉代挟阴阳五行之气，灵物同在的动植人物的帛画和石刻；再发展而为魏晋以传神为主的人物画；再接着出现了山水画。这形成了中国文物中的另一庞大系统，与书法合在一起，几乎可以说是六代隋唐以来文物中的巨流。在此一巨流中，表现了装饰、庄严、明分、纪念等意味。其中最重要的，却是创自隐逸之士的山水画。山水画的出现，山水画之所以能长期发展，不仅是来自人与自然的融合，具现了人向宇宙无限空间伸展的要求；尤其是在专制压迫之下，在社会各种特权压迫之下，由深入自然，而对世网得以摆脱，以获得精神上的自由解放。在山水画中所获得的精神自由解放，即是精神由污染而纯真，由卑屈而高洁，以恢复人值得称之为人的人格尊严的地位。

上面粗略的陈述，想勉强说明我们这株神木的内容，也即是故宫收藏的内容，也即是此次文物精华展览的概略面貌。

在我十岁左右，听说离家十华里左右的“路口”，有一株古松，时时显出灵异。到黄州府去考秀才的人，假定在自己的茶杯酒杯里，看到了这株松树的影子，必然考得榜首无疑。当时虽然已没有这种考试，但此一动人的故事，依然口耳相传不绝。大概在我十五、六岁时，听到路口村子竹林里的一柯断竹，沁出的水可以治病，我便奉父母之命去求取这种治病的水，因而看到了这株古松。它的躯干是那么粗厚而巨大；它的少数枝干，是那么瑰伟而雄奇；它的颜色，是那么苍老、黝黑而深碧。昂起头来向上望去，一种向天上撑去的高卓深远的气象，使我幼稚的心灵，比跪在丈八金身佛像面前，还感到庄严神秘。后来知道无知的工程人员，勾结地方土劣，假修路之名，居然把它砍掉了，心中感到无限的创痛。这次拿到香港来展览的，也可以说只是我们神木的影子。上述我的故乡古松影子的故事，虽是来自科举心理的迷妄；但此次在这里所展出的神木的影子，可以启发我们了解自己民族生命力是如何的深厚，因而使避地海外的流离之子，不知不觉地得所皈依。由它所展开的丰富、高华、纯静、玄远的意境，使整天逼仄在拥挤污浊气氛中的心灵，不知不觉地得到澡雪、宁静而平安的效用。纵使这只是暂时庇荫于我们神木之下，也足为香港的中国居民提供了精神上伟大的贡献。

一九七四年十二月《中华月报》总第七一一期

# 新年杂感
## ——混乱中的探求

一

当前有一个奇特的现象是，经过七年军事恐怖统治的希腊，一九七四年十一月在选举中获得胜利的卡拉曼李斯总理，发出号召说“民主主义现在回到了它的发祥地”。经过四十六年独裁铁腕统治的葡萄牙，他的总理刚撒帕斯也在去年发出号召说，“确立民主主义，是葡萄牙的第一目标”。在远东、南韩的扰攘，菲律宾的紧张，吉隆坡与仰光的学生运动，都是指向各种名目不同的极权统治所发出的反抗；并且这些反抗，不会因压制便烟消云散，其归结，也是要求民主主义的确立。但在民主政治早经成熟的美国及西欧国家，在去年这一年中，开始表现出由对政治家的不信任而扩展为对政党的不信任，由对政党的不信任而投票率减低，使已成熟的民主主义，反而遭到威胁。更加上通货膨胀及能源危机所引起的连锁反应，增加了左右极权主义者的活跃。这算不算是由一九七四年带进一九七五年的最大政治矛盾现象呢？

陷于矛盾的混乱中，想探求出一条平坦的道路，这是人类求生存的必然努力。在经济方面，因二十多年来技术的大突破，丰富生活的猛烈追求，已使人类不断承认“地球能力的有限性”。而第三世界的觉醒，把自己的资源、命运，交给工业先进国，以听其支配的时代，已经一去不回。所以先进国家，抑制自己工业的过分成长，转而扶助发展途上的国家，谋取两者的合作，由此而把世界性的生活水准拉近、拉平，许多人认为这可能是今后经济上可以走下去的一条道路。

在政治上，主要是谁来作政策决定，如何作政策决定的问题。站在民主政治的立场，决定政策的地点和方式，当然是议会。但欧洲也有人感到，在议会中决定政策，不外是对立利害的妥协，其效力不一定能应付激变时代的要求。然则转向强人政治，有如许多落后地区的情形吗？这更是难以想象的愚蠢。于是有人构想，不要遇事都提到议会；在提到议会以前，先发挥各地域、各行业的自治机能，并让劳动者有参加决策的机会，使各自治体分担若干决策的责任；这是以自治体的分权，补议会政治的不足。他们说这既不是“集中资本主义”，也不是“全体共产主义”的第三道路。

## 二

住在维也纳郊外，得到一九七四年诺贝尔经济学奖金的海耶克博士，在新年向某记者发表谈话说，欧洲最可怕的是随通货膨胀与失业而来的社会动荡，使大家失掉了对民主主义的信心。他说欧洲各国，“已经以各种形态，表现出对民主主义的不满。的确，民主主义有它的缺点，但在我们所知道的各种政治制度中，民主主义才是最好的制度。我曾很强烈地批评民主主义的缺点，但我耽心西欧走向取代民主主义的政治制度”。他又乐观地说，“欧洲人的气质，与情绪不安定的美国人不同。欧洲人的气质是安定的。在经济繁荣时不会欢天喜地，在经济不景时也不会意气消沉。第一次世界大战后，美国曾经有九个月的深刻的经济不景气，但一年之间，便回复了它的活力。相信欧洲能十分学得此一教训”。海耶克博士似乎对民主主义危机的耽心，大过于对经济危机的耽心。

但也有人指出，西欧国家，因经济情势紧迫，使民主主义好像受到威胁。但他们活动的底流，依然是民主主义。如以经济情势最坏的英国为例，近来他们的示威运动是增加了；但写的标语，并不是“人民革命万岁”这一类的，而是“要求增加养老金”、“扩充奖学金范围”等。这不是反民主主义体制，相反的，正因为相信民主主义，所以才以示威来使议员们能听到他们的声音。而当社会安全因暴力受到威胁时，在去年十一月末提向议会的防止破坏、暗杀的紧急法案，一口气讨论十七小时，以超党派的姿势通过；是民主主义在紧要关头，依然能发挥它的效力。

我的看法，远东地区这几年来民主主义幼苗的摧毁，是说明此一地区将要遭遇更大的灾难。若民主政治从人类中完全没落，人类必进入长期黑暗时代，再从九死一生中慢慢站起来。

## 三

现在就海耶克所说的欧洲人的气质是安定的这一点，来举一个使人有些迷惘的实例。

欧洲经济最坏的国家是意大利和英国。据伦敦某销路最广的大众报纸，在上月二十日的报导，英国人现在是“消愁唯饮酒，安心靠吸烟，发财去赌博。随着英国沉入在赤字的海洋里，国民为了消愁解闷所花费的钱，却一直在增加”。试分析上月十八日所公布的国税局年度统计，纸烟及赌博部分的支出，一起急遽上升。啤酒的消费量，比之一九七三年增加百分之七点一，从西班牙和法国输入的葡萄酒量，增加了百分之三十。纸烟和卷烟，共增加了百分之五点四。海关没收的私酒及春宫，值五百万镑。

赌场所使用的币值，较之七三年增加百分之八点二，现时更呈“客满”的盛况。从牛津大学的教授到赌场的老板，一致称赞说“家庭也好，公司也好，在财政与精神两方面，这是能忍受紧迫情势的证明”。这可说是气质安定的典型，不过，我们不忽视，在这种忍受的后面，有政府的福利计划作支持，香港住民，也出了一份力量。而这种忍受方式，不会走向油干灯熄吗？

香港住民，是很特异的存在。不仅没有资格谈自己的政治问题，连自己血汗的公积金也无法过问。幸好赖圣贤克勤克俭之教，大家自动减低了生活水准。加以据某报报导，日本准备承建地下铁路的财团，因事实上的重大困难有缩手之意。于是财政司警告称，“如日本财团放弃承建，将属大失面子”。日本财团大失面子，即是财政司大有面子。财政司何以大有面子？因为有的人根本不要面子，年来有关的言论，便足证明此点。香港今后进入到不要面子的时代，便一切轻松了。

一九七五年一月九日《华侨日报》

# 什么叫作“面子”？

## 一

日本的中国通所了解的中国人的特性之一是“爱面子”。他们特别强调这点的理由，在于告诉一般日本人当和中国人打交道，实际是当与中国人勾结或利用中国人时，先要顾到此一中国人的面子。此一中国人只要觉得顾到了自己的面子，便什么亏都可以吃，什么事都可以干。日本人由此而可收到层出不穷的中国人的“里子”了。从甲午以来，日本与中国的皇室、大臣、军阀、绅士等等的交往，都是在这一妙谛指导之下，作万变不离其宗的运用，发挥了近乎神奇的效果。想不到，因地下铁路的“预定挫折”，却由香港政府的财政司，从另一角度，把“面子”问题，用到日本人身上去，难道这就是所谓“十年风水轮流转”吗？

当日本财团终于宣布退出承建香港地下铁路工程的时候，据报载，财政司的负责人说，这是日本人的“大失面子”。但所谓“大失面子”，到底是什么意义，是不太使人容易了解的。七八十年来，日本人一贯地说中国人“爱面子”，这就说明日本人只讲实利，不爱面子。面对着不爱面子的人责他“大失面子”，这是真正名符其实的废话。因为日本对中国的长期侵略，所以我一向对日本人采取严格批评的态度。但对这次日本财团的退出承建地下铁路，觉得只算是“小狐狸掉到老狐狸的洞里面”，根本没有大失面子不大失面子的问题。承建地下铁路，是商业行为。商业行为，是以获取合理利润为目的。不能获取合理利润，摆明要赔下大本，便撒手，全身而退，这有什么“大失面子”可言呢？用出术的方法，一下子括走香港住民几十亿港币，不感到大失面子，像日本财团在商业行为许可范围之内的撤退，反而以“大失面子”相责，这便发生“什么叫作面子”的问题了。

在实际利害问题上，要便是合作，要便是分手，要便是诉之法律，这中间加入不进面子问题。日本财团对地下铁路的承建，先是合作，继则分手。如由合作而分手，越出了商业行为的常轨，便应诉之于法律。但财政司又很“装大”地说，不会诉之于法律，这是很明智的决定。假定真诉之于法律，不论胜负如何，总会使住民能多了解些实况，到时可能引出些真正的面子问题。

## 二

我两年以来，一直怀疑这一巨大工程的真实性。香港的经济环境，正在默默的转变之中。英国资本，早变成投机的性格。华人的资本，因政治上的理由，年来也带有浓厚的投机性。但因香港经济地理上的地位，及聪明而勤恳的劳动力，其重要性只有增加而没有减少。日本在经济上优于英国，在政治上优于华人资本家；所以英资、华资可能在投资率上逐年减低，而日本则在投资率上会逐年增高。日本财团承建地下铁路，对日本经济在香港的进出而言，是非常有利的。英国人看到了这一点，便利用日本“急色儿”的心理，订了一份“杀价式”的意向书。我推测，日本财团，对国际局势的演变，当时抱了点乐观的看法，便急不暇择地“揭下了黄榜”。不是万不得已，他们决不会退出的。

我所不能了解的，不仅如某报社论所指出，为甚么这么大的工程，会违反常例，不先收下“按金”？更不了解的，这是一件商业行为，为甚么分明知道五十亿元不够成本，却非坚持五十亿元不可？为甚么在物价波动激烈，而工程又需要五年时间，其势非有“自动梯式的条件”不可，却偏偏不给这种条件？现在重新招标，不可能不加价，不可能没有“自动梯式的条件”。为甚么在与日本财团的谈判中，把可以提供其他财团的条件，不提供给日本财团？日本财团的工作效率，必高于英国财团；就原订的同意书的基础上，按照合理条件进行，较之重新招标，在时间上，必少浪费半年以上。香港市民，在这种手法之下所受的巨大牺牲，若是说一句日本财团“大失面子”的废话，就可把眼睛蒙住，未免太笑话了。老实讲，地下铁路因拖延时间所受的巨大损失，其责任在财政司，而不在日本财团。难说中国人不能讲一句公道话吗？

有的议员主张财政司的负责人应当辞职，我是非常不赞成的。财政司是殖民地的财政司，其基本责任是要想方法为英国赚钱。他的任务，是最好不搞地下铁路，以保障交通垄断者的利益，并多制造这种利益的机会。退一步，万一不能不搞，则迟搞一天，比早搞一天要好；落在英国人手上，比落在日本人手上要好。这是他“优柔寡断”，一拖便拖了两年多的唯一的解释。这种政治艺术运用得太高明了，为什么要辞职？

三

这几天，由韩德在伦敦所暴露的香港警界的贪污内幕，够使香港的住民“心惊”、“发指”了。韩德的情形，有如一伙“七尸八命”的凶手，有的还装样子和梁天来拉交情，有的则在法律所不及的地方，坦白告诉梁天来“七尸八命”的案子是我和张大哥、李二爷干的。若说“韩德坏透”，我想不比装样子和梁天来拉交情的人更坏吧！相反的，我觉得由他的大暴露，可以使住民大快人心，可以使藏在黑角落的人稍稍有点警惕。

如何恢复香港居民对警界的信心，这是很严重的问题。我想提供两点意见。第一，希望廉政公署，贯彻“财产与收入不符，多出者即与充公”的原则，不论英人、华人，都按此原则处理，并把目前的工作重点，安放在这方面。第二，希望伦敦的政府，大力推动，支持香港政府的改革，提高香港政府的效能，改善香港政府的组织，厘订香港以中产阶级及劳工大众为主要对象的政策。在目前，不要扣住香港的储积金，让香港能积极发展公共工程，制造更多就业机会，担当起香港住民渡过难关的责任。简言之，要使香港政府成为能对住民积极负责的政府，千万不要把希望寄托在转弯抹角的语言解释之上。

一九七五年一月二十二日《华侨日报》

# 论香港可居状

## 一

清代嘉庆、道光年间，出色的文学家、思想家龚自珍，在他的《定盦文集补编》中，有《论京北可居状》一文。此文写于道光十七年丁酉，时年四十五岁。他之所谓“京北”，系指河北省的宣化与承德之间而言。他是浙江仁和人，此时正住在北京。北京乃首善之区，浙江又东南之秀；他不以北京为可居，不以浙江为可恋，却希望有一个儿子迁居在宣化与承德之间的某一个“山坳”，为他死后的魂魄所依，其欲借此以发舒他所遇不合的满腹牢骚，至为明显。所以此文，只可称为文人一时的诡谲，没有甚么真实的意义。但他的标题相当新鲜，我便以另一角度、另一心情，仿为《论香港可居状》。

从“寄居”、“客居”、“暂居”等流行的名词看，则仅说一个“居”字，乃指“定居”、“安居”而言。中国过去的人，为了仕宦，为了经商，而或久或暂地住在故乡以外的通都巨邑，在他们的心理上，皆不称之为“居”。只有回到自己的故乡时，才真正可用上一个“居”字。因为故乡的人物、山川、草木，皆和自己的血肉密切相连，人只有住在与自己血肉相连的人物、山川、草木中，才有由亲和感而来的安详安稳的感觉，这才算得是“居之安”。在两千五百年前的春秋时代，便出现了“君子爱乡”的观念，这决不是偶然的。所以一直到今日，谈到人生第一可居的地方，当然是各自的故乡，其次也应当是自己的国土。但若自己的故乡、国土，都因特种原因而无法居住时，则对于一个流离的“中国人”来说，我觉得可居的便莫过于香港了。

第一，香港是中国人的社会。在旺角、中环这些地方，挤来挤去的几乎都是中国人，和自己的同胞挤在一起，所嗅到，总是自己同胞的臭味，此即古语之所谓“臭味相投”。即以过新年而论，大家认真过的依然是农历新年，这便够有一番自己国家的生活情调了。港、台有许多名贾、名宦、名人，费九牛二虎之力，溜到美国这类的国家去，而溜去之后却常有“琼楼玉宇，高处不胜寒”的感慨，又想溜回原地，只因为挤在他们周围的不是中国人，不是由几千年酝酿而来的中国生活情调。到了此时，“中国人”与自己生活的意味，便会体现出来了。

第二，香港是英国的殖民地，但并没有甚么压力妨碍任何人想做一个堂堂正正的中国人。并且对自己国家的大事，有反对的自由，有赞成的自由，有反对中带赞成、赞成中带反对的自由，当然更有既不赞成、也不反对的自由。这在东方，除日本外，可以说是独一无二的。

其次，罗湖一桥之隔，呈现两种完全不同的生活形态。但大陆的物资，提供了居民日常生活中主要的需要。台湾的物资，也可得到价廉物美的享受。摆在餐桌上的，有的来自大陆，有的来自台湾。在我们生活中，国家早经统一了，不必剑拔弩张地去谈统一。

仅提出上述三点，已够说明香港是流离的中国人之可居之地了。

## 二

为了使香港的“可居”能有所进步，我想首先指出：大家应当重视廉政专员公署的工作。目前大家心惊目跳的是抢劫问题。但深一层看，贪污对社会的毒害，实在大于抢劫。因为（一）每年贪污的金钱数字必定远超过抢劫的数字。（二）抢劫有时可以残害到人的生命，贪污则破坏了双方关涉者的人格。（三）抢劫的毒害，只及于直接的受害者；而贪污则常使某一部门的工作变质，因而使许多人受害。殖民地政府的本质原是贪污的，因为它是以掠夺被殖民者的财富为目的。所以贯彻肃贪，是使殖民地政府脱皮的重要方法。而目前廉署使用“财富与收入不符”的尺度来作提出控诉的根据，这是最切合实际、最能发挥效能的方式，司法机关应当与之合作。对于闻风远遁的贪污者，我们主张应以一切方法把他们捉回治罪。贪污者与贩毒者的性格是一样的，到甚么地方也只会做坏事。

目前有种一知半解的说法，认为廉署的权力太大。编出这种说法的人，根本忽视了香港殖民地的贪污历史，更忽视了殖民地政府是没有真正由民主而来的制衡作用的政治结构。目前赖以矫正由失掉制衡作用所形成的贪污风气的，只有廉政专员公署。在五年、十年以内，廉署的权力，只患其太小，而受到牵制；决不患其太大，使他能果决地打老虎，打集体贪污。

这里有一个由经验而来的中国传统观念，愿向廉署的先生们提出，即是中国常将“贪污”与“浪费”结合在一起的观念。贪污、浪费之所以结合在一起，可用两点来说明：一点是浪费纳税者的金钱，或以之市私恩，树私党，或以之过官瘾，逞官威；这种性质的浪费，即是实质的贪污。另一点，凡是一个机关首长的浪费，必靠贪污来支持，并诱发为他张罗浪费的部下，作集体贪污的机会。最近已由政府主管计政的部门指出，某些学府的严重浪费情形，难说廉署就怕这种“纸老虎”而不敢进一步去探索吗？

三

前面我说贪污的毒害甚于抢劫，并不轻视在技术与武器上，日益进步的抢劫情形，这是每一个居民心头上的一块压石。今日香港的居民，谁能悠哉游哉地散散步，乃至上下电梯呢？我想提两个不成熟的想法，不知能不能供当局的参考？第一个想法是，破获毒案有赏，破获劫案无赏，似乎不足以鼓舞士气。可否特别成立一笔预算，对破获劫案的警探，按照破案的难易，给以多少不同的奖金。第二个想法，可否发动一种普通的“知邻”运动，对住在同一层楼，或同一条街的左邻右舍，使其互相交往，并互相知道各人的职业及人口数字。看守楼宇的人对楼宇住客，应有他们的照片及人口、职业调查，甚至把照片张贴在适当的地方，让大家可以认识。如户口变动，左邻右舍及看守楼宇的人都要能知道得清楚。假使发现有可疑的情形（如生活不正常之类），可通知警察机关查考。这样，或可使专做坏事的人，不易有藏身之所。总的说一句，使彼此不相关的社会成为彼此相关的社会，其意义很多，而防盗亦其功用之一。我觉得社会缺乏与政府积极合作的精神，要保持香港的太平生活，是相当困难的。

一九七六年二月十一日《华侨日报》

# 港事杂谈

## 一

为使香港的政治、社会，进一步走向合理的道路，勿使廉政专员公署的工作受到挫折，是重要条件之一。在目前，它的工作，似乎正处于挫折的边缘；这需要从社会与廉署自身，来共同加以反省的。

殖民地的政治，与封建性的政治，有许多共同之点。封建性的政治，必扶植一种特权阶级，以作其权力运用的基础。殖民地的政治，除了来自帝国的统治层，是天经地义的特权阶级外，也一定在被殖民的社会里培植若干五颜六色的特权阶级，以作其权力运用的基础。特权阶级，不是抽象的空悬的东西，而需要吃取大多数人的血汗去养活的。所以在封建性的统治下，一定是贪污盛行到像蔓延开了的癌细菌一样；在殖民地的统治下，也正是如此。近年来，香港政府，似乎想从殖民地的政治残壳中脱皮出来；廉署的成立，正是脱皮的措施之一，这是贤明而值得欢迎的现象。但香港的贪污历史是这样的长久，贪污现象是这样的普遍而深入；廉署工作，必遇到许多有形无形的阻碍，是不难想见的。已被检举惩罚者的亲友，当然会心怀怨恨；贪污而尚未被发觉的人，也会因恐惧而加以嫉视；现时虽尚未贪污，但怀有贪污意念的人，对廉署也不会怀有好意。再加上若干妇人之仁、姑息之念，及迎合之心，汇集在一起，便可能形成一股强力的冷锋，阻挡住由廉署刚刚发出的一点热气。孔子说：“小不忍，则乱大谋。”“肃贪”是今日的“大谋”，在肃贪中出现的若干缺憾，有如有人因被检举而自杀，有的则处理的手续不够周到，这都只能算是“小故”。有言责、有法权地位的人士，可以纠正这类的小故，但千万不应因这类的小故而乱了肃贪的大谋。

## 二

在廉署的自身，我感到因为半年来迷失了工作的重点，也近于走向迷失了方向的路上。香港的贪污现象是这样普遍，而廉署的能力有限；在工作上若不能把握重点，不仅因力量分散而不能主动深入，并且万一轻重倒置，检举了小的，放松了大的，这便等于奖励了贪污。因为对政治社会发生决定性的破坏作用的，是大贪污，而不是小贪污。并且小贪污常是大贪污下的附生物，有如巨浪所溅起的浪花。没有巨浪，浪花也自然会消失；不消失，也不致成为灾害。所以工作有没有重点，重点把握得牢不牢，是判断工作的诚意与效能的标准。

目前肃贪工作的重点，我觉得还是香港政府的自身；其中最重要的是直接与居民发生关系的部门，及与大众发生重大利害关系的事项。在商业方面，应指向有老殖民传统的国外资本集团。近时争论颇烈的回佣问题，廉署当然有他的法律根据，但可以断言，这在廉署的工作中，是不急之务，是例行细故。我不了解廉署何以放过在股票上要手法的这类大集团，却有兴趣在这种例行细故上，纠缠个不了。我曾在一次聊天中，听到由银行退休的一位人士说“这简直是个大老衬，他们两代都是大老衬”；我并不直接相信这种说法，但总值得查一查吧！因为这比回佣问题严重得太多。倘查后证明并非老衬，对该集团也有好处。不错，有另外的“主管”机关正在查，但我相信没有人会认为这种主管在掩耳盗铃之外，会查出什么结果的。还有，海底隧道，有八十多处渗水，这是关系大众安全的大事。世界其他的海底隧道有没有这种情形？若先造成的没有这种情形，而后造成的却有这种情形，这便不能推托是技术问题，更不能胡说为应有现象，而牵涉到是否因集体贪污而来的偷工减料问题。难说这不比回佣问题严重得多，而可不去认真一查吗？

四月七日的本港报纸上，报导了七个中学教职员被提控的回佣罪。一个是四百七十五元八角六仙，一个是二百一十六元六角，一个是一百二十三元六角等等，其中有的是三年或四年的累积数。我看到此消息后，不觉念一声“南无阿弥陀佛”，原来香港的教育机关，除了这样微末的回佣贪污外，再没有更厉害的贪污；拿特高薪的校长们，可以高枕无忧了。

三

医疗问题，是香港最严重的社会问题之一。不是英联邦出身的医生，不能在香港行医的规定，只是为了保障英联邦出身者的垄断利益的规定。培养一个合格的医生，在任何国家，较之培养其他专业人才，都要花费更多的时间与财力。这几十年来，所谓先进国家对落后国家的榨取手段之一，即是以物质的诱惑，把落后国家所辛苦培植出的医务人才大量吸收去了，本港也同遭此厄。广华医院、东华三院及伊丽沙白医院，已先后发生大量医生辞职的事情，因而有的门诊急诊，都发生了问题。而私人医生收费之高，实早已超过了中、小市民负担的能力。在这种情形之下，却把非英联邦出身的医生冷冻起来，用不合情理的甄试方法来维持原有的垄断利益，使香港的医务人员，只有流出，而没有流入，这是太难令人了解的。我自进到大学的文学院教书以来，大概可以算得上是一个及格的教师匠吧！但若要我现在和高中毕业生同时投考大学的文学院，一定会被摒弃于大学的门外。一个执业多年的医生，要他接受初毕业时的考试，是同样的情形。所以有人提议，应以资历审查、临床知识及工作能力，为甄试的重点，而不要作一般性的考试，是绝对合理的。从大陆出来的医生，因教育环境关系，英文多半不行，但不能因此断定他所受的教育的内容就不行。所以有人主张英文一门，应不列在考试主要范围之内，也未尝不可以考虑。面对当前“医荒”的严重现象，当局者应打破传统观念的限制，以求解决问题。至于医学院的增设，还是在香港大学医学院的基础之上，扩充学位，比较实际而有效呢？还是由中文大学新起炉灶，更为实际而有效呢？这不是一二人的面子问题，而是居民的需要问题，应以此为考虑的基点。

一九七六年四月二十八日《华侨日报》

# 年头絮语

## 一

像我这种年纪的人，对都市所说的“过年”，在心理上必然加上“新历”两字，而称之为“过新历年”。若套用《公羊传》的口气，则应当是“过年而称曰过新历年，不与其为过年也。曷为不与，因其无过年之气氛、情调也，故不与”。我们原来所过的年，今日被迫称为“过旧历年”，更被迫称为“过春节”。在货真价实的除夕以前，是闹烘烘的，温暖暖的，忙着一年的收束，忙着另一年的开始。除夕一到，一切都放下了，一切都弛缓了，一家人聚在一起吃“团年饭”，父子、夫妇、兄弟、子侄的亲情，自自然然地暂时掩盖了人世的甜酸苦辣。成人的笑语，儿童的喧闹，大概比今日从电脑中所推出的东西，要柔和恬适得多吧。元旦起来，一片宁静，一片悠闲，一片喜悦，在彼此“恭贺”、“拜年”声中，大家都沉浸在温暖的人情世界。这才算得是过年。难道说在过所谓新历年中，也能感受得到这种气氛情调吗？

“过年”是年岁的更换。这种更换，是人类在长期生活经验中所创设出来，以规整生活的秩序，调适生活的节奏的。尤其是生长在温带的人们，一年四季，分得十分清楚，于是星移物换所给与人的感受也特别亲切。一方面是骚人墨客，常因此而“摇荡性情，形诸舞咏”，以发抒生活中不可缺少的感情。一方面，贤人哲士，更因此而悟出“四时之序，功成者退”的自然规律，想用来劝告许多英雄好汉，政治权力不应永久把持在一人乃至一家一姓一党的手中，让它也和四时一样地有所更换，使人们不至在同一的权力气压下闷死。当然也会有人说，生活在“四季如春”里面，岂不比生活在冷暖无常的四季中更好吗？为什么一定要更换？但无数事实证明，政治权力的持久不变，决不可能是四季如春，而必然是变成南北极的酷寒地带。歌颂权力永久不变的人，实际是想把温带变成南北极地带的人。因此，我在都市“新年”的懊恼中，忽然由年岁的更换，不幸地联想到政治权力的更换。

二

恰好，中共正在作政权的更换，美国也正在作政权的更换，一个更换得很壮烈，一个更换得很平淡。但我们中国人，试从报纸的有关新闻中，将两方政权更换的情形，稍稍加以比较吧！在稍作比较之后，觉得哪一方面是落后，哪一方面是前进呢？哪一方面像个现代国家，哪一方面不像个现代国家呢？我是一个民族主义者，对我们科技的落后，只感到应急起直追，而不感到惭愧。比较两种政权更换情形之后，我不敢说应当急起直追，因为这样一来，立刻便有“反革命”这类的大帽子压下来。但情不自禁地感到作为一个中国人，真是“抱惭无地”。

假使我拿即将卸任的美国总统福特和毛泽东作比较，不仅许多中国人会骂我有损毛的伟大尊严，连许多美国人也会感到我太看小了自己国家的领袖。要比，只有拿华盛顿来比。可是一个不肯当第三任总统，一个是“死而不已”，遗诏传位，这两种完全不同的心态，难道就是资本主义与社会主义的必然反映吗？这怎样作比较呢？福特，的确是一个很平常的人，在才略与事业上的确无法与毛泽东相比。但我要追问一句，你在政治权力上，是愿意作福特携着自己的太太，笑中带泪地走出白宫去，当客座教授收场呢？或是愿意作毛泽东的妻被囚、女被监、侄被杀，过去和自己站在一起的同志，十之八九都要从影片中剪掉，以成就一个“孤独的伟大”来收场呢？这两种迥不相同的情况，一定要和什么主义结不解之缘，真是瞒天的谎话。我是热爱祖国而并不反对社会主义的人，既没有资本，更没有特权，但在这种地方，宁愿欣赏福特，而不禁为毛泽东悲叹。毛把《红楼梦》捧为中国文化中惟一有意义的一部书，而他的收场，和大观园的收场，是否有些相像？《红楼梦》的后四十回或三十回消失了，多少冲淡了大观园悲剧的气氛。华国锋们正大力要消掉毛泽东最后的十回，也或许做得到，但并无损于与大观园悲剧相同的命运。

三

西方人发明了化学迷幻药，而我们东方人却发明了“权力迷幻药”。所谓权力迷幻药，是指因权力作用，而使人进入到迷幻的境界而言。一个人以各种机缘（大多数并不是以能力），取得最高权力后，一方面享受着万姓向他低头的滋味，而觉得此一滋味，实含有万般无穷的滋味在里面，自然决不甘心放弃。另一方面是时间一久，觉得许多人在理论上、在良心上认为不应做的事，他下一道命令就做了，理论、良心都奈何他不得。人世间的所谓学问、道德，他可随意加以玩弄、颠倒，一文不值。于是他渐渐恍惚起来，觉得自己有超过一切人的能力，这便由享受而进入到迷幻之中，认定他的国家、民族，只有由他一个人而始可以得救。他对权力的爱好，幻成为他对自己国家民族的伟大责任感。他对权力的死不放手，幻成为是迫于他的悲天悯人之念。更换权力，即是放弃对自己民族国家的伟大责任，决非悲天悯人之念所能允许，只好鞠躬尽瘁，死而后已，乃至“死而不已”。于是金日成有传妻传子之争，朴正熙、马可仕拼终身总统之命。为了达到此一目的，对与他无血统关系，无裙带关系，无金钱关系，无乡土关系的一切有希望之人、一切有希望的团体都要假借各种名义，或者是假借保卫马列主义的名义，或者是假借反对共产党以保卫民主自由的名义，加以无情的摧毁，剥削自己民族的生命，阻塞自己民族的前途。并有许多人，从而歌颂之，爪牙之；把四时之序，成功者退的温带，逼成为南北极的酷寒地带。我试仿圣人“易之时义大矣哉”的口气说“权力交换之义大矣哉”，因为它可以防止权力迷幻药的产生。化学迷幻药只害及吸者一人，权力迷幻药除了害及吸者一人外，还害及万人万世。我可以肆言无忌地说，凡是阻挠权力交换的人，皆系大奸大恶之人，东方的有血性良心之士“鸣鼓而攻之可也”。

一九七七年一月四日《华侨日报》

# 台湾书商的道德问题

台湾书商，这些年来影印了不少古籍和近著，给做学问的人以不少的方便。但有的书商的道德，实在太成问题了。我买的一部《丛书集成简编》，其中连整卷的都装漏了，写信请他们想补救的办法，结果碰了他们的大钉子。最近从报纸上，看到“中华世界资料供应出版社有限公司”的广告，说他们从某大使馆找到一部乾隆庚申本的《聊斋志异》，由他们发行预约，影印行世。我早有文学古籍刊行社的影印抄本，及青柯亭副本。因爱书成癖，赶快写信给我的儿子，要他为我订购一部，今天空运来到了。我以兴奋的心情，立刻开函检视，真想不到是用早经淘汰了的油光纸印的，这是五六十年前下三滥的书店所用的纸，眼睛鼻子，都受到刺激，所以在抗战的艰难时期，也不曾使用过。影印得模糊不清，是当然之事。版本的鉴定，原需要相当的学识。但此书店所影印的，有“光绪十有二年”的序，只要是能认识几个字而眼睛又没有瞎的人，便不能扯到光绪十二年以前的版本，如何可用“乾隆庚申本”来公开向读者行骗？一开首的《聊斋自志》及《蒲松龄像》是从一九五五年文学古籍刊行社影印抄本上转印过来的。此抄本系一九四八年在东北始发现，蒲氏的像是山东省文学艺术界联合会，在一九五〇年前后才发现的。如何会一起跑到“乾隆庚申本”上去了？受骗的大概不只我一个人。这种诈欺取财，除了道德问题之外，难道没有法律上的责任吗？

一九七七年四月十五日于九龙

一九七七年五月《中华杂志》第十五卷第五期

# 十月二十八日的警察事件

## 一

列宁把警察、军队、法院，视为国家的实体，因而得出国家是一副压迫机器的结论，我们当然不能接受这种观念。但由此可以反映出警察对于一个政权的好坏存亡，有决定性的作用，是无可怀疑的。

古今中外，对伦理道德的观念，不完全相同，所以对罪恶的认定，也因之有所差异。但贪污被认为是各种罪恶的源泉，是罪恶中的罪恶，却是无间于古今中外。现时各国政府，对贪污的认定与处理，有宽严的不同；这并不是来自对贪污罪恶本质的认定有所不同，而系来自各该政府本身构成素质的不同，是各该政府在文明标准中所站的高低层级不同。愈是堕落的政府，愈是对贪污的尺码放得宽，愈是对贪污分子存有令人恶心的偏爱。

贪污与殖民地政治，结有不解之缘。所以香港廉政专员公署的成立，是香港政治进步的一大标志。该署成立以后的所作所为，尤其是以财产与收入不相称，作为测定贪污尺度之一的方法，我相信深深获得居民中绝对多数的信任，这也即是增加了对香港政府的信任。贪污者消灭罪证的方法，尤其是集体贪污者消灭罪证的方法，常常会做得天衣无缝。所以侦查罪证的工作，必然遇到非常的困难。在非常的困难中，总难免发生过失。有了过失，当事者及社会应向该署提出，该署应当极力改正。但万不可因有过失而抹煞肃贪的庄严意义，更不可以此混淆听闻，减轻随肃贪而来的教导人心、改善社会风气的影响。

## 二

警察在防止罪案上，较廉署的功能，远为深广而有效。假定警察本身发生了问题，便不仅会减低功能，而且会助长罪案。香港警界中，有一部分人的贪污不法，这是历史性的事实。廉署要整肃贪污，势必先从警界下手，使警界完全站在新的观念上发挥他的功能，因而也提高警界自身的尊严、声望，这不仅是社会的希望，也应当是多数警员的希望。警界此时如要有所作为，应当是内部发动一种自清运动，把隐在内部的少数贪污分子清除出来，把若干历史性的陋规陋习除掉，帮助廉署早日结束这一方面的工作，这岂不使居民的耳目一新，大大提高彼此间的信任吗？

谁知正当廉署宣布，整肃集体贪污的工作，将于今年年底完成，工作箭头，由旺角转回黄大仙的时候，十月二十六晚，员佐级人员，在黄大仙警察宿舍内开会；二十七晚，约五千佐级人员与家属，在界限街警察花墟球场开会，提出“反迫害运动”的口号，得到高级人员的正式支持。二十八日上午九时半，集合了三千多警员，到警务处向施礼荣处长请愿，施处长应承了他们四个条件。十二时左右，有一百多人操到和记大厦七楼的廉署执行部，“大打出手”，“大肆破坏”，“有六名执行处人员受伤”，“并把廉署招牌拆去”。事后警察员佐级协会发言人说“这宗暴力事件，与警务人员无关”，意思是想把责任转嫁在无辜的市民身上。凡此一切，可以说是走向了与居民希望相反的方向。

他们提出“以公正和正常的方法，对待被调查的警察人员和家属”的要求，是正当的。但这要有不公正、不正常的事实作为此种要求的根据。并且这是法律问题，有法律的正常途径，为什么要出之以群众运动的形式？再加上一部分人对廉署的暴行，系变成了从正面反对廉署的肃贪工作，从正面反抗香港的法律、秩序，而自身所得的是给人以“警察是与贪污不可分”的印象，这未免大错特错了。

## 三

由十月二十八日事件，引起我若干感想。

第一，警界的贪污，毕竟是极少数人的事情。闻肃贪而心惊胆战，也是极少数人的心理。这种极少数人，可能以各种手法，欺瞒多数人，煽动多数人，造成好坏不分，使当局无法处理的局面。因此，我怀疑此次事件，是多数员佐，受了极少数坏人的利用所造出来的。逃居台湾和加拿大的大贪污分子，为了使廉署不再穷追猛打，从贪到手的几亿几千万元港币的赃款中，吐出九牛之一毛来作煽动之用，不是没有可能。

第二，在警察教育中，也应当有精神教育、政治教育，以建立警界的堂堂正正的人生观。由平日许多夺枪事件看，可推断本港警察技能训练的不足。由此次事件看，可推断本港警界，缺乏活泼而严肃的精神训练、政治训练。事件是一步一步酝酿成的，在酝酿过程中，高级领导者竟毫无警惕，毫无处置，这说明了什么呢？

第三，廉署的工作，似乎应集中打击大贪污，而对于在中国社会人情上可以容许的小事情，采取宽容的态度。但对于集体收黑钱的风气，必须加以扑灭。因为这一方面是纵容了社会罪行，一方面是直接欺压在无辜轻告的小市民头上。

第四，香港政府对于增加库收的本领，是表现得非常突出的，但对于安定警员生活，使每一警员，即使在退休以后，也能过一种衣食无忧的小市民生活，我不知道是否尽到责任？

廉署本是为了治疗本港历史的严重后遗症而建立起来的。在治疗中所遇到的不良反应，只能证明这种后遗症的顽强，更当作加倍的努力；有良心的医生，决不会因此而瞻顾不前吧！

一九七七年十一月一日《华侨日报》

# 小市民的精神自卫

## 一

安定，是市民生活的最基本要求。个人的安定生活，需要有种安定的社会，虽然安定的命运，并不能操在市民自己手上。但由“正常的社会生活”而来的社会安定，却多由“小市民”所形成，也可由小市民加以把握，只要小市民能作“精神的自卫”。

我把香港的市民分作三种。主要凭自己的体力、脑力赚钱来吃饭的，这是我此处所说的“小市民”。主要凭资本赚钱来积累财富的，这是对小市民而言的“大市民”。凭各种不正当的手段，有如贪污、贩毒、做黑色勾当、做黄色勾当等，以求由小市民进入到大市民，或求由“大市民”进入到“大大市民”的，这是“黑市民”。现实上，权力是属于大市民，罪恶是属于黑市民，但在数量与品质上，形成社会安定骨干的，却属于小市民。

小市民在数量上占绝对多数，这是不待说明的。为什么小市民在品质上，也在其他市民之上，因而形成社会安定的骨干呢？假使我们以善与恶来定品质高下的标准，应当可以说：善有万端，而使用自己的体力、脑力，以从事直接劳动，不榨压他人的，这是万善之源。小市民自然具有这种万善之源。恶有万端，而因豪富以致“饱暖思淫欲”，因贫窭以致“饥寒起盗心”的，这是万恶之源。小市民居豪富与贫窭二者之中，自然不陷于万恶之源。我们试留心观察，没有受到精神污染的小市民，他们的心地是善良的，行为是干净的，家庭是伦理的，对朋友是诚实的，对社会的是非善恶，是流露出良知良识的。总结一句，因为是“小市民”，所以他们的生活是正常的；由他们所形成的社会，也是正常的。因为是正常的，所以是安定而适于过着“有人生意味”的生活的。

香港的小市民占绝对多数，真正支持香港的合理生存与发展的，正是香港的小市民。但黑市民以及大市民而兼黑市民的势力，一天一天高涨起来，他们出尽法宝来污染小市民的精神，破坏小市民的正常生活，以求达到他们由“黑”进入到“大”，乃至由“大”进入到“大大”的野心。他们若不以小市民为牺牲，便无所施其黑技，所以小市民与黑市民是势不两立的。而小市民对黑市民的抵抗，不能仅期待政府，需要诉之于精神的自卫。

## 二

所谓精神的自卫，是指小市民看穿黑市民的企图，不落入黑市民的圈套，使黑市民搜刮小市民银纸的企图落空而言。例如黑市民贩毒，小市民便决不吸毒，并进一步不让贩毒的黑人物，隐藏在自己耳目所及的范围之内。对于为毒贩奔走呼号的大市民，在心理上即视之为黑市民。这样一来，贩毒的黑市民便奈小市民不得。

罪恶性似乎不及贩毒样的显著，但用破坏小市民正常生活的手段，以达到私人“暴利”的目的，有如某报三月二十四日所说的“毛片过关，造成恶果。电检处应负全责，读者咸谓检查人员，忽视居民正当要求，令人作呕色情镜头，杀戮全部娱乐享受”的情形，在本质上实与贩毒相去不远，小市民应当以对贩毒样的精神自卫，来维护自己的正常生活、正常社会。

人和猪狗的分别之一，在性交问题上，人有廉耻之念，猪狗却没有。由这一点廉耻之念所表现的人的尊严，便可消弭许多罪行于无形，在保持社会秩序上发生重大作用。电影、电视构成今日生活中所不能缺少的一部分。假定因为一个床上戏镜头而可以赚大钱，因一撮毛的镜头而可以赚大钱，谁人不抢着做这种一本万利的生意？这类东西由影院进入到小市民家庭的电视机上，也可说是自然之势，但这一自然之势所发生的作用，便能破坏小市民的廉耻观念，以达到某些导演、老板们由小市民进入到大市民，或由大市民进入到大大市民的目的，这与贩毒者的用心，在什么地方有分别？

## 三

凡是干这类黄色勾当的人，比贩毒的人更聪明，能编出一套说法，说他们的毛片是新潮艺术，而新潮艺术又是最前进的艺术。谁要反对，谁就是落伍，谁就是老顽固。这样一来，他们便堂堂正正地把黑变成白，许多小市民也因此给他们唬吓住了。其实，这类人物的家庭中有的是很现成的毛。假定他们认为艺术并没有最低的标准，而他们又真正相信毛是艺术，则为了证明自己的所信，应当率领全家的父母兄弟姊妹儿女，在自己家中实行他们所相信的毛的艺术教育。他们的父母兄弟姊妹儿女，向社会宣布每天实践毛艺术教育的情形与效果后，再推向社会也不算迟。

前几个月，从报上看到有位导演向电检处发动了毛片的争论，结果这位导演胜利了，于是毛片接二连三地滚滚而出。我当时心里想，靠毛来争取观众的导演，这是什么样的导演？被毛说服了的检查官，这是什么样的检查官？为了毛而去看电影的观众，这又是怎么样的观众？将这种毛片从电影院塞进小市民家庭电视机上的电视公司，这是什么样的电视公司？凡此，都不是小市民所能了解，所能为力的，我只好呼吁小市民的精神自卫！

一九七八年三月二十九日《华侨日报》

# 由秦俑的联想

## 一

中共取得政权后，在文化上有两种贡献，一是中医中药方面的研究、提倡，一是地下文物的大量发现、整理。逝世不久的友人唐君毅先生，对考古似乎没有什么兴趣，有次在聊天中他说“假使中共用处理中医中药的态度来处理中国整个文化，我便佩服他们是有志气的”。当时他的话引起彼此的共同感慨，我不懂医药，也不懂考古，但对考古方面的情形一直抱着浓厚兴趣。今天（四月二十二日），我陪着妻去参观了“中国出土文物香港展览”，这是和新出土文物第一次的实物接触，自然比过去仅凭图片接触所得的印象要深刻得多。九十九件（套）陈列品，都是经过精心选择、安排，富有典型性、代表性的，所以每一件都值得摩挲玩味。这里，我以外行人的没有资格的身份，写出我由秦俑所引发的联想。

据一九七五年《文物》十一期《临潼县秦俑坑试掘第一号简报》（以后只称“简报”），一九七四年三月，临潼西杨村农民，在村南约一六〇公尺辟地时发现了一个秦代秦俑坑，经过约一年的发掘，在坑东端约九百公尺内发现与真人一样高大的武士俑五百余件，拖有木车，和实马一样大的陶马二十四件及铜兵器和金铜石等七千余件，在坑西端和中间试掘四个“掘方”，又发现了同样陶俑五十八件。“由此推知整个秦俑坑内埋藏的是一排列有序的大型军事长方阵。由东端试掘出土的兵马俑排列的密度推算，这一军阵的兵马俑约六千余件。”而从地理位置及用材等判断，“秦俑坑当为秦始皇陵建筑的一部分”。此次运来展出的是一将军俑，一武士立姿俑，一武士跪射姿俑共三件。听说原想运一陶马来，因体积太大，须破门而入，乃作罢。

简报顺着“军事长方阵”的观点继续解释说：“这一军阵的性质似为荀子《议兵》所说的‘圜居方止’的屯居方阵，其势坚若盘石，盛如猛虎……充分显示了当年秦军无坚不摧、无攻不克的强大阵容。”此一解释，或许是对的，或许并不尽然，我的联想，是由此开始。

## 二

据《史记·秦始皇本纪》“始皇初即位，穿治郦山。及并天下，天下徒（徒刑）送诣七十余万人。穿三泉，下铜而致椁。宫观百官，奇器珍怪，徙臧（藏）满之……”但我觉得《汉书·刘向传》，刘向对成帝所奏陈的，是以《史记》上面的材料为根据，但也补出《史记》所未记的。他说“秦始皇帝葬于骊山之阿，下锢三泉，上崇山坟，其高五十余丈，周回五里有余，石廓为游馆，人鱼膏为灯烛，水银为江海，黄金为凫雁。机械之变，宫馆之盛，不可胜原。又多杀宫人，生霾（埋）工匠，计以万数。天下苦其役而反之。骊山之作未成，而周章（陈涉将）百万之师至其下矣。项籍燔其宫室营宇，往者（往骊山之人）咸见发掘。其后牧儿亡羊，羊入其凿，牧者持火照求羊，失火烧其臧椁”。这里先可以解答一个问题。简报谓“秦俑坑这一宏伟建筑，经火焚而毁”，焚毁的原因，引《史记·始皇本纪》项羽“烧其宫室”以作解释。但本纪所说“烧其宫室”，连同上下文一起看，当然指的是地面上的宫室。看了刘向的话，才知道这是因牧儿持火寻羊，失火而焚毁的。同时，刘向说活埋了宫女工匠，“计以万数”，我怀疑是把陶俑也以讹传讹地一起计算在内。

我不惮烦地引了上面材料，是想提出第一个假设：始皇陵地下的“宫观百官”主要是仿照地上的“宫观百官（馆）”而建筑的。因厚葬的形成，是认为生前需要什么，死后也需要什么。假定此一假定可以成立，便可提出第二个假设。始皇陵旁的大规模俑坑，不是泛泛的“大型军阵”、“屯居方阵”，而是卫尉所统率警卫宫观的卫队，约略等于汉初的所谓南北军。只有这样的假定，才可以了解俑坑在整个陵制中的地位与意义。若肯接受这一观念，则对俑坑的建筑构造及许多相关连的事物，或可作进一步的更合理的解释。同时大陆考古人士，对始皇陵应否发掘的问题，应放弃目前的迟疑态度，决心加以发掘。因为不仅俑坑是陵寝的有机体的一部分，必连着陵寝的构造而其意义始能完全明了，并且可能由此而对秦始皇的野心建筑思想与其成就，有较全面而具体的了解，这在文化史上是很有意义的。

《汉书·百官公卿表》“卫尉，秦官，掌宫门，卫屯兵”，下面设有令丞。“民年二十三为卫士一岁。至京师，隶卫士令，卫候司马徼循宿卫宫中，于周垣下为区庐，各有分部。诸门部各陈屯兵夹道其旁掌兵，以示威武。卫士初到，丞相到都门迎劳。赐更士，丞相月一行。五月五日则大置酒飨卫士。岁尽，则上临飨卫卒而罢之。”（以上略引陈树镛《汉官答问》“卫尉”条下）汉代的情形，不可能与秦完全相同，但汉承秦制，不难由此推知秦时卫尉的轮廓。

卫尉以重要的宫殿为单位，例如李广曾为未央宫卫，程不识曾为长乐宫卫尉。由《史记·樗里子列传》所述樗里子死前卜葬的预言，可知汉代宫殿，并非秦代宫殿故址，宫名亦不同。但有一点值得注意，《史记·秦始皇本纪》“听事，群臣受事，悉于咸阳宫”，是咸阳宫是秦始皇临朝听政的地方。陶俑身上发现有“宫鉴”、“咸令”、“咸阳午”等字，简报说“关于字的含义，有待考证”。若与警卫咸阳宫及他们轮班巡卫等情形联系起来，是不是可以作比较可靠的猜度呢？另一证据是始皇并不信任他的军队，他统一天下后，除边防军及卫队外，他的正规军都已解散了，所以周章将至戏时，章邯只好请赦郦山徒编成军队。因此在他的陵侧安置庞大军队，他的灵魂会感到不安的。但卫队一定有，所以阎乐“将哀卒千余人至望夷宫殿门”，假说里面有贼时，“卫令曰周庐设卒甚谨，安得贼敢入宫”，阎“遂斩卫令”，逼使二世自杀。

## 三

秦俑坑现时是否发掘完成，未见宣布。若就简报而言，则已发掘的仅约十分之一，不能仅凭此以论全般武俑的组织状况。例如东端发掘出陶马共二十四匹，拖木车六辆。但俑坑中间及西端的试掘，未再发现车马。车马的有无，在军队组织上应有一定的影响。简报认为在东边南北长约六十公尺长廊内有东向的三列南北横队，当为军阵的前锋；俑坑西端面向西的一列横队，当是军队的后卫；位于俑坑南北两边分别面向南、面向北的各一横队，当是军阵左右两侧的侧翼卫队；中间三十八路面向东方的锐士，是军阵的主体。进一步认为这军阵的性质似为《荀子·议兵》篇所说“圜居方止”的“屯居方阵”，这“充分显示了当年秦军无坚不摧，无攻不克的强大阵容”。

但第一，从俑坑的东端到西端，中间还有五千多武士俑尚未掘出，何能仅凭东端掘出的五百余武俑，和中间及西端试掘出的五十八件连结在一起，而断定其必“组织严密的大型方阵”？未免“太早计”了一点吧。第二，《荀子·议兵》篇“圜居而方止，则若盘石然，触之者角摧”，这说的是“仁人之兵”，他断乎不会以秦为仁人之兵。而所谓“圜居而（此处‘而’字作‘或’字解）方止”仅指的是军阵的方圜两种基本阵形，简报引用时去掉“而”字，译为“屯居方阵”，对原文不忠实。第三，不论圆阵方阵，前后左右当然要有警卫。在屯驻时派出的警戒，当然要面向各不同的方向。但战场作战的方阵，若如简报所述，担任左右后卫的武士，分别面向北、西、南各方在前进后退时，会有的人要侧身而行，有的人要倒退而行，立刻阵容大乱，变成一团糟，若站着不动，则除了受到敌四面包围外，凡不面向敌人的，都成为无用的散兵。说这种方阵能无坚不摧，无敌不克，未免太形而上学了。若承认这是卫尉所统率的皇宫卫队，他的职务是宫殿的警卫，及出巡时车辇的警卫，并且这种警卫是带有“摆威风”的仪仗性质，便对俑坑的构造，武士俑的组织，可导向另一种整理、解释的方向，得出不同的结论。

以上是一个外行人参观后所引起的一点联想，没有进一步加以论定的资格。假定不是此次的展览会，便连这点联想也没有。

由此可知此类展览会意义的重大，希望以后有更多的展出。由秦俑所引发的另一联想，只好用一首打油诗写出：

雄姿猛意尚如新，万世鸿图早作尘。
千古罪功谁论定，好从遗物问苍生。

一九七八年四月廿六日、廿七日《华侨日报》

# 由《杨门女将》的联想

## 一

昨天下午，陪妻去看了闻名已久的《杨门女将》。从戏院出来后，因为晚上还要去授课，便挤在大排档的凳子上，一面吃牛腩粉，一面联想着……这完全是传统的京戏，但它是传统京戏的升华，是由编、导、演三方面的合作，在传统中注入了新生命。它在综合性的艺术成就上，我认为压倒了《天鹅湖》，更不是日本的歌舞伎所能比拟于万一；它有资格作为我们“国家的艺术”，照耀于国际艺坛之上。我更联想到，所谓对传统文化“批评地继承”，有两种显然不同的形态。一是由江青样板戏所代表的，以自己的愚蠢去阉割传统中的智慧的形态，例如《智取威虎山》。一是以自己的智慧去发现传统中的智慧，并使传统中的智慧就在传统的形式中升华的形态，例如《杨门女将》。

“京戏”它本是在湖北、安徽接壤地带的民间兴起，是适应民间在娱乐中仍有忠孝节义、赏善罚恶的要求的。因文化水准不太高，所以在情节和唱白方面，难免有些幼稚夹杂。但传进北京后，经过若干有天才的伶工，苦加琢磨改进，遂积累而达到很高的水准。这只要看过梅兰芳《舞台生活四十年》即可推见一般。但是，其中情节结构近于幼稚的地方，有的尚洗炼未净，唱词道白，有的与所演人物的身份不称，不“出色当行”，虽有几位名士为四大名旦改编了几个剧本，但又加入了秀才酸腐之气，同时私人演出，财力物力有限，演出时，常只集中在一二名角身上，配角并配不上，跑龙套更是草率充数，破坏了场面的完整性。这些问题都在《杨门女将》中解决了。

编剧的人，把故事凝结成几个重点，详其所当详，略其所可略，使全剧精神饱满，脉络分明，身份没有散漫或拥挤的毛病。唱词道白，都能深入于剧情之中，剧中人物由身份置境而来的感情都恰如其分地表达出来，很难增加一点，也很难删去一点，这即是所谓“出色当行”。

## 二

《杨门女将》的导演，不仅使重要角色的表情、动作，都适应了剧情的要求，表现得细致、深刻，并且使所有角色、所有场面，都为一个大主题而效力，都为大主题中的各小主题而存在；使每一个人，每一个人的动或静，都成为有机体中不可少的一体，中间没有一个漏洞，没有一粒沙子，以形成各场面乃至全剧的统一谐和的美的形象；这一点，是在过去所有京剧演出中所做不到的。开始由祝寿与凶讯所造成的“窘局”，以及在这种窘局中由感情的抑制以加强感情的深度，在感情的深度中涌现出忠孝节义的人性的真纯，于是各阶层的观众，不知不觉地，而且是偷偷地，流下了人同此心的眼泪。文革中说，这宣扬的是封建道德，必须加以铲除。我推想，大陆今日最根本的问题，就在找不到这种封建道德的现实题材来写出有感动力的剧本。

在葫芦谷中寻找栈道的几个场面，都是把传统中的各种动作、各种身段，很清洁地融和在一起，以形成龙跃天门、虎跳凤阁的艺术形象。我们可从这些出色的演员中，看出导演的苦心匠意。看这种戏，应从“摔角”的观点中，突破出来，以把握它的群像美、节奏美。几个主角，虽然演得不错，却不一定能比得上过去的大名角。但他们却能演出过去大名角所不曾达到的水准，这便是编剧导演以及每个演员共同努力的结果。我推想在他们的共同努力中，只是专心致志地，如何把握传统的每一表情，每一唱白，每一动作的模式和意义，不曾站在场外喊什么干口号，以致混乱他们的头脑，拘束他们的学习。但因为这种努力，传统中的糟粕，自然淘汰了，传统中的精粹，自然发挥出来；没有教条，却收到教条所不能达到的目的，这才真是传统文化在批判中的继承。

三

江青的样板戏，我都看过。正因为都看过，所以五六年来凡是大陆的任何作品，我一概不沾，好像一个人，硬塞过一肚子半生不熟的肥猪肉后，一想到猪肉，便要作呕样。这不是因为它特别强调了她们的政治观点。我对周围的东西，常抱着研究的态度。在研究中对不同的观点，必须先摆在平等的地位上去了解，然后再下判断。《刘三姐》里面，也有阶级斗争的成分，但不仅像那种没有太超过历史现实的阶级斗争，为一切有良心的人可以接受，而且因为导演的手法高明，便在简单的神话故事中，造出很高的娱乐性，达到相当高的艺术水准。江青的样板戏，几乎无一不是在艺术中东拼西凑、东扯西拉，以达到破坏艺术，使人作呕的目的。

她们在每一样板戏中，都要特别突出革命英雄的形象。而这些英雄形象，无一不是陈阿大、翁森鹤、张铁生、黄帅的形象，这反映出她们的精神早已枯竭，人生的深度早已无存，只有凶神恶煞的画皮，在舞台上搬来搬去。京剧用的乐具，有许多是来自外族的，但因为移植很久，融入在中国整个文化之中，成为中国文化传统的一部分。经过长期与京戏的念、唱、动作的结合，便成为京戏整体不可分的重要成分。但江青们卑贱成性，沾到一点“中”的传统，便狠狠地咒恨，而要来一个钢琴伴奏，觉得这样才沾上了洋大人的边，才觉得够味。京剧中的念、唱以及一切动作，都作了某程度的“艺术变形”，使其能互相引发。由这样的念，便引发出这样的唱，引发出这样的动作和音乐，以得到整体的谐和统一。它之所以能成为艺术，这是它最基本条件之一。样板京戏中，演员并非唱得不好。但他们的说话和动作，与话剧没有分别。我记得《智取威虎山》中演参谋长的人，在房子里谈话、作业，和现实的情形一样，但突然开口唱了起来，我当时简直以为是发神经病。里面一场“翻斤斗”，也不是翻得不好，但在那种话剧场面中，士兵们为什么要翻斤斗？可以说是大笑话。她们何以如此，因为她们不钻入到传统里面去研究，只站在外面喊“批评”、“打倒”的口号，便自然以自己的愚蠢，去阉割传统的智慧了。

一九七八年五月十日、十一日《华侨日报》

# 香港的政治气候

一

香港的政治气候，我感觉到，有如今年三月的天气，和以往的三月比较起来，“雾水”是越来越大了。当然希望我的这种感觉并不正确。

港府四年来最大的贡献，是廉署的肃贪工作。但正如英外次卢押五月二日在英议院所称，“若说廉署对贪污事件能连根拔起，却难以令人置信”。原因是有的在明暗两面还要与廉署斗法。不过，反抗的势力，决得不到本港居民的支持，也得不到英国上下人等的支持。既不能进入大陆，台湾也只能收容极少数的成绩特优分子，逃往加拿大的路，已经切断。只有做一个奉公守法，为居民所敬爱的公务员，才有安身立命之地。所以连根拔起，也决非不可能。问题是在雾水渐多的政治气候中，港府的决心能不动摇吗？

六七年的香港暴动，谁不谈虎色变？但也并非毫无正面的收获。第一，引起了青年对国家问题的关注。第二，引起了上层人士在处理问题时较为小心，较为合理。尤其是“人际关系”，有走向“拉近”的趋势、方向。这几年来，香港可以维持现状的倾向越来越显著，这就本港居民而言，当然再好也没有。但这种“安心感”，却把殖民政治的余毒，又重新勾引起来，加深了“人际的距离”，暴露出香港乃是极少数有钱有势者的天地；占绝对多数的小市民的利益，将日益被忽视。

二

四月二十六日，劳工处助理处长劳懋勳一个午餐会上说香港劳方，大都处于较弱地位，所以制定劳工法例加以保障。老实说，这是最起码的保障。但法例一经公布，不少人便大声叫喊，认为这会削弱香港的经济上的竞争地位，对于它的实施，多所延阻。香港的豪富，得到世界上第一流资本家的享受。而香港的劳工，只准得到世界劳工中第四等以下的待遇。有的厂主利用劳工休息外出时，便把门一关，不准再进来。有的厂主，连劳工的大小便，也要加以组织控制。这是把劳工当人看待的现象吗？

由裸片而发展到毛片，乃是极少数人为了“一本万利”，不惜毒害广大市民正常生活的玩意。对裸片、毛片的开放，是为了极少数人的不法利益而牺牲大多数人利益的一例。顺着此一方向便出了“银鸡案”的大笑话。轰动一时的银鸡案，对于“又是操纵妓女，又是依靠妓女维生，又是恐吓，又是勒索等等，凡十五项罪名”，雨点不可谓不大。至于雷声呢？“三百元的罚款，六个月或八个月的监禁，但又可以缓刑。”何以如此？“关键在于电话名册的名单。听说有不少人千方百计，希望将名册封闭不要公开。”于是雷声不能不小到出奇的程度。把这和一件破例的毒嫌保释案连在一起，今后香港的法律，到底会走向什么地方去？据说律政司对银鸡案考虑覆判。一件逃税罚款的覆判案，大约在三天左右，便由四十万改为两百万。香港的行政效率好像只表现在收税这一点上。

银鸡案的结果，只为银鸡们做了一次有效的宣传。据报载：某大导演发表高见，“假定他们每部片酬有十五万港元，便不会做这种事（卖淫）了”。这魔鬼是说，若一位女明星的一部片酬，只有十四万九千九百九十元，在道义上，便可以卖淫的。试问港、台两地的女星，有几个人有这种片酬？于是银而为鸡，又得到这位大导演的道义上的支持了。

一九七八年五月十六日《华侨日报》

# 逝者如斯夫，不舍昼夜！

## 一

据说，西方有不少出版物和传播机关，现在正盛行着六十年代的回顾。若以六八年四月，美国哥伦比亚大学翻天覆地的学潮，及同年法国所涌起的“五月革命”为六十年代发展的高峰，则由今年推算回去，时间恰恰是十年。从人类历史的时间说，也是非常短促的。在这短促的十年中，会引起许多人的回顾，乃是发现七十年代的性格，与六十年代的性格，比较起来，几乎有百八十度的回转。于是这种回顾，便显出特别的意义。

《论语》“子在川上曰，逝者如斯夫，不舍昼夜”。孔子为什么说出这两句富有诗意的话？虽经过孟子、荀子、朱子三大儒作了三种不同的解释，我们依然难把握到他的真意。可能孔子感到人在时间中，是不断地消失，但也是永恒地继续。消失和继续的来者，连结成一条无限长的带子，有如他所看到的川水一样，中间并无断灭。由此所引起的情怀，一方面是感伤，一方面是安慰。现时作六十年代回顾的人，假定抱有人生的智慧，并抱有对人类的悲情，也可能发出与孔子相同的慨叹。六十年代特征之一，是一批年轻人，在文化的时间上，要一刀两断，不让过去的与现在的连结起来，一切从他们开始。但站在十年后的今天来看，现在与过去，依然是由不舍昼夜之流连结下来；而六十年代的风云意气，在短短时间内又已经一逝不返。

中共和美国，是体制各异、生活条件不同的两个国家。但在六十年代，却以不同的动机，发生了形态颇为相似的大变动。从文化上看，各有根源，彼此没有关系。但从政治上看，则美国六十年代的火，可能是借东风之力，才把他烧得这样大。

六十年代的性格，大概可以用“叛逆”两字作代表；在中共，便称为“造反”。“叛逆”的主体是年轻人。叛逆的第一步，是年轻人造大人的反。大人的生活方式，都成为年轻人叛逆的对象，大人们也被压伏得鸦雀无声。所以六十年代的性格，又可称为“年轻人的时代”。这在美国最为显著。他们开辟出来的新生活方式，以稀癖为典型。一些年轻人，从物质丰富的家庭中走出来，要返回到原始的生活中去。爱、和平、大麻、性解放，再加上了巴黎公社，这是他们的现实和憧憬。

## 二

美国年轻人对大人的叛逆，我推想，开始可能只带有一批淘气孩子的游戏性质。但因一开始便没有作战的明显目的，而且又不能采取获得战争胜利的手段，以致看不出战争前途的畸形越战，把游戏的性质，激成了与游戏相反的酷烈的行动。因为年轻人不肯过战场生活，不肯在战场上当炮灰，便进一步反对兵役，反对越战。兵役、越战，是由许多价值观念加以支持的，而这些价值观念，乃在积累中得到大家的共许。于是他们把本是在文化上想出奇制胜的冲动，扩大为反抗由传统而来的价值观念，及在这些价值观念下所建立的社会秩序；最后直冲“爱国主义”的壁垒，把自己的国旗拿来做内裤，以表示对“国家”的愤恨。同时，黑人的民权运动与此合流，使美国整个国家受到震撼。

中共则以另一理由、形式，使大陆六十年代成为比美国远为真实的年轻人的时代，这即是举世闻名的红卫兵。中共的政治体制，与苏联一样，是自古所无的金字塔式的权威控制。并且这种控制一经完成，几乎是不可动摇的。毛泽东到底是为了夺回个人的权力，是为了进一步作自己理想的实验，或者是为了认定这种控制压在人民头上，使人民受不了？或者三者混在一起！或者三者都不是？我不敢轻作断定。但他和他的妻子江青，在“夺权”、“造反有理”的口号下，发动了两千万左右的由十三四岁到二十岁左右的小孩子、年轻人，碰烂了每一个权威机构，整垮了大大小小的权威人物，最后造成以王洪文、毛远新为象征的年轻人的时代，则是铁的事实。在此一时代中，只有可以作他们死灵魂驱遣之用的文化，才可作点缀性的存在，凡是站在一般人的立场，对人生、社会、政治发过言的文化，都一概打入十八层地狱，以成就中国乃至人类只有毛泽东才是唯一的一世祖，只有江青这一小集团才是一世祖的嫡嗣真传的“新事物”。历史时间之流，几乎被他们截断了。

## 三

有一个美国杂志说七十年代是为六十年代“疗伤”的年代。这对美国来说，因为伤口毕竟不算太大，在生理上可以自然恢复，而美国也很少人敢以医生自居，开出药方来为六十年代疗伤，所以七十年代，是养六十年代的伤的养伤的时代。在这一养伤的时代中，大人们的地位，又成为社会的中心。传统的文化，又重新得到重视。过去激进的自由主义者，现在多改用和平的姿态，或干脆成为新保守主义者。“反对人种差别待遇”的口号，从白人口中喊出的声音，超过了由黑人口中喊出来的声音。学校、职业，又成为年轻人的竞争场。家庭、草坪，又成为走出学校后的人生安乐之所。坐在烟波浩渺的大海边，回想在惊涛骇浪中几乎没顶的一场冒险游泳竞赛，大概有些如梦如幻之感吧。

在中共，则由这一年轻人时代所受的伤害实在太大了。仅就对人这层所受的伤害来说，不仅在科技方面、学术方面形成了严重的脱节，在中共的领导层中，同样形成了严重的脱节。于是七十年代，中共进入了老人的时代，要由祖父辈来疗由孙子们所造成的伤，中间缺少了父亲辈的“大人”。这便充满了时代感伤的意味。不过，这批老人们，总算起来疗伤了。逝者如斯夫，不舍昼夜！

一九七八年五月三十日《华侨日报》

# 港事琐谈

## 一

就“金禧”事件而论，我深深感到“半自由地区”之可爱。假定香港是“全自由”地区，则金禧封校、改名的事件不会发生。假定香港是“假自由”，或者是“全不自由”的地区，则不会有调查委员会的产生；即使产生了，也会像许多假自由地区的情形那样，提出与政府原意相符的报告，加深此一事件的阴影。事件发生后，对教育司的处置，有的赞成，有的反对；若仅从舆论的表面看，可以说，两方是处于不相上下的状态。这若在假自由地区，政府会采取“拖字诀”，依赖“社会健忘性”，把问题在“拖字诀”中湮没掉。但港府所成立的调查委员会，却切切实实地调查了一番，提出实质上推翻了教育司立场的报告，而一一被港府所接受，问题就是这样得到解决。这一过程，我真正感受到什么是“政治艺术”。而政治艺术，必须在半自由地区，亦即是在小市民的意志，可以影响到统治者的地区，才可能运用。或者有人，轻视“半自由”的说法，但试观天下大势，够得上“半自由”的，真是凤毛麟角了。

当调查委员会提出方案时，也有人因感到不彻底而流露不满。

但我应郑重指出：不彻底，即是带有妥协性；这是生活于自由社会中的必然现象，也是为了保持自由社会的必需条件。我记得，当封校改名的问题发生后，有位负责人公开宣称，这是“唯一的办法”。“唯一的”观念，只存在于形而上的世界里面，经验世界有什么可算是“唯一”的呢？我当时感到，说这种话的先生，似乎一点也没有受过英国经验主义的熏陶。现在总算把“唯一”的观念推翻了，但也断乎不必转落到另一个“彻底”中去。

此事发生后，我一直是同情十六位教师方面的。但近来我同几位在中学教书的优良教师聊天，他们都认为不要黑板，师生坐成一个圆圈，以讨论为主的新教学法，对中学生而言，是不切实际的。不错，讨论要有相当的准备工作，否则似乎不容易有真正的结果。这一点，我希望实行此种新教法的教师们，好好地检讨一番。

## 二

刚在一个月前，报载两名青年因轮奸一少妇而被起诉，根据教导所及劳役中心的调查报告，认为两被告年轻，适宜受保护教育。但法官鉴于此类案件，经常发生，必须施用阻吓性刑期，于是各判囚五十四个月。作此判决的法官，将法律与社会现实问题，联系在一起，以作判刑时的考虑；这是非常有意义，而值得加以倡导的一件事。每一条罪刑，都有由轻而重的伸缩性，让法官加以权衡、采用。在权衡采用时，法官除了当事人本身的各种因素外，更照顾到社会的一般要求；这种法律行动，同时即直接含有社会教育的意义。香港严重的社会问题有三：一是集体贪污，一是贩毒吸毒，另一是色情泛滥。这三大问题，虽然不能完全倚赖法律的阻吓，但若处理这类案件的法官，都能像判处两个轮奸少妇的青年的法官一样，把社会的严重问题，存放在心里，以作释放、判罪，及量刑轻重的标准，是不是更可以表现法律的尊严，得到社会多数市民的信服呢？当然，这要跨过所谓“名流”的这一关。若是法律在所谓“名流”的面前低头，那就有点近于“不自贵重”了。香港名流的真面目，大概就是电视台上所映出的面目吧！

在廉署一年工作报告中，指出有的人为了解释他的超过正当收入的财富来源，而说是来自他太太的卖淫。仅从这一点来看，即可了解，凡是贪污的人，即是世界上最不要脸的人。我不知道，法官遇着这种人时，将作何判断？其实，由卖淫而积得财富，一定可以查出卖淫的时间、地点，及概略的金钱数字。对于这种人，廉署和法院应采穷追猛打，决不可稍存怜悯之心。

三

在四百多万人的大社会中，有许多利益不同的团体，一方面是互相依存，同时也难免彼此矛盾。政府的机能，便在维持各团体间的利益均衡，不让某一二团体的利益，由独占而与广大市民的利益发生矛盾；尤其是不能听任这种团体的胁制手段得逞，以致引起恶性的连环反应。根据上述观点，我对运输署拒绝车商缓发三百个的士牌的要求，并不批准五商会加车费的申请，感到港府算是“有能”的政府。

车商为了达到加车费的目的，一方面放任（我不敢说是唆使）

司机拒不载客，另一方面又反对增发车牌；这可以说是以胁制手段来达到独占垄断的利益，不惜与广大市民的利益相矛盾的。他们放出的空气说，的士司机因待遇低而不断转行；但就我在坐的士时，与许多司机聊天中所得的结论：和车主分账的司机，每月收入约一千八百元，多辛苦一点，约二千二百元左右；开其他车辆的工资，每月约一千二百元到一千五百元。我以他们所挟持的理由，不大能成立。为了大众交通的利益，政府制定违例司机的罚则，甚至罚及车主，我不感到是“荒谬”，因为司机不敢不与车主合作。

梁淑怡离开佳视，是一种创业野心的挫折，不是可喜的现象。传说中，梁的不能不走，与政府的调查有关，而调查报告又不能发表，政府当然有他的法例根据。但传播事业，是大众性的事业，政府应当发表报告，以免有的市民怀疑这是为了保障另一集团的利益。同时我应指出，作为梁淑怡开台戏的《名流情史》的失败，是剧本问题，不是演员问题。自从亚里士多德提出 plot 的重要性以后，除了意识流小说和白日梦诗以外，没有人能违背此一基本原则而能获得成功的。日本人把 plot 译为“筋”，值得我们玩味。《名流情史》的情节，有如海里的“水母”，只是一堆微小动物集结在一起，可随意割掉一些，也可随意拼上一些。其中没有“筋”，没有故事的“主线”，而只是一些游魂在那里作散漫的浮动，我认为这是很失败的一点。至于有人用硬塞入“床上戏”的方法，来争取观众，恐怕是以下流之心，度市民之腹了。

一九七八年八月十五日《华侨日报》

# 一席话

## 一

有位朋友，大概比我年轻二十岁，初认识时，他在香港当记者，以后自己从书本上研究金属制造，精勤刻励，居然能把握这方面的各种规律，达到可以自己开发新产品的程度。但他是深信科学规律，而又有相当个性的人，香港某大厂家，在台湾设分厂，请他负技术指导的责任。当他发现老板知识陈旧而又好私心自用时，便独立作小规模的经营，因不胜税吏苛扰，便把家眷留在台北，自己回香港，匹马单枪制造一种精细的金属制品，过着自由的小市民生活。我们彼此之间，行业不同，但一直保持对他的敬意。前几天，他由台湾回到香港，把台湾一位朋友托他带给我的一点食物送来，便留他坐下聊天。他平日所接触的社会层面和我不同，不沾政治气味，也不沾文化学术气味，一切都来自生活中的实感，所以和他把话匣子打开后，感到他所说的有相当的趣味，值得纪录下来，可惜我纪录得不够生动。

话是从我问“你这次对台湾的经济情形，有何印象”开始的，他说：“台湾今年的经济情形，比去年还好，现在台湾人真有钱。过去总是鼓励节省，现在若不鼓励消费，便会通货膨胀，所以政府极力鼓励人民向外购入各种设备、各种产品。过去台湾人喜欢买日本机器，这几年，了解欧洲的机器虽然贵一点，但比日本的精密，可以提高生产品质，所以买西欧、买美国的比率增加了。从明年起，开放出国旅游，也是为了钱太多的关系，从台湾来香港旅游的，有的是熟人，有的是由熟人介绍，常常要我带她（他）们买东西，大家赶好的挑，不把价钱放眼里。我曾鼓励他们到国货公司去看看，他们不敢去，经我说后，也不过是商店而已，于是有人去看了，一层楼一层楼地看，但几乎没有看得上眼的。有从宜兰来的一位乡下佬，不过开一个罐头厂，居然买四百港币一件的衬衣，陪他到银行去换钱，拿出百元一张的厚厚一叠旅行支票，一直签字，我着急地告诉他，在香港身上是不能带太多现金的……”

二

我问："香港的技术水准，是不是比台湾高一些？"他说："不一定。就成衣来说，上等货是香港的，中下等货才是台湾、南韩的。因为香港与外面接触容易，适应新需要的能力强，台湾、南韩始终追不上。金属方面，香港制的小玩意儿也比台湾强，但机械的制造，远不及台湾。台湾的工业有基础，香港没有。"我问："怎样是有基础、没基础呢？"他说："台湾基本工业的相关部门，都是有连带性的进步，形成了一个大的工业系统。香港有什么基本工业？更说不上系统！还有，我发现，台湾的青年和香港的青年不同。香港的青年受完教育后，只想怎样赚钱；台湾的青年受完教育后，有的常常是想自己创造一种什么新东西。”我听到这一点，当然也感到高兴。

这位朋友又说：“我家虽然住台北，但并不喜欢台湾的都市，而喜欢台湾的农村。徐先生，现时台湾的农民好有钱啦！”我说：“你举个实例吧！”他说：“我有个种香蕉的朋友，屏东人。二十年前，他的房子是茅顶，竹泥笆墙。去年我去看，两层楼，大彩色电视机、冰箱，厨房安上抽油机，房内设备比我的好十倍。”我笑了笑说：“这是特例。”他不服气地说：“他的村子三十多家，家家都有电视机，多数人家有冰箱；村子里有三部计程车，村里的人外出时可以利用，这是特例吗？他们为什么有钱？因为现在土地都是自己的，政府又用各种方法帮助他们，道路由政府修，私人筑一个围墙，农会津贴三分之一；借钱买机械农具，二十年还清，等于白送。农民由拖拉机改的运输车，进城不要牌照，许多的优待。我有位朋友退役后，居然能在身份证上，改为农民身份，好不容易呀！我曾和住在我楼上的一位计程车司机聊天，才知道他最欢迎的乘客是没有穿鞋的乡下人。一坐上车问，什么地方好便到什么地方。坐了半天或一天，付起车费来满不在乎，比穿西装的慷慨多了……”

“你把台湾说得这样好，有没有点坏的呢？”我笑着问。他说：“唉！就是贪污和没有行政效率的问题。贪污得最厉害的是税务人员和公营事业的采购员。没有行政效率和贪污是关连在一起的。蒋经国对这两样简直没有办法……”

三

我问："你看大陆的现代化怎样？"他说："我是中国人，还有亲族在大陆，凡是他们向好处做的，我总是赞成。但实现现代化，困难得很。我不能看大的地方，只能看小的地方。文化大革命，物质的破坏，还可以补救，最难补救的是他们把人心搞坏了。文化大革命中，学校好点的教师都给红卫兵整得非常悲惨，学生根本不读书。只学得满嘴空话，破坏成性，游荡成性，勤俭的传统美德，一扫而光。这些年轻人，现在正卅岁左右，是社会的骨干，既无学问，又无工作情绪；由这些人去用机器，怎么能实现现代化？十多年前，大陆出的金属制品，水准相当高。文化大革命后，一年不如一年，现在拿出来的产品，一用就毛病百出，因为用机器的人的心坏了。大陆上十二三岁的孩子就抽烟，抽烟风气所以这样盛，因为抽烟是工作时偷懒的方法之一。香港不敢轻用从大陆出来的年轻人。有位朋友用了一个，平日洗手的次数特别多，顶会讲话，讲得左右不宁，这还可以忍耐。有一次，他把制品放在台面上，向同事的来分析，这件东西，只要两百元成本，却卖八百元。这位朋友吃不消，只好请他走了。"内人坐在旁边忍不住插嘴说："江青既无知识，又无品德，毛泽东却这样信任她，把国家搞成什么样子！"

一九七八年十一月十七日《华侨日报》

# “破日”文章“浑漫与”

## 一

羊年本是吉祥之年。但据星相家说，今年这个羊年元旦，却是属于“破日”，诸事不利，这一点，妻已经提醒我了。不过，写政论文章而能对写者有利，大概不是真正的政论文章吧！我只问有没有时间的空档，哪能管得日辰的破不破？所以还是利用拜年客人还未来的这点空档，写文章交卷，但为减轻破的程度，所以这篇文章，只是“浑漫与”的性质。

杜甫有句诗是“老去文章浑漫与”，注释家用“随意付与”，解释“漫与”两字，所以“浑漫与”，是指不经心着意地去选择有意义的题目，而只是马马胡胡地看到甚么便写甚么。有的版本把“漫与”错成“漫兴”，这也无关宏旨。“漫与”即是“漫兴”，即是今日的所谓“杂感”。

首先，我想向读者提出一个问题：香港有甚么可称为“世界之最”吗？这不仅是一个国家、民族自尊心的要求，也是招来观光客在宣传上的要求。从政治上说，香港虽然不是个国家单位，但从社会上说，香港却是个民族单位，应当可以找出一点甚么来值得称为“世界之最”。但今天是元旦，千万不可提出“抢劫”这类不吉利的事情来充数，何况，这还关涉到地区统计数字的比较问题。不待统计数字的比较，而即可断定值得称为“世界之最”的，我铁定是“香烟广告”了，因生活水准与香港不相上下，或比香港更好的地方，政府对这类千奇百怪的广告，必定会加以管制。生活水准不及香港的地方，政府当然也达不到管制香烟广告的水准，但烟民却负担不起这样一笔浩大的广告转嫁费。两者相形之下，香港的香烟广告，便确可称为天下之最了。

二

然则有没有可称为“香港之特”呢？“特”即是特色。香港的特色，可以说是指不胜屈，但都带有传统性或地域性的色彩。我这里是想指出带有“新潮”性的特色，这样一来，便只能剩下公务员的怠工（美其名曰“工业行动”，或“照章工作”）、罢工（美其名为“静坐”），要算是“香港之特”了。工人怠工、罢工，是世界性的新潮。但公务员算不算工人，已发生过不少争论；而公务员的怠工、罢工，在任何地区、任何国度，与工人比较起来，真可谓不成比例。但在香港，这一年以来，却把这比例完全倒转过来了。这能说不算是“香港之特”吗？何以会如此？市民只有冷眼木面旁观的分了。

香港政府，最近有两件值得大书特书的事。一是破天荒地禁止丽的电视台放演色情节目《哈啰夜归人》，另一是对汇丰号难民船的处理。一些不肯用大脑，或不会用大脑，而又想赚大钱的人，这些年来，以某大导演为首，便一直在女人脱光身子上打生意，形成了色情的泛滥，推动了社会的罪恶。去年中大学生会做了一次极有意义的调查工作，接着十七个大专文教团体发表了公开谴责的信，并成立了一个社会团体，想对这种邪恶倾向加以阻止，这都表现了香港居民的自觉自尊。但利令智昏之徒决不会因此而罢手，要进一步由影院通过电视而进入到家庭，以为这样，便可从广告上收得满坑满砵。真想不到管理当局，有智慧，有勇气，断然加以禁止，给它一点小小打击。我认为反黄之功，决不在反黑反毒之下。

港府对汇丰轮难民的处置，可谓法中有情，情中有法；一方面打击了越共的无耻企图，另一方面对无辜的难民，也尽到了人道的责任。可谓表现出了“文明”的意义。

不过，从这几天到处贴出的争取“中、英文平等”的标语看，文教当局压低香港中文地位，以求达到减少居民“中国人意识”的目的，完全是白费心机。他们根本不了解，中国人在没有受到不合理待遇时，便没有中国人意识；在受到不合理待遇而感到耻辱时，即激发出强烈中国人意识。问题的归趋，会与文教当局的想法恰恰相反的。

物价是互相影响的。安定物价是一切正常政府的正常任务。的士加价，一加便是一倍以上，连司机也认为加得太高，这是任何方面都不能作合理的解释。我有一个宝贵经验，愿意毫无保留地向大家提供出来；即是在患重感冒时，不要思考重要的问题，因为此时的头脑作用是不太清楚的。

## 三

“有钱可使鬼推磨”，这是豪富之家所常引以自豪的一句谚语。

但树仁书院，通过师生投票的方式，拒绝了文教机关，以变更学制换取津贴的诱惑，保持创校的原来理想；谁能说人格尊严、意志自由，不可伸展于今日的香港？树仁师生的决定，富有“可以兴，可以观”的意味。

一枝高仕原子笔，早要到香港酒店三楼的高仕中心去修理。报上又报导《中华文史丛刊》第八期已经到港，也急于想购入一部。但年老了，出一次门，确非易事。昨日，是旧历的除日，中午有位朋友约在乐宫楼饮茶，以便和道经香港的一位老友的太太见面。于是灵机一动，计划饮完茶后，先修原子笔，再由尖沙嘴过海，到中环某书局买《丛刊》，然后由美孚渡海码头坐船返美孚新村，这似乎很合于经济原则。到了中环，听到一位小姐在人丛中香汗淋漓地说：“真是人山人海呀！”谁知挤到某大书局前，已经重门深锁。我并不灰心地想：“前面不远转一个弯，不是还有一家吗？”谁知挤到后，则犹是某一大书局也。两个大书局，在万头攒动的市场中，显得多么孤高冷峻！我一面走，一面想，这是不是书店的特别行规？联想到年轻时逛旧书店的情形，觉得有些不对。于是恍然大悟，这种对比只不过是公私之别而已。乃套孔子的一句话说：“观于市，而知王道之易易也。”今日的英雄豪杰们，偏要以惊人速度，独为其难，吾且奈之何哉！

一九七九年二月二日《华侨日报》

# 《猎鹿者》与南海血书

## 一

《猎鹿者》是一部今年得到金像奖而风行一时的影片。南海血书是去年十二月十九日见报后，台湾全民所研读的越南阮天仇用血所写的三千多字的文件。两者的类别不同，但在某一点上是相同的，即是对南越政权之被消灭，都作了一种解释。虽然一是间接的，一是直接的。

《猎鹿者》在香港演出时，有家左派报纸从思想的立场加以痛骂。据我这个外行人看，《猎鹿者》影片的出现及金像奖的获得，说明了美国因越战所引起的精神崩溃、迷失，已渐渐复苏过来，重新对自己的国家，保持公民所应有的正常态度。对《猎鹿者》的意识形态，作何评价，关系于对美国在国际事务中所演角色的评价。如果认为美国在国际事务中所演角色是对自己国家有害的，则由美国精神的苏生而加强世界事务中所担任的角色，自必加以反对。否则纵然不便加以赞扬，也会保持沉默。

全影片可分为三大段，由一群青年人在铁工厂的认真工作，工余的尽情欢笑，以至婚礼完毕后三个青年赴越参战，是第一大段。在这一大段中，所以插入猎鹿一事，我以为不仅表现青年工人的活力，而且要借此以表现美国河山的可爱，为收尾处作伏笔。在这一大段中喧闹得使人不易接受的场面，尤其是被夸大的婚礼场面，我以为这是导演想反映出美国青年人胡天胡帝的天真生活。而这些青年，乃至美国许多政客论客，便是在这种胡天胡帝的天真中投入了越战。由俘虏船上对俘虏惨无人道的情景及由这种情景的逃出，到从南越撤退，这是第二大段。在这一大段中刻露出战争的残酷，越共的凶狠，美国青年在残酷凶狠中有的精神崩溃了，但依然由一位意志坚强的主角，发挥无比的信心与智慧。消灭了押解俘虏的越共，逃出得救。导演所引用或构想的“俄罗斯轮盘”游戏，正是越共性格、行为的深刻而全面的刻划。被救的青年中，有一个被西贡的贪淫、黑暗及以各种卑鄙手段博取非法利益的情形所迷失了的各种场面，这是导演用简洁、暗示的手法，对南越政权何以被消灭所作的解释。由主角回到故乡后的各种空虚而带有伤感气氛场面，暗示越战的创伤。由对精神崩溃了的同伴的照顾及再回西贡，想挽救迷失在西贡黑暗中同伴而终于失败，到最后途葬回来，几位朋友集聚在令人窒息的小餐厅中，流露出悲痛里所发出的友爱，而以共唱《天佑美国》作结，这是第三大段，试把这一段的伤感气氛和第一段浮嚣气氛两相对照，说明越战打垮了美国的浮嚣，但真正的爱国心却从伤感的气氛中升起，所以美国的前途依然是光明的。

“南海血书”据译者朱桂先生说，“内弟有一天到南海打渔，在一个荒岛上发现了十三具尸骨，和一堆大海螺壳。这份血书就装在该海螺壳里，字迹模糊，我只将大意揣摩并翻译出来”。这即是说共党逼害而逃出的十三个难民，饥渴了四十二天，都死在这个荒岛上。其中有位阮天仇的难民，在临死之前，用自己身上仅余的鲜血，在自己脱下的衬衫上写下这样三千多字的血书，说明越共之所以能吞噬南越，是因为南越有些人，不安分于吴廷琰的统治，要求民主自由，造成越共可乘之隙，到头来便把大家葬送了。这当然是对越南政权被消灭的正面解释。所以阮天仇之所“仇”，并不是越共，而是在吴廷琰政权下要求民主自由的某些社会人士。这一血书的发现，与摩西十诫出现的情形有点相似，是够使人惊心动魄的。所以一时风靡了台湾，一位立法委员要把它“编入中学教科书国文课本中，列为高中大专考试的必然试题”，并不足为异。

我每天都看《中央日报》。当副刊上刊出此一文件时，只茫然地感到为什么没有我们的东海血书，而只有越南人的南海血书呢？可见我们的民族，实在老大到对自身遭遇也麻木得没有反应，所以没有仔细看它的内容。后来从报上发现它的影响是这样的大，便写信给朋友，请寄一份给我，始终没有寄来。最近《八十年代》创刊号上，有林浊水先生写的《拙劣的越南寓言》，用考证的方法，证明南海血书是出于伪造。这同样令人十分震惊。也有人告诉我，这是吴廷琰的弟妇陈丽春的一位副官所弄的玩意儿，不知怎的落在台湾手上，使台湾某些人上了当。但这也是揣测之词，恐怕不足为据。不过，不论血书的来历如何，它的背景，则确有事实根据。例如中央社纽约二十一日对南越释智广的报导，即是可信的例证。

## 二

对南越政权何以被消灭的解释，《猎鹿者》只是附带提及。并且也未尝把原因直接归之于统治者。但由镜头所显出的西贡现象，则不能不向统治者追问责任。南海血书便很明显地把责任归在不与政府合作的要求民主自由的社会人士。这种争执的死结，到底如何解开呢？在东方专制传统之下，国家一切力量，都集结在统治者手上。要求民主自由的社会人士，除了口说笔写的言论外，再一无所有。言论的力量，在和军警、法院、财经、学校等力量比较起来，不过是九牛的一毛。而在言论的分量上，统治者与社会人士相较，大概不止万与一的比率。在分量上占极少数的言论，所以会发生影响，必是因为指出了统治者在政治行为中的错误。假定统治者利用批评言论来改正错误，则批评者的影响，可转化为统治者的力量。假定统治者对批评的言论横加压制，并说许多离了谱的假话以资弥缝，于是批评者进一步成为反对者。再加以社会上完全失去对统治者言论的信用，使反对者的言论，成为社会上唯一的言论，此时才会发生催命符的作用。由玉石俱焚而引起责任谁属的争论，乃是统治者还存在时的争论。站在历史看，东汉亡国之罪，不加在桓灵及宦官们身上，而加在当时主持清议的名节之士身上，大概只限于刘瑾、魏忠贤这种特殊人物。秦始皇要由一世以至万世，毛泽东要江青们搞江山万代红，站在只能以权力才可维护他们存在价值的立场来说，是值得同情的，可惜他们再英雄万倍也无法做到。

一九七九年七月三十一日《华侨日报》

# 书与人生

## ——向有钱者进一言

### 一

一九五一年春，我在日本住了四五个月。当时日本还被盟国占领，中国也有驻日代表团。代表团的团员们也都受到占领者所能享受的优越待遇。清水董三先生，当时似乎还没有什么正式工作，所以常常陪着我参加若干社会活动，有如座谈、讲演之类，并有时间和我聊天。他的中国话，对中国文化的常识，及对朋友的耐心、周到，使我们之间，成了很亲密的朋友。他的太太，曾亲自做和服送给我。有一次，他以太息的声调向我说，“徐先生这样地爱书，在中国人中是很特别的。贵国代表团的许多先生，也和我有来往。他们家里，各种最摩登的生活设备都有了，只是没有书架，没有书”。他的话，一直留在我脑筋里；每一回忆，他聊天时慢条斯理的神气，如在目前。尽管他夫妇两位，已去世十多年了。

前两三年，我忘记了是在日本的报纸或杂志上，看到有在香港住了很久的一位日本人士写的一篇杂感性的文章。里面说到香港有钱人的家庭设备，都值得称为豪华，只是没有书柜没有书。

我把这篇文章和清水先生向我讲过的话，自然连结在一起，不知不觉地增加了我莫名其妙的叹息。

当年能参加驻日代表团的人，都是在党政中很活跃的人，他们都受过相当的教育。但对于书，却随他们进入到官场中，而不能不淡忘了，因为书与官场，在现代中国是全不相干之物，这一点，也反映出中国现代政治的本质。香港的有钱人，都是在商场上有能力的人。书对香港人所喜爱的“利市”而言，乃是不祥之物，尤其是要出门赌马玩钱时，一看到书，听到书，便立刻和输赢的“输”连在一起而神经紧张起来，怎么会让家中有书呢？除非像把“肝”称为“润”一样，把“书”称为“赢”，或者可稍减轻许多有钱人的心理障碍。

但中国旧社会则决非如此。“书香门第”、“诗礼传家”一直受到社会的尊敬、向往。只要不是太穷，《三字经》、《千家诗》、四书、《纲鉴易知录》这类的书，小康之家多半是有的。社会风俗中，对写得有字的纸，必须捡起来。乡下还有用石或砖做的小塔，上面刻着“爱惜字纸”四个字，是为了把不要的字纸拿到塔里烧掉。我小时常听到大人的教诫，“用脚踏字纸，会瞎眼睛的”。这种对文字近于迷信的尊重，对书的尊重，乃是数千年积累下来的对文化的尊重。这是历史上经过许多黑暗时期，而依然能保持人的基本条件，不随横流以俱泯的重要原因之一。可是，这一切随着革命的浪潮而荡涤得干干净净了。尤其是文化大革命，把社会中所保存的文化意识，革得远比秦始皇要彻底百千倍。中国人的生活，完全从书中解放出来了。十亿中国人民的精神，真正成了水里的萍根断梗。

## 二

从大的趋向说，书的出产越多，书对人生的分量似乎越减少。就香港来说，现代化特征之一，是报纸杂志取代了书的地位。除图书馆外，报纸、杂志，是翻完后就丢掉的，书在时间中有它的过去未来，报纸杂志的寿命便只有当下的片刻。真的，现代人的生活，除了银行的存折外，都是当下的片刻性的生活。房地产是不动的，时间性较久的。但房地产变为投机对象后，买房地产也没有“制业”的意味，也成为片刻性的东西。现代人，尤其是现代有钱的人，除了由银行存折表现他的生命的连续外，连一间好好的工厂，也要化为地产投机而将其片刻化了。怎能想到很难登记到存折中去的书呢？越是有钱的人，越是消耗在片刻性生活的能力越大，连有价值的杂志也不看，连报纸上与存折无关的严肃性的新闻也不看，更何况于文学作品，更何况于线装精装的古典。这便是香港有钱人所代表的现代化的趋向。

对书的态度，大概和文化传统的久暂有关系，越是暴发户，越不知道有书。我曾看到一篇文章，说英国人很爱书，并且在第一次世界大战前，英国许多人，很努力使自己有个小图书馆；但经过第一次世界大战，尤其是第二次世界大战，私人的住宅变小了，书多了便安放不下，不能不减少藏书的兴趣，当然和公立图书馆的发达也有关系。

日本人的爱书，爱读书，可能居世界第一位。我昭和三年（一九二八）春到日本留学，先在成城学校学日语时，有位六十岁左右的男工，是专门管烧热水炉的；一年三百六十五天，只要他坐在炉子边的破凳子上时，总是手不释卷。我留心他所看的东西，都是日本文学家的作品，尤其是菊池宽的作品。这是日本社会文化生活的共同象征。《中央公论》在卷头的画页中，有一个专题是“我的书斋”，每期刊出一位日本的学者、作家、艺术家、实业家们的书斋图片，今年八月号，已经登到一五六位了，大概还要继续刊下去。从图片上看到各种各样的书斋，真令人神往。仅就这一题材的选择来说，也够有芬郁的文化气息了。这正与香港的有钱人作出明显的对比。一般日本家庭中，没有书架书柜，没有几十册以上的书，大概是找不出来的。

三

假定一个人的生活，不需要从书上找知识来支持的时候，此时书对于人的生活，会有甚么意义？尤其是假定一个人在工作以后，并无暇读书，读也读得有限，则买些书存放在家里，又有甚么意义？大陆上把民间的书，可以说是搜干毁尽了。为甚么要这样做？因怕人民保存有书，便会不知不觉地受到书的影响，而充实了自己的人生观，拓展了自己的人生境界，保持了自己辨别是非的标准与能力，使自己像一个人的样子。要毁灭人民自己的人生，便需要毁灭人民家里的书。

书，尤其是古典性的书，都包含了人类生存的另一种时间空间的世界，包含了人生在各方面所展开的生活方式、生活意境、生活价值。就是随便接触一下，使人们知道除了自己现实生存的空间时间外，还有过去、现在、未来的许多空间时间。除了自己所有的及自己所看到的生活方式、意境、价值外，还有其他很多的生活方式、意境、价值。便于不知不觉之中，使自己的生命得到拓大，得到升华，感到除了银行存折以外，人生还有些看不见，却可以感受到、享受到的东西，并且让自己的子孙看到书架或书柜里的书，使小孩子的心灵中印上“呀！还有这些东西啦”的印象，这即是对小孩子们的一种教养。而所费的不过是一次应酬费而已。

一九七九年八月二十一日《华侨日报》

# 神座观念的灾祸

## 一

这篇短文是由伊朗德黑兰学生占领美国大使馆事件，所引起的一些思考。

我这里的所谓观念，是把层次不同的感情、意志、理论都包括在一起的。人类是生存于物质世界之中。但人类与物质世界的关连，及在物质世界中的作为，实际是决定于这里所说的“广义的观念”。所以不妨说，人类赖物质世界而生存，同时也是赖观念世界而生存。物质世界可以影响观念世界，观念世界也同样可以影响物质世界。无数的事实证明，不是谁决定谁，而是在平衡状态下互相决定，在丧失平衡时则彼起此伏地互争雄长。

有由物质世界而来的灾祸，这在中国称为“天灾”。有由观念世界而来的灾祸，这在中国称为“人祸”。

由观念世界而来的灾祸，原因很多。其中以由神座下来的观念，或由阴沟浮出的观念所造成的灾祸，最为巨大、惨毒。所谓由神座下来的观念，即是把某种观念，上升为神的意志、神的语言，因而赋予以绝对权威的观念。所谓由阴沟浮上的观念，乃是并没有可以在光天化日下出现的真实的观念，而只有阴谋、诡谋、诬陷、残酷等手段。不过这些手段的造成和运用，依然是出于某些人的观念，但这是来自人类理性下沉，下沉到污秽的阴沟里面，所浮出的观念。

由阴沟浮出的观念所形成的灾祸，其丑恶形象，是显而易见的。由神座下来的观念所形成的灾祸，常出之以堂皇壮阔的形式，能给人以眩惑的作用。

正在香港电影院上演的《世纪大毒杀》，演的是去年在圭亚那所发生的九百余人集体自杀的“神殿教”的真实故事。历史家称欧洲中世纪为黑暗世纪，这都是由神座下来的观念所造成的灾祸。在由神座下来的观念造成灾祸的过程中，必然勾连上由阴沟浮出的观念。史达林把由马列神座下来的社会主义，和格伯乌的特务组织，结合在一起，残杀四百万人，以树立个人崇拜，即是一个显例。

## 二

伊朗前国王巴拉维所用以残杀政敌的手段，是来自阴沟浮出的观念。现时宗教领袖科米尼所用以残杀异己的手段，是来自神座下来的观念。因为他的观念是从神座下来的，所以可掀起落后群众的狂热。因为有群众的狂热，更使科米尼有“与神一体”的绝对权威感，因而他的残暴，可进入到疯狂的状态。现时德黑兰的学生占领美国大使馆，劫持人质，要美国交出巴拉维，置一切国际法例、人类良心于不顾，一举而把世界推向爆炸的边缘。科米尼的疯狂，正来自科米尼由神座下来的观念。

一九四二年中共开始整风，开始塑造毛泽东的神像。取得大陆政权后，毛的神像塑造完成了，绝对权威建立起来了，于是他的语言、意志，等于原始宗教中神的语言、意志。许多中共党人，认为根据他的语言、意志，便应当毁灭一切，也可以创造一切。“文化大革命”期间，拿着他说的话，就可以发动几千万甚至几亿的群众运动，并想出亘古无伦、并世无比的各种野蛮方法，以毁灭毛的意志所不容的人与物。由观念神化所造成的浩劫，中国断然可以跃居古今中外的第一位。中共今日才喊出“毛主席不是神”的口号来想加以补救，未免把问题看得太轻松了。

## 三

人类历史经验证明，站在政治社会的立场来谈观念问题，一定要求由人民大众现实生活中产生。与人民大众平等地结合在一起的观念，由神座所神化的观念，是由人民大众现实生活的头上所压下的观念。谁能在政治上取得最高支配权，谁便可运用这种由头上压下来的观念以加强自己的权威，使自己进入于神的地位。在这种由头上压下来的神化观念中，想安放进实质的民主以缓和他的灾祸性，恐怕是妄想。这是科米尼的什叶教，中共的马列主义、毛思想所遭遇到的真正问题。科米尼的信徒们发出“美国必亡”的口号，大概美国的亡不亡，不是科米尼及其信徒们所能亲身看到的。毛及其信徒们，歌唱着“翻天覆地的变化”，应当承认中国人民除了因此而受到一场空前浩劫外，天并未尝翻，地也未尝覆，翻的覆的，可能是天外飞来的神座中的神像。我奉劝华国锋不必爬上这种神座中去“敬陪末座”。

我从来不反对社会主义，但我心目中的社会主义，是从我们广大人民生活实践中聚结出来，永远以实质的平等，与广大人民生活结合在一起的社会主义。从神像压下来的社会主义，大概广大人民，很难承受得起这种恩宠吧！

一九七九年十一月十四日《华侨日报》

# 神座观念的灾祸续篇

## 一

十一月四日，伊朗宗教狂热的学生，在其教主科米尼指使之下，发生劫持美国外交人员作为人质事件后，我曾写过《神座观念的灾祸》的文章。现写此续篇，进一步说明神座观念的实体，是由残酷与愚蠢所构成。它的结果，只能是破坏乃至毁灭。这是不接受知识洗礼，不接受民主轨辙的传统宗教，以及由“绝对观念”变形的现代宗教，所不能不承担的共同悲运。

促成科米尼采用劫持人质的基本动机之一，是他认定美国重视人的生命，只要把美国人的生命，尤其是把政府官吏的生命掌握在自己手中，便可使美国屈服。伊朗有很多学生有更多官吏在美国，他不顾虑美国采用同样手段作报复，是认定美国决不会采用同样手段，即使采用同样手段，他也无所爱惜。所以在这一认定的后面，实反映出他承认美国是文明的，而自己则甘于野蛮，美国人的生命是值钱的，而本国人的生命是不值钱，这是出自残酷的深层意识的认定。事件发生后，他曾说“我们是追求死亡，伊斯兰教徒是以死亡为光荣”。每个人都有追求死亡的自由，我们对此无须表示赞成与否。但一个要自杀的母亲假定先夺去自己无知幼儿的生命，便不能不怀疑到这位母亲性格的残酷。科米尼可以自己追求死亡，但煽动整个国家的信徒也追求死亡，则可断定他的性格是非常阴狠而残酷的性格。孔子说“有杀身以成仁”，孟子说“则舍生而取义”；这里说的，“杀身”，是杀自己的身，“舍生”是舍自己的生，而目的则在“成仁”，成就他人的生命，“取义”，争取大多数人的利益。煽动他人去牺牲，自己躲在后面享牺牲的果实，这种人，岂仅不是伟大，实在是残酷加上卑鄙。

## 二

逃到巴黎的前伊朗总理宣称科米尼根本没有受过现代教育，“连俄罗斯在什么地方也不知道”。这可能是事实。他和美国有矛盾，要斗争，是可以理解的。但他置一九六一年维也纳外交公约及一九六三年维也纳领事关系公约于不顾，采用劫持美国外交人员来作斗争的手段，以至使好乱成性的苏联，在安理会上也帮不上忙；使回教徒的马来西亚前总理拉曼，也不得不公开抨击他“缺乏回教道德”。连最下流的越南，支持他反美，但也不好意思提到人质问题；安理会、国际法庭，以一致的决议裁判，要他释放人质；他真正成为中国谚语中“个个叫打”的“过街老鼠”，这便是吃了太无知识的大亏。连世界上许多极权者，也要厚着脸打起民主的招牌，但德黑兰十二月五日所宣布的经“群众认可”的新宪法，却规定伊朗是一个“伊斯兰神权共和国”。这种笑柄，正是来自把狂热的信仰，转化为狂热的权利欲的愚蠢。

促成科米尼采用劫持人质的基本动机之二，是他认定美国不能动武，他十一月七日在圣城戈姆向学生演讲说，“不要恐惧。倘若美国想军事介入，他们早已为伊朗王这样做，以维护伊朗王的王位”。到了十一月二十六日，美国舰队已进入到可以作战的位置时，他又号召说，“我们一定要动员全伊朗人民抵抗美国”，使“二千万人民可以拿起武器作战”。“我们的力量只能依靠真神和伊斯兰教”，“我们的支持来自全能的神和伊斯兰”。

在这种愚蠢与狂热的互相鼓荡中，常会出现“世界会随自己意志而旋转”的幻觉。他释放人质中的黑人，以为这样便可使美国内部分裂。他动用了石油武器和调走美国银行存款的经济武器，但都棋输一着，而他最大的希望是寄托在发动一场宗教的“圣战”。他在十一月二十三日发出号召说，“十二亿回教徒大团结”，以进行“伊斯兰教徒与异教徒间的战斗”。“起来！保卫伊斯兰”，“依靠万能真主，继续前进”。他谎言占领麦加大清真寺的是美国所为，激起了巴基斯坦焚烧美国大使馆的一场暴乱。但不仅伊拉克正在摩拳擦掌，土耳其、沙特阿拉伯冷眼旁观，连伊朗内部的温和派和少数民族，由十二月起，也激起了公开的反抗。这中间他忽然异想天开，十二月四日，宣布要派志愿军到黎巴嫩南部与巴游并肩作战，想以此加强反美斗争的气势，也因碰一鼻子灰而偃旗息鼓。结果只有不顾已宣布不许苏联挥手的意气，一转而宣称要寻求苏联的保护了，事情发展到现在，虽然世界和平、秩序，受到他很大的损害，但科米尼依然是科米尼，世界依然是世界。这与赫鲁晓夫在美国宣称“你们的下一代会跟我们走”，毛泽东在文革中宣称“天下大乱，越乱越好”的狂想曲，多少可以互相辉映。

三

这里特别值得一提的是“群众示威运动”的意义到底是甚么的问题。在政治社会某些弊病积重难反，需要加以激励改变时，示威运动或者有他暂时的意义。凭此以为国内夺权的工具，有时是很有效的。但由此所引发的后遗症，都相当严重，决不是值得鼓励的手段。以示威运动对外，暂时可以激励民心士气，但事实上决不能像对内的有效，可是科米尼把它当作万灵膏；二月以此夺取了政权，这次又想以此来使美国屈服；于是这一个月来的电视，经常可以看到挥舞拳头、拉开喉咙的热闹镜头，不过对司空见惯的中国人来说，真是小巫见大巫，不值一笑，再多人的示威运动，也运动不出一粒米来，也运动不出一丝纱来，而运动者是要吃东西、穿衣服的。尤其是要学生们放下课本去游行喊口号，再容易没有；但在他们反复的游行喊口号以后，要回到课本上好好念书，那便太难了。这便会由一个人的愚蠢，造成一个国家整个下一代的无知。不错，在反复的示威游行中，可以收到使人精神发狂的效果，所以中国有许多年轻人在喊“我们伟大的毛主席”时，真是涕泗交流，而此次许多伊朗人爬到屋上去大喊“神是伟大的”。但运动下来的结果，只能是一片杂乱、荒凉、残破。我希望世人以这些由神座观念而来的事物引为大戒。

一九七九年十二月十八日《华侨日报》

# “亮起了红灯”的呼唤

现代都市，街道上的行人及车辆，不可闯红灯通过，这是老幼皆知的常识。但依然有极少数人为了贪取一两分钟的便宜，因闯红灯而丧命或被罚款的。政治上，社会上，也有若干被共同认定的红灯；也常被没有气量，缺少知识，甚至是精神不正常的人物，偏偏要以闯红灯来显示他的伟大。人类的灾祸，主要由此而来。街道有大有小，政治社会的问题也有大有小，但红灯的性质则一。所以当亮起了红灯的时候，而发出“不要闯红灯”的呼唤，这是为了维持人类生存的秩序乃至安全所义不容辞的。

“亮起了红灯”的第一个呼唤，是抢救北京的民主墙。他多少可使领导人知道，除了他们的看法以外，还有不完全与他们相同的看法；除了他们所提出的问题以外，还有可以提出为他们所没有想到，所不愿意承认的问题。这便对“一言堂”的统治方式；或借用胡风《只有一个舆论》的“上下一同”的说法，稍稍发生一点缓和作用，让中共今日少数真正想干好的人们可由此而增加智慧、得到启发，让横蛮愚蠢的人们，可由此而有些顾忌，得些教训。这对中共而言，应当只有好处没有坏处，最低限度，是好处多于坏处。

“亮起了红灯”的第二个呼唤是香港居民，应支持港府抢救可能发生的“公难”。有由空中失事而造成的“空难”，有由海上失事而造成的“海难”。我这里把由公务员不合理的集体要挟行动所造成的政治社会危机，方便称之为“公难”，公难的严重性，不是空难海难所能比拟。香港已经过了一次不大不小的公难危机，现在由薪俸问题，可能造成更大的公难，居民应以“主人”的身份援助作为主人代理人的港府来克服它。

现代化的地区，公务员的待遇，都比工商机构中的工作者为低。希望得到高的薪俸，是人的常情。但有一种自然的限制，即是要想到多数居民的收入。公务员今年四月加了一次薪，这次薪俸调整又加一次，这是在工商机构中的工作者所不曾得到的。但是薪俸报告书发表后，公务员认为没有达到自己的要求，于是以职业团体为单位，把“集体工业行动”（实际即是怠工）当为武器，向有关机关提出要求；并设定期限，“假定不在这期限之内有满意的答复，我们便会进一步如何如何”，一开始便出之以举起拳头的姿态。一个团体倡之于先，其他团体涌起于后；有一个年来搞事最多的团体，我怀疑这次怎么报上不见他们的名字；结果，这几天也以举得更高的拳头出现了。照这样下去，政府机构会陷于瘫痪，社会秩序会陷于混乱，这不是在“公难”的边缘是什么。

内中委曲的情形，我当然不知道。但从两点推测，他们的要求对居民而言，太没有说服力了。第一，此次最先发难的护理员，要求他们的薪级与放射技师看齐，这说得过去吗？其次，争得最卖力的配药员，在不久以前，曾闹了一阵子，说是配备的人手不足。但奇怪的是，他们为什么不在被人指出配错药以前提出要求，却在被人指出配错药以后才提出？这便使人怀疑到他们是用这种方法来搪塞责任、转嫁责任。由此类推下去，社会能同情他们的行动吗?

我相信香港公务员以外的居民，对薪俸报告书，纵然有考虑欠周的地方，却不相信有“原则上的错误”。所以公务员可以提出自己的意见，同时应接受薪俸报告书，好好为居民服务。政府实施薪俸报告后，也应继续研究各团体提出的意见，作将来再调整时的参考。假定政府因受要挟而屈服，则人的欲望无穷，彼起此伏的要挟，将循环不已。我们纳税养公务员是为了维持社会秩序，而年来社会秩序的威胁，却反而多来自公务员，这是怎样也不能容许的。

这里我附带提一下巴士的问题。稍有头面的人不坐巴士，电视剧中从来没有出现过坐巴士的场面；但巴士依然为多数市民的重要交通工具，而这一重要工具所给乘坐者肉体与精神的虐待，我这个经常挤巴士的人是了解得很清楚的。所以政府提给巴士公司改良服务的加费条件，是最低调的条件。开巴士公司当然为了赚钱；但按照中国人的人生哲学来说，钱赚得太多的人，未必是最快乐的人，还是“服务为快乐之本”吧!

一九七九年十二月四日《华侨日报》

# 跨进八十年代的门限

## 一

这篇文章刊出的时候，恰好跨进了八十年代的门限。孔子说，“逝者如斯夫，不舍昼夜”。这两句象征性的语言，可作多方面、多层次的解释。其中解释之一是，昼夜之分，对于逝水而言，并无关系。历史的时间之流，也和逝水一样，形成历史实质内容的是人类的行为。行为的演进，只是由行为的复杂因果关系来推动。时间的划分，对历史之流而言，同样没有关系，何况以十年为单元的“年代”。但这种划分之所以流行，乃是来自处理问题、把握问题上的方便，我也不应抹煞这种方便。

当我们跨进八十年代的门限时，感到最不愉快的是：不仅门限前蹲着一条狗，而且门限上被人印上了“血手印”。

我们乡下，一提到“拦路狗”，大家便不约而同地都骂这是最讨人厌的狗。蹲在门限前的狗，乃是“拦门狗”，便比拦路狗更为可恶了。伊朗劫持美国使馆人质事件，居然由七十年代最后一年的年尾，拖到八十年代最初一年的年头，这正是不折不扣的“拦门狗”。不过，假定美国人有耐心，假定美国人不让下流政客们从灾难中取利，这只拦门狗是容易一杠子赶开的。对八十年代而言，可能只是一个插曲。美国完成作战部署而不轻易言战，这是高明的决策。但战争的口号，已从科米尼口中喊出来了，美国就应当将计就计。我的设想，假定美国用奇袭的手段，把科米尼及其亲信捉在手上，有如第二次世界大战末期捉住莫苏里尼一样，以交换人质，更运用一部分兵力保护油田；其他问题，让伊朗人自己处理，我认为这是轻而易举的。同时，因苏联的血手印，拦路狗也可能出现戏剧性的走开的场面。

名武侠小说家金庸先生，我忘记他在那一部小说中，描写出一个预备杀某人全家的恶魔，总是先在某家墙壁上打下一个“血手印”。他以镵刻而奔放的笔，把血手印写得阴森可畏，几乎使读者不寒而栗。苏联空运大军到阿富汗，于一九七九年十二月二十七日，唆使他更忠实的傀儡卡米尔发动第三次政变，这正是在七十年代与八十年代的门限上所打下的新血手印。它由此而实际上以军事占领了阿富汗，使阿富汗遭遇到波罗的海沿岸立陶宛等三小国同样的亡国命运。并由此而锲入到伊朗和巴基斯坦的中间，抚两国的后背，使两国失掉防御能力。而两国的统治者，又都暴烈愚蠢，为苏联的渗透、鲸吞，提供了最优越的条件。这一血手印对八十年代的影响，实在太严重了。

## 二

我看了一些“未来学”的文章，多从科技发展的可能性作为推测未来的根据，我缺乏这一方面的知识；也不太相信人类的命运，完全是由科技决定。但对八十年代说，各先进工业国家，在七十年代，受到石油问题巨大的困扰、打击后，能否到八十年代中期，由科技的努力，对石油代用品，有决定性的发明成就呢？若是能，则八十年代的面貌，可能是和平而繁荣的。若是不能，则八十年代的面貌，可能是混乱乃至爆发世界大战。这需要科学家的努力，也需要政治家的远见和大力推动。

因石油问题而加强了中东是世界战略心脏地带的意义，增强了这一地带的复杂性。苏联的铁爪，由非洲的安哥拉及埃塞俄比亚而跳跃到阿富汗，中间以印度洋的舰队作掩护，再以南也门为内应，其志还是要夺取整个中东，控制工业先进诸国动力的命脉。当然勒紧对中国的包围圈的用意，也不容忽视。以埃和约，不能不算是一九七九年美国外交上的一个成就。但因中东各国的不稳定，并且不少领导者，常想在煽风点火中取得利益；以埃和约在八十年代还是向前进，或是向后退，不能完全断定。因此，对苏联的坚定立场，及在动力上减轻对中东的依赖，是工业先进国家为了求得中东安定的重要条件。

## 三

照常情讲，八十年代，中国可能在维持国际的和平安定上，发生很大的作用。苏联是国际的“震源”地带，而美国和西欧，似乎成了不能越洲越国采取救灾行动的国家。苏联看透了这一点，便利用东西古巴，把脆弱而混乱的国家，一个一个地吞下去。苏联直接向阿富汗下手，已非一日，苏联在幕后发动第一次第二次政变，及派出大量军事顾问，输送大量军火，以消灭反苏的回教武装时，卡特都会多次大喊大叫过。但强盗对于半身不遂的喊叫者，当然会置之不理，而半身不遂的喊叫者，也终于只有让强盗翻箱倒箧，无可奈何。孤立的中国，也是不能越洲越国，采取救灾行动的。但若美国西欧，不存“祸水东流”、“以邻国为壑”的侥幸心理。与中国结成坚强的同盟关系，则中国便有越洲越国，采取救灾行动的能力。中国有此能力，即等于美国欧洲有此种能力，苏联便不能不安分守己。苏联安分守己，天下就太平无事了。

人类的生存，不能缺少理智与感情混合在一起的愿望。尽管愿望常常近于幻想乃至成为幻影，但依然是某种愿望消失了，另一种愿望又代之而涌现出来。一九七九年和一九八〇年，只隔一道人为的门限，实际上，这种门限并不存在，所以八〇年是直承七九年之流而演进的。基于此一观点，我便浮起了一种愿望，即是有位记者说七九年是对独裁者不利之年，先后倒下了十一个。然则八〇年也应当承七九年之流，倒下更多的独裁者，以作为八十年代好的开端，并为人类吐一口气。

一九八〇年一月四日《华侨日报》

# 港事趣谈

## 一

暂时放下“天下大势”，谈点香港有趣味性的问题，或可对作者、读者，都有种调剂口味的作用。

本月（一月）三日某晚报报导，“十六位富豪组成地产商代表团，向两局议员请愿，反对扩大管制租金”，并引述该团团长的谈话。从谈话的内容看，应当算是非常富于趣味性的，谈话的内容是：

> 地产商会同人曾经多次召开会议，初步反映认为新法案（扩大租金管制范围法案），仅对在港经营之外商有利，对一般小业主有不良影响。
>
> 又指出，他们（富豪们）无意反对扩大管制租金范围，因为这个新例，总括而言，对全港市民有利，但是他们（富豪们）反对者显为此一新法案，不应亦将高尚豪华住宅，亦包括在内。因为这些豪华住宅的承租人，均为领事住宅、大机构外商、政府机关等。× 氏认为一般外商，只在香港

牟利，对香港前途缺乏信心，所以不打算置业，只租住高级私人楼宇。因此，他们其实应该付出更高租金。

从全谈话的内容看，保障富豪地产商的利益是主题，“小业主”是陪衬。

各国都注意保障本国工商业者的利益，但这要靠整个的经济政策及工商界在竞争中的集体努力。很难找到在某一地区的房屋租金，当非出于管制不可时，独把外国人的房屋租金，置之例外。

现在每一大都市，都带有“国际性”；尤其是香港的国际性，是维持自身生存、发展、繁荣的必需条件。国际性的表现与维持，必须使住在一起的本地外国人，在衣食住行的日常生活中，受到同等的待遇，受到同等的法例保障。这是常识，也是惯例。

外国商业机构驻在本港，当然是为了牟利；但本港商人，是由对社会的施舍而致富的吗？置不置产业，是由各自经营的方针决定，与对香港的信心并无关系。在大局稳定时，本港商人有信心，外国商人也有信心。在大局动摇时，外国商人没有信心，本港商人更没有信心。富有社会意义的美孚新村的宏大建筑计划，正是外国商人开始于大局动荡之时。太古城的兴建也是出于外国商人之手。这是一种“商业竞争”，应当从正常的商业竞争着眼。香港豪富有不少在外国存放资金，发展业务，购置房地产的，都是为了牟利，都是为了安全。假定外国政府在衣食住行上给以不平等待遇，香港的富豪们又作何感想？驻港各国外交机构，乃是友好的象征，更不应给以不平等的待遇。至于小业主的利益固然要照顾，租小业主房屋的市民的生活更要保障。十一二个月前，三百元可租到手的一间房，现时约需要一千元左右才可租到，两局的议员先生，有责任多为这种多数市民讲话。趣味归趣味，事实归事实。

二

因为上述的一件趣味，又使我联想到两年前的另一件趣味。当时有位外国人士以都市交通设计专家的姿态，在本港出现严厉批评本港兴建地下铁路不合本港交通需要，并且指出建筑费用较实际价格，要高出二分之一以上。对这种高论，不少报纸花费相当篇幅与以报导。我当时想，工程招标，是世界性的竞争；纵然有内幕，又何至较实值高出二分之一以上？至于说地下铁路不合本港交通需要，未免违反一般常识了。后来才知道，发这种妙论的到底是何方神圣——也是某外国汽车公司的推销员；他破坏本港地下铁路建设的言论，只不过是为了要在本港推销大型交通汽车，利欲熏心，如此而已。

大概在一年前左右，报纸上刊出某大学一位经济学博士的谈话，批评本港兴建地下铁路，是害多于利；因为地下铁路并不能解决香港的交通问题，而且引起连锁性的物价上涨。这一年来，物价是上涨得厉害，但这是世界性的通货膨胀的结果。不兴建地下铁路的地方，便避免了物价上涨吗？兴建地下铁路，当然不能完全解决香港的交通问题；但能指出有其他方法，能较地下铁路更为有效吗？不兴建，岂不是使问题更为严重？当时有的报纸，因为这是博士口里说出的，花大篇幅作郑重的刊载。地下铁路开始通车，已证明公司和社会都受其利。趣味归趣味，事实归事实。

三

大概在进入冬令进补之初，报上一连几天登载有防止虐畜会呼吁不准本港吃狗肉，要加重虐畜的处罚，并得到有力人士的呼应，又有人热心证明狗肉并不滋补等新闻。其实吃狗肉不吃狗肉，决定于风俗习惯，与虐畜法例，根本拉不上关系。狗是“畜”，杀狗吃是“虐畜”，要加重处罚，然则，牛、羊、鸡、豕，又何一不是“畜”？何以天天大批杀了吃，又不算“虐畜”呢？从中国食的传统讲，古代“屠狗”和杀猪、杀牛、杀羊等是同样的流行。并且不少英雄，是出身于屠狗的，樊哙即是一例。近代两广都吃狗肉成风，其他地方，也有偶然吃狗的。香港居民，应有吃狗肉不吃狗肉的自由，因而也应有买狗肉不买狗肉的自由。因少数有钱有闲的人，对狗有特别爱好，推而形之于律令，以强加于一般市民身上，这也只能算我在这里所说的趣味性的事件。但得声明一句，我并不吃狗肉。不仅如此，我们做一样事，应想到若大家都这样做，是有益，至少是无害的，才可加以提倡。假定大家住的房屋都有或大或小的院子，养养狗未尝不可。但现在分住在十几二十层的高楼大厦里面，还有人以养狗为风雅。美孚新村大约有一万户人家，假定每家养一只狗，美孚新村有一万只狗，将成何景象？所以分住高楼大厦而依然养狗的人，我怀疑这是通狗情而不太通人情的人。今日大都市里，应当到了把爱狗的情怀，转移到爱人身上的时候。

一九八〇年一月十二日《华侨日报》

# 政治野心与自由选举

## 一

女儿在最近的家信中，忽然写着“看到印度甘地夫人，最近在选举胜利中又堂堂地上台，把这和两年前她在选举失败后，便乖乖地下台的情形，连在一起来思考，使我（女儿）很感动，觉得她在东方才算是一个真正的政治家。伊朗驱逐了巴列维国王后，现正陷于暴烈混乱之中。假定巴列维对反对者不采取赶尽杀绝的手段，他（巴列维）自己和伊朗，便不会出现有如今日的悲剧。爸爸写文章时，怎能对这种问题放下不谈呢？”女儿是研究生物化学的，不懂政治，她这番由直感而来的感动或者是感慨，可能是“有为而发”。她更没想到，她所提出的问题，正是二十多年来，自己的爸爸，苦口婆心在文章中反复说过几十次的问题。但这类文章，可能对将来史学家为得解释这段历史有点启发作用外，在现实上是决无作用的，所以我现在也谈得厌烦了。不过，当过渡时代的男人是件苦事，小时怕父母，壮年怕太太，老后又怕女儿。女儿既有这种要求，只好从“政治野心与自由选举”的角度，把这问题，重谈一次。

政治的理想，是由“为人民”进而成为“人民自为”，这一点不应有争论，但政治是权力集中的最高形式。对权力的欲望，是与食色同样的出于生而即有的本能的欲望，从历史看，由权力欲望而来的政治野心，常成为政治演变的重大因素。项羽看到秦始皇东巡的威势，脱口而出地说“彼可取而代也”。刘邦当差到咸阳，看到始皇的那套威仪，“喟然太息曰，大丈夫当如此也”。连雇农陈涉也说“燕雀安知鸿鹄之志哉”，这是最显著的例子。因政治野心以致家破人亡的，古今不可胜数；但和赌博赌马样，希冀侥幸于万一的人，无时无地无之。政治野心的表现有二：一是既得的人要求“万世一系”，另一是未得的人则要求取而代之。于是一方面死死把持不放，另一方面又得不到手便不肯罢休；一切最大的祸乱，皆由此起，这真可说是来自人性自身无可避免的劫运。

二

如何避免上述的劫运，历史上的思想家，并不是没有作过努力。首先是要求人生价值的多元化，不使聚中到政治的一途，这暂可以司马迁的《史记》为代表。司马迁对许多政治上有地位却在历史中不发生作用的人，不为他立传，但为饿死于首阳之下的伯夷、叔齐立传，这是后来《隐逸列传》的先声，说明逃避政治的志节之士有他的崇高价值。为孔子立世家，为孔子弟子，老子、韩非、孟子、荀子立传，并把许多在学术上有成就的人，都包含在里面，更另立《儒林列传》，这说明学术的成就及文化的传承都有他的崇高价值。为屈原、贾谊、司马相如立传，这是后来《文学列传》的先声，说明文学之士，有他的崇高价值。为游侠立传，为货殖立传，这是对有正义感的江湖豪侠，及不勾结权势而仅凭自己智力起家的资本家，都给与以人生的评价、历史的评价，但这些多元化的人生价值，并不能完全代替人性所固有的政治野心；尤其是最高政治权力的既得者，了解到价值也是某种意味的权力，必然由要求权力的彻底集中，因而对其他的人生价值，或作正面的摧残，或作间接的蹂躏。一直发展到史达林、毛泽东，把一切人生价值，都聚中在一个人身上，再由一个人沾溉到他所喜爱的人，有如皇帝在几万宫女中，偶然看中了一个宫女，而陪他睡了一晚，便说这是“雨露之恩”一样。“梁效”、“新四皓”之流，都是雨露之恩下的宫女，否则只有被摧毁。这样一来，只有由各种各式的斗争来决定政治权力了。

对如何安顿万世一系的野心，先秦的思想家们真为此伤透了脑筋。立嫡立长的宗法制度，只能实行于一个家族之内；且因内宠关系，在家族内也经常不能遵守。于是进一步主张“禅让”，不得已时主张“征诛”。但这两者都被奸雄所盗窃，依然成为祸乱之源。便又有人指出古代帝王都是过极苦的生活，做极劳的工作，以见这是不值得争夺的，黄梨洲在《明夷待访录》中还提出此点。但在皇帝听来，只能算是疯人疯话。最后，总是以“愿汝世世勿生帝王家”为大结局。

关于安置帝王以次的政治野心，中国历史中倒可以说是有辉煌的成就。儒墨两家，很早就提出“选举”的观念，到汉代作了一折八扣的尝试，接着是九品中正，到隋唐而出现科举制度，行之千余年而不能改。科举制度，是一切凭考试。考试失败的只能“文章憎命运”，考试成功的，便“十年窗下无人间，一举成名天下知”；于是一切政治野心，都用在科举文上，折磨一生，死而无怨。这真是再好不过的妙计。但即使把由这条妙计而来的“安定作恶，团结分赃”的政治实质，置之不问，落第的黄巢，依然可以造反；而赵宋亡于外患，明代亡于流寇，清代亡于革命党人。依然不能根本解决问题。

三

由既得者的政治野心与未得者的政治野心，两相对立所造成的死结，在真正的民主政治之下，才可获得两方面的圆满解决，这即是“自由选举”。有言论、集会、结社自由的选举，是“自由选举”，自由选举才是真选举，否则只是丑恶的魔术表演，与自由选举，完全是不能相容的。

政治既得利益者要永久保持权力吗？在自由选举中获胜，便达到目的，并且谁也不能不承认有如日本战后的自民党。万一失败了也不必抵赖，争取到下次胜利时便可重新上台，有如印度的甘地夫人。在野的人士想取得政治权力吗？在自由选举中获胜，便可取得相应的权力，如果失败，因为选举的考试官是投票的人民而不是科举制度下官派的大主考，这便较之秀才落第更无话可说了。自由选举之对于政治野心，等于禹的决河治水，得交通灌溉之利而无泛滥横决之害。民主之可以消弥暴乱，主要是指自由选举而言。假定民主而有暴乱，必然是来自假民主、假选举。这不是靠镇压的技巧及拉拉队们的气力所能解决的，“曷亦反其本矣”。

一九八〇年二月六日《华侨日报》

# 政治参与和社会生活自由

## 一

最近所发生的应否抵制莫斯科奥运会的世界性的争论，尤其是在香港也引起的地区性的争论，它的本质，是政治参与和社会生活自由发生矛盾所引起的争论。这是一个很严肃的问题，值得人深思，值得提出来讨论。

上述争论的出现，乃在苏联挥兵侵占阿富汗后，由美总统卡特提出，以抵制参与莫斯科奥运会，表示反对苏联侵略的决心所引起。反对卡特提议的，略加分析，大约有四种不同的情况；第一种是同情苏联的侵略，认为苏联的侵略，不算是侵略，这种情况，大概除越共、法共外，再找不出第三家分店。第二种是内心并不同情苏联侵略，甚至对它的侵略，恨入骨髓，但形迫势禁，表面上不得不当它的尾巴，东欧附庸国便是如此。第三种是反对苏联的侵略，但在现实上，不愿很显著地站在抵抗苏联的一边，以便在抵抗的空隙中讨巧，占便宜，最显著的有如今日的印度。第四种是政府为了表示反对苏联的侵略，想抵制莫斯科奥运会，但运动团体乃至各运动员，却不接受政府的态度，而主张独立参加，香港这一方面的负责人沙里士，即是属于这一类。前三种都是以政治为理由，或是以政治为背景，与我所提出的问题无关。只有像沙里士这样的一批人，是认为参加奥运会，是社会生活中的一种，应有其自身的独立自由，不可参与政治因素，以致失去社会生活的基本意义，这才是此处所讨论的问题。

限制政治活动，以扩大社会生活的自由，是近代进步的最大标志之一。没有政治参与的生活，才可称为社会生活；社会生活的自由，并非不受社会制约的自由；社会即是群体，群体必然有程度共许的风俗习惯性的制约，否则社会生活根本不能成立。社会生活的自由，主要为对政治而言。政治是以权力结构为体，以支配强制为用，这是人类在万不得已中所存留的罪恶。马克思们的专政理论，尚且必须假定"国家的凋谢"，亦即是假定政治支配力的消失，为其思想的最后归宿，由此可以了解，政治不参与社会生活，是正当的，不让奥运会参有政治因素，是无可非议的。

二

但人类之所以异于其他动物，因为人类不仅有更高的记忆力，而且也有其合理的推理力；因此，人类看问题时，常是不知不觉地在因果系列中看，而不是在孤立的片断中看。对社会生活也不例外，因拒绝政治参与的结果，而能保持更大的自由，最低限度，不因此而失去现在的自由，便应断然加以拒绝。假定因拒绝某种政治参与的结果，是失去更大的自由，乃致招来莫大的灾祸，便应接受某种政治参与以预防或阻止更大更坏的政治参与。人类的现实行为，都是在这种因果关联的比较中来决定的。

奥运的精神，是以竞赛激励自由的精神。奥运能在莫斯科举行，这便说明了它是突破了两种政治体制的对立，尽量追求摆脱政治参与社会生活自由的表现。虽然苏联根本没有社会生活，但为了现实上的理由，这种追求，依然是值得珍贵的。最不幸的是，苏联并不以自己的独裁政治为满足，而是要以自己的独裁政治，作为征服世界的强力发动机，它的征服所到，即是人类社会生活的完全绝灭。假定它承认一点奥运精神，在奥运前夕，把征服的步骤，暂时放缓，为世界各国的运动员留点面子，则这次的奥运会，依然会开得有声有色。可惜事实上恰恰相反。它利用世人对奥运的热情所连带引起的对苏联警觉性的弛缓，一举而侵占世界战略枢纽的阿富汗，使奥运成为它的侵略突进的烟幕，奥运精神可说被它蹂躏以尽了。在这种情形下，运动员到莫斯科去参加奥运会，等于自己的闺女正在给强盗强奸，却还要在强盗旁边鼓掌助兴，世界上有这种无羞耻的社会生活自由吗?

更严重的是，苏联的侵略，是采取“乘虚蹈隙”的策略。自由世界最大的“虚”与“隙”，乃在抵抗侵略的精神薄弱乃至消失，这便鼓动了侵略野心的增长，与侵略行为的加剧。侵占阿富汗的再进一步，便是截断中东石油输出的海路，控制中东石油的资源，并直接向中国新疆动武，这都是直接关系于世界的生死问题，此时世界运动员赴莫斯科参加奥运会，是向苏联表示，并不关心这种摆在眼面前的生死问题，鼓动了苏联，无意中当了苏联侵略的助手，还有什么社会生活自由可言呢?

## 三

也有许多人说，用抵制莫斯科奥运会的方式来反对苏联的侵略，是毫无效果，因而是毫无意义的。但应当想想，卡特提出这一方式，是在无可奈何中，表示反抗苏联侵略的决心，而且这是任何国、任何人都能做得到的。有了决心，才可有决心的努力与行动，美国也正在采取实际行动。运动员们连这种决心也不肯下，连以决心支持美国实际行动的事情也不肯做，难说要在苏联统治下过社会的自由生活吗？

就香港说，香港是英国人的政治，是中国人的社会。香港的繁荣，是来自许多居民的活力，及支持活力的志气，填补了这种政治与社会的矛盾。所谓志气，是不仅为一己之私着想，不仅为一时之兴趣着想，而能从全局的大利大害着想。在反侵略大前题下，假定有人还要去参加莫斯科奥运会，这只暴露出麻木不仁，死活不知的心态，乃是香港居民的羞耻。我相信绝对多数居民，不愿见到这种羞耻。

奥运是一种竞赛，和我国过去的科举情形有点相似。我的故乡是山僻之地，考秀才时，要到府会所在地的黄冈县治去考，有的童生（未考到秀才的便称为童生）是因有把握而去考，有的童生是因有无把握参半而去考，有的则是绝无把握地也拿父兄的血汗钱去考。乡下人对这种童生讨厌透了，于是编出一首歌，我到现在觉得很有意思。歌辞是“拖尸拖丧，拖到黄冈，有准没准，吃几个烧饼”。沙里士先生们假定不去，也只少吃几个烧饼而已。我决不是轻蔑，而只是说老实话。

一九八〇年四月二十三日《华侨日报》

# 我所经验到的香港医疗问题

## 一

香港医疗的成为问题，早非一日。兹就我经验所及，提出一点反应，以供有心人士参考。

四月二十一日晚饭后，我突然感到腹部不舒服，头昏，出冷汗，全身酸痛；妻请邻居由大陆出来的一位医生来看看，这位医生来后，妻也发作了，都陷于半休克状态。于是我的一位老学生，遵照这位医生的话，打三个九召救护车，送玛嘉烈医院急诊处。医生为我打了针，吃了药，躺在病床上休息了大约两三个钟头，医生允许我返家休息，一文钱也未收。但妻的情形比我严重，留在三等病房住了两天，医生才让她带了两包药回来，中间作了几种检查，照了 X 光，一共只收五元。

救护车的工作人员动作敏捷，先扶我坐上铁帆布轮椅推向救护车。轮椅可以靠背的帆布，大概不到一市尺宽。病人坐上后，头、颈部要靠自力支持，在推着的摇动中，我便感到加倍的痛苦。于是我在这里提出一个小问题，政府可以不可以花一点钱把这种轮椅改良一下，减轻坐轮椅病人的痛苦，甚至可以避免病人因这种痛苦而中途死亡的危险。

急诊处乃至三等病房的医生、护士，他（她）们都是很尽责的，但人手不够，床位太挤，医生、护士忙得团团转。因忙而乱，乃是情理之常。

二

我回家继续看私人医生，因病情并没有好转，便由私人医生介绍到与他有关系的某教会医院，住两人一间的病房。病房的设备相当不错，病房的空间也还宽广。医务以外的工作人员，在工作态度和效率上都算合理。但在医务方面的问题就相当严重。

首先，一层楼的病房，并没有值日医生。病人住院后，只由介绍住院的医生负责。而每一位医生，在外面最少有两个诊所。他的时间、精力，主要是用在私人诊所方面，只分极少的时间到住院的病人身上，一天来两次，每次两三分钟，精神疲惫，神色仓皇。我的病房，先住有一位病人，不断向自己的家人诉说身上的病患。他的家人有时不耐烦，对他说："你自己又不是医生，总是要乱想什么。"一天自下午六、七时后，鼾声愈来愈粗，根本没人注意到。大概夜晚十二时左右，一位护士把我推醒，仓仓忙忙地搬到另一间病房，我心里知道是什么一回事。但也不免想到，假定医院有值日医生，这位病人是否还要多受几天罪呢？

我要求请位眼科医生顺便检查一下我的白内障。来的是位名医，向我说"明天为你检查"。次日拿着检查器照射检查后说"可以不动手术"，另开了眼药，由护士为我点了两次或三次。但点了眼药以后，眼睛一直流眼泪。我便要求，在出院以前，还要看一次。护士联络好后，说医生十二时以前一定来。等到一点钟，护士小姐说，医生不能来了，你可以出院。于是淌着眼泪回家，在无可奈何之下，试点“大学眼药”，居然点好了。这是我此次住院的一个小插曲。

三

“埋单”单上的房费、检验费、药费、护理费等等，分别列得清清楚楚，但没有诊疗费。原来诊疗费是由护士另写在便条上，照给后，她用信封装好，直接交与医生，所以这是不经过会计处的。收费的标准，看内科的在他诊所看一次，连药在内是五十五元，这里便是一百一十元，早晚各二三分钟，一天便是二百二十元，眼科医生要了三百元。如一天在两次以上，按此标准累加。在私人诊所时，每位病人总要花上五分钟以上的时间；何以在医院里，时间减半，药费另计，若以一天为单位，却实际要贵四倍呢?

总结上面的经验，是公立医院太便宜，私立医院的治疗费太贵。假定动什么手术，朋友告诉我，更贵得出奇。公私的医生都太忙：公家医生因人手不足而忙，私家医生因淘金情热而忙。公私医生的收入悬殊，于是在公立医院工作的，只是一种过渡，大家都急于改为私人开业。这样一来，占最多数的小市民阶级，公立医院不易住进去，私立医院又有使人倾家荡产之虞。于是香港不能尽其天年的人，恐怕不少。可不可以增加公立医院的收费，以加强医生、护士的福利；并限制私立医院的诊病费、手术费，缩短两者间的收入距离较为合理呢?至于动用节余款项，大量增加公立医院的建立，开放联邦以外的医生开业，打破因垄断而来的淘金风潮，便更是医疗上根本之图了。自己不做研究工作的教书匠，便会“教书三年成白丁”；在淘金热下的私家医生，大概想不到这种危险。

一九八〇年六月十八日《华侨日报》

# 香港二三事

## 一

一连几周，都谈国家大事，真可谓“膏火自煎”。应当低下头来，谈点居住地的小事。

首先我想谈的是早经冷冻了的热门问题，即是包玉刚以现金高价，从置地口边，夺过了百分之四十九的九仓股权，所引起的一连串问题。

包玉刚以现金二十一亿元，购入九仓二千万股，凑够置地标出的百分之四十九的股权后，证券监理处负责人要求包玉刚全部收购；不全部收购，会受到社会的谴责（大意如此）。月来我在晨运时，问过许多晨运的朋友，很奇怪的是，并没有人谴责包玉刚，而只是感到证券监理处何以不首先向置地提出全部收购的要求？却待包玉刚收购成功后，再向包玉刚提出？于是社会心理，把以后发生的一连串事情，有如超过百分之十的股权不准过户，追查去年九月汇丰售给长实九千万股之前，和黄股是否有内幕交易等，看作是上述不寻常要求的延续。有位朋友告诉我：“英国在香港的资本集团，可分为两大系统：一是由传统而来的殖民系统，一是由适应新情势而来的外交系统。殖民系统与香港居民的交易，经常含有城里人对乡下人做生意的意味。由争购九仓一事，证明现在的乡下人，已能与城里人争一日的长短，城里人便有些酸溜溜的不服气。外交系统，走的是比较开明的一条路。”这种说法，是否符合事实，我无法断定。但社会既有此种心理，则今后城里人对乡下人做生意的手法，可能也要改变一下。

二

更有人联想起，一九七三年，置地开始以两股换牛奶公司一股，坚持不下，于是一股送五股，实际以十二股换牛奶公司一股，不费现金一文，就把牛奶公司合并到手上的一段风云变色的故事。在这一故事中，助长了股票上涨的狂热。及尘埃落定，股票一泻千里，许多股民酒醒梦破，人去楼空。大家对这一段经过，是不会轻易忘记的。此次置地想收购九仓的手法，似乎是一仍当年收购牛奶的故智。当年以一股赠送五股的方式达到收购目的，实际是以“股票膨胀”的手段，达到收购目的。然则“股票膨胀”，与“通货膨胀”，有什么分别？以通货膨胀来增加财政收入，人民手上的钞票增多，但实际是等于没收人民手上的财富来增加财政收入。膨胀百分之几，便没收了人民手上财富百分之几。股票膨胀，股民手上的股票增多了，但股票实质的价值，也会随膨胀率成反比例的减少，股民所受的损失，与人民在通货胀下所受的损失，并无二致。所不同的是通货膨胀受益的是少数统治者，受害的是人民；股票膨胀受益的是眼光独到的投机者，受害的是盲目投资的股民。假定因包玉刚现金收购的成功，打破并拆穿因股票膨胀手段以达到合并目的之局，可能对香港经济发展提供了一个新途径。

另一有趣味的事项是，七月四日，伦敦股市怡和股价突然大涨，尤以收市时涨得快。四日是星期五，次日是星期六，无股市。伦敦怡和大涨的消息，一般人要到星期六早上电视报告中才能知道。可以了解，星期六及星期日两天，正是本港股民，作各种推测，例如置地两股换怡和一股这类推测的时间。七日星期一，怡和每股即由十八元三角急升至二十一元，上升二元七角。这一天，对于置地、怡和合并之说，“怡和发言人拒置评”。七月八日，怡和负责人始加以否认。于是怡和股票，跟伦敦之风而涨了一天半后，开始下跌。有的新闻报导说：“怡和股票，在短短数天内，暴起暴跌，市上跟风的投资者相信有不少人损手。”损手的另一面，即是有人赚了大钱。这种由伦敦市场“抛针度线”的巧妙安排，连证券监理处，也指为“不寻常活动”，而要“开会研究”。可惜市民尚不知研究的结论。

## 三

下面是刚才（八月八日上午十一时）发生的事情。我拿着装上文稿的封筒，到邮政分局去挂号。窗口的邮务员瞄了一下说：“拿回去再写，两边的地址一样，邮差怎样送？”人老了，可能一时糊涂，把收信寄信的地址写成一样，便赶快认真看一下，确定了收信的地址写的是“香港……”寄信的地址写的是“九龙……”我便向他解释说：“一边是香港，一边是九龙，并不是一样。”那位年轻的邮务员知道自己弄错了，改口说：“你这样写，邮差怎么会分清楚哪是收信的地方，哪是寄信的地方呢？”我这才感到很奇怪了，向他说：“中间是收信人的姓名，右边是收信人的地址，左边是寄信人的地址，邮差怎会看不清楚？”他把信向外一推，大声用广东话骂起来。另外一位走过来拿着封筒看了又看，知道是他们的同事错了，但又要为他们的同事顾面子，便说了“不消怒气，怒气无用，应当在寄信地址上面，加写‘寄信人’三个字”等等。我只好加写三个字。我不了解像这种粗暴的年轻人，怎能在公务机关服务？更严重的是，年来公务员动辄以团结的力量，向政府要挟；愈要挟，服务的效率愈差，这是香港隐伏的大危机。其中年轻的一代，较年长的一代，更令人可怕。本地邮政分局，原有年龄四十上下的邮务员，服务的态度，比现在三十岁上下的好得多。这反映出香港的教育及机关的领导能力，一年不如一年。机关用人，要求“职业知识”，也应要求“职业道德”。而社会人士，尤其是传播机构，应大力支持政府，击破这种由团结而来的要挟。

一九八〇年八月十三日《华侨日报》

# 略论院派花鸟画
## ——为唐鸿教授画展而作

唐鸿教授在画艺上的成就，早已蜚声国际，备受中外艺坛推重，实无须由我在此多作赘赞。现唐教授已应纽约若尔其画廊及澳洲墨尔本大学的邀请，将于今秋前往展出与讲学，特先以其近作，于七月十日至十二日在香港大会堂举办工笔花鸟欣赏会，予本港市民先睹的机会。我借此机会，略述院派花鸟的渊源，及在中国画史上的地位，或可为此次画展增加一点意义。

郭若虚《图画见闻志》，始立“花鸟”一门，共录三十九人，这说明花鸟画到了北宋中期，已奠定了画史上的地位。三十九人中，虽以黄筌之子黄居寀为首，徐熙则列名第六，但卷一《论黄徐体异》条，实以“黄家富贵”，“徐熙野逸”，为花鸟画的两大派。这是远承唐滕王元婴，从薛稷、边鸾、刁光胤等的长期发展所结的果实。但院画花鸟的开派者实为宋徽宗，与黄、徐两派似无直接关系，此为历来言画史者所忽视。

邓椿《画继》卷一《徽宗皇帝》条下谓徽宗“妙体众形，兼备六法，独于翎毛，尤为注意……政和初，尝写仙禽之形凡二十，题曰‘筠庄纵鹤图’。或戏上林，或饮太液……引吭唳天，以极其思，刷羽清泉，以致其洁。并立而不争，独行而不倚，闲暇之格，清迥之姿，寓于缣素之上，各极其妙，而莫有同者焉……其后以太平日久，诸福之物，可致之祥，凑无虚日，史不绝书。动物则赤乌、白鹊、天鹿、文禽之属，扰于禁御，植物则桧芝、珠莲、金柑、骈竹、瓜花、来禽之类，连理并蒂，不可胜纪。乃取其尤异者，凡十五种，写之丹青，亦目曰‘宣和睿览册’。复有素馨、茉莉、天竺、婆罗，种种异产……载之于图绘；续为第二册……增加不已，至累千册，各命辅臣，题跋其后，实亦冠绝古今之美也”。由此可知，徽宗对花鸟用力之勤，取象之的，恐亦冠绝古今。

由承徽宗旨意所写出的《宣和画谱》看，他（徽宗）实突破了“皇家富贵”，以默契于徐熙的“骨气风神”。《画谱 · 徐熙》条下谓“盖筌（黄筌）之画则神而不妙，昌（赵昌）之画则妙而不神。兼二者，一洗而空之，其为熙欤”。我以为这是反映徽宗的意见，由此可知他在花鸟画上造诣之高。但孟子说：“居移气，养移体。”由天子地位之所居所养，其胸襟气概，非仅皇家的富贵不能得而范围，即徐熙的野逸，亦不免失之寒俭。再加以他的“究其方域，穷其性类”之功，已由画迹的追摹，进而穷动植物的生态。所以他用笔圆劲，通于他的瘦金书。设色浓丽，却归于自然朴厚。笔墨两相融合，形成一种庄重端严之美，在徐、黄外另开一派。院派花鸟，实承此一血脉所发展出来的。

正因为如上所述，写此派花鸟的人，首须面实背虚，宁拙勿巧，以安详之心，运坚凝之笔，不容有丝毫苟且偷惰于其间。功力既久，始能破板给而趋灵活，由形似以至自然，略无讨巧的余地。此派传承不盛的原因在此，唐教授之所以独步当代者亦在此。今竟以此绝艺，锲而不舍的精研之余，传授中外学子，使此式微之画派，得重光于今日，真可谓难能可贵了。

绘画乃人类心灵的表现，转而即以影响于人类之心灵，我们的时代，需要祥和畅适的心灵，画出祥和畅适的作品，以消解暴戾乖张之气。中国画的真正时代价值在此。唐鸿教授，应以此自豪自慰了。

一九八一年七月一日《百姓》第三期

# 台北琐记

## 一

去年在台大附属医院割治胃癌，承许多老朋友和老学生的亲切照顾，一直感念难忘。十月初离台北返港时，来送别的都彼此心照不宣，这是最后的一面。现时居然能由美返港，抱着微幸之心，于九月二日道经台北，怎能不停留几天，与老友、老学生多见一面呢？虽然因停留九天，体重又减轻了六、七磅，亦不感到后悔。

这里想补记一段朋友的情谊。三月赴美由洛杉矶经过时，与孙克宽先生相遇。他口占一律相赠，中有“苍天未死黄天暗，故国难归异国逢”的名句，概括了当前复杂的感情与窘境。八月二十九日，道经洛杉矶返港，住了三天，几位有成就的东海大学老学生，又约孙先生和我夫妇在一起餐叙，饭未终席，他的诗已写出了。诗是：

> 山飞海立斯何世，故宋新周总不然。汐社（南宋遗民所结诗社）篇章宁可诵，淮南鸡犬已登仙。案头著作千秋定，眼底风花八月妍。强进一杯祝强健，伏生经学要君传。

我不会作诗，勉强和“名诗人”的诗，只是自暴其丑。所以在港我不和苏文擢先生的诗，年来孙先生赠诗不下十首，我都不和。但次日长途飞行，不能入睡，乃依韵和了一首：

苦心蒿目真何用，雉雊狼嗥势则然。大地灰飞宁有脉，长空界破早无仙。白头聚首非人力，老树当时发古妍。难是诸君笃风谊，天涯犹共话薪传。

到台北后，年轻一辈的朋友，误以我有什么学问，或代表刊物，或出于个人热情，不断向我提出问题；我发现他们思考所及，大大超出了我的学识范围。时代进步，个人落伍，真是感愧交集。

二

有的年轻朋友，再三提出我所不愿置一词的问题，即是“三民主义统一中国”的问题。首先把这方面的文章寄给我拜读的，是陈立夫先生。我回信，认为他的文章写得非常好；但若要言之有效，不如提出“民主主义统一中国”。因为基督教对国民党而言，实居于精神领导的地位，这只要想到士林教会在做礼拜时文武大员毕集的盛况，即可明了。我由此常想到基督教适应了奴隶社会，适应了封建社会，适应了资本主义社会的情形，这在历史的演变中，如何去为它定性呢？我信仰的三民主义，在现实上也曾遇着这种窘境。基督教可能要由《新约》中所流露出的“博爱”精神来定性，三民主义可能要由中山先生不断揭示的“天下为公”的精神来定性。假使我的看法能成立，则凡是违反博爱精神的，即基督教的罪人，凡是违反天下为公的，即是三民主义的罪人。而天下为公的具体实现形式即是民主主义。所以我主张民主主义统一中国，实际也是主张以三民主义的基本精神统一中国，这样才可使三民主义脱出上述的窘境，不致因权势的假借而使它受到损害。今天国、共两党都说自己实行了三民主义，我希望废话少谈，应先通过这一定性的验证。尤其是中共所谓“革命的三民主义”，大概是对三民主义开玩笑吧！

偶然看到党内人士，他们说“我们是全力为民众服务呀！”这只要看最近剑及履及的救济南部水灾情形，我相信这话是真的。也偶然看到党外人士，他们说“我们是全力实行民主所应尽的责任！”这只要看半年来新选立法委员在立法院中的操运情形，我相信这话也是真的。有位对国民党并非没有一点距离的朋友告诉我“政府中确实有人才，并且也有干劲”。有位非常维护国民党的朋友告诉我，“假定不是新选民意代表们讲讲话，这批混账东西，更不知混账到什么地步”。这是由政府掩护“呆账”一事谈起的。“呆账”即是公开的盗窃。成千成万的人，不了解政府何以对这批盗窃有偏爱。有人告诉我，立法院中只有新旧委员之分，并无党内党外之分。因新选的党外立法委员，固然要代表人民讲话；新选的党内立法委员，年龄很轻，也不能不代表人民讲话。据说，民意、党意之间，国民党的领导人，要做一番协调工作。党内人士告诉我，高雄事件，解除了国民党对政治的危机感。党外人士告诉我，高雄事件，意想不到地提高了人民对政治的关心。高雄事件，居然对两方都有利，难说可以再来一次吗？我应提醒大家，南韩可以承受的事情，台湾不能承受！我是非常爱护台湾的。

三

老友胡秋原先生，害了一次心脏病的险症，病体还未完全复原。年来他不断遇到一批文化流氓的纠缠、叫骂，根本原因大概是有人看不惯几位有学识的年轻学人在《中华杂志》上写文章。这次他夫妇两位来看了我一次，又同在一起吃了一次饭；但他来电话，非要再见面谈一次不可，这在我的时间表上是很为难的。九月十日一大早，我到中央新村，他已出外晨运，我便到李幼椿先生处把他吵醒。李先生今年八十七岁，但精神抖擞，风神朗畅。他一再说："我在香港，人家看我是半个学人，住在此间，便完全被看成党人了，所以还是要回香港。"我看到他现在生活很安定，这是老年人所必需的，便力劝他不必回香港。

李先生和我一起到胡先生的地方，要知道他到底要向我说什么。我们平日真是事无不可对人言，所以不以临时加上李先生为嫌忌。原来胡先生要说的是："我们一生爱国，为国家讲了不少话。但想不到垂暮之年，国家竟败坏到这种程度。而颠倒是非，变乱黑白之言盈天下，使现在的人迷失了方向，将来的人迷失了历史，这是非常可悲的。所以我们还要继续写文章，声应气求，为国家人民，保持一线道统（我不记得他当时是不是此二字）于不坠……"胡先生的话，同时得到李先生的印可，这是中国文化传统中伟大知识分子的共同用心。因胡先生这一提醒，又牵涉到我的另一个问题，即是，仍在生活上挣扎的我，到底应在何处老死的问题。

这次在台北小住，已了解我没福分住台湾，但希望能保持到台湾去看病的机会。住美国，对国家的印象会一天一天的模糊，还能讲些什么？若接受胡先生的意见，便只有把剩余的生命，挂在香港这一脆弱而飘摇的树枝上了。

一九八一年九月二十日《华侨日报》

# 港居琐谈（之一）

一

我们小市民，只能由日常生活用品来了解物价。这一年来，除青菜有时涨了两倍三倍外，一般生活用品，最低的是涨了三分之一，最高的则涨了一倍，多数则涨到百分之五十上下徘徊，这是远超过小市民收入的增长率的。照这种趋势发展下去，加在小市民身上的生活压力是越来越严重了，这原因究竟出在什么地方？

美孚新村，已经成了一个相当完整的小区，几万人住在这里，除了少数人缺乏起码的公德心，破坏环境卫生外，大家都相安无事。三个月前，大业主突然通知所有商店及公用机关，要他们由租用改为收购，而开价之高，较尖沙咀尤有过之。一位医生告诉我，他的诊所五百尺，开价一百三十万。大业主两年前投资三亿，一下子便可变成十八亿，掀起商户一片反对声，开会、奔走、贴标语，扰攘了两个多月，毫无结果，于是许多商店，只有准备结业，尤其是出卖日用品的难于立足，据说，只有银行和少数有财团作背景的才有能力收购，此后以特高价收购或以特高价租人的，“羊毛出在羊身上”，还不是在物价上捞本，这里便可以反映出香港物价不寻常的上涨，都涨到房地产投机者的暴利上去了。

香港是资本主义的体制，买卖决定于市场的供求，政府不挥手过问，这是无话可说的。但现在经济发展到香港这种程度的国家，断乎没有一任豪富集团，以投机垄断猎取暴利，使广大市民生活受到威胁，而政府依然坐视不理的。香港政府的坐视不理，说穿了，只是为了维持高地价政策。而维持高地价政策的目的，只是为了增加香港市民可望而不可即的海外存款。这样倒可以得出香港一部分经济活动的循环规律：海外存款──→高地价政策──→豪富财团的投机暴利──→物价高涨──→小市民生活黯淡。当然也会有人说，假定政府挥手，使一枝独秀的房地产业衰微下来，会对香港的繁荣有碍。我的想法，打击投机暴利，乃是对正常经营、正常利润的保障，也是对市民生活的保障。用万紫千红，代替一枝独秀，这才是香港真正的繁荣。

二

社会主义吸引力之一，是来自有关文献中，使人觉得它的正义感较封建社会、资本主义社会为强。社会主义被厌弃的原因之一，是由苏联起，在现实生活上它的歪风邪气，较封建社会、资本主义社会更烈。

最近有人在报上投书质问，何以中国飞机的服务，不及外国航空公司，但飞上海北京的票价，却比较起来特别贵？这是不能得到答复的问题。在广州，人民币的实值是一元人民币约值港币二元，所以中国银行在香港挂出三元左右港币汇一元人民币的汇率，已较实值高出了三分之一。小市民每年汇点钱给大陆的亲友，在目前是受到中国政府的保障、欢迎的。但经过在香港中共银行汇款时，除了手续费外，每汇一元人民币，一定较中国银行所挂出的汇率，多收三角多港币，这到底是出于正义呢？还是出于歪风邪气呢？其实小市民们所要求的是市场上的公平交易。在经济生活上，在文化生活上，受到公平交易的考验时，便不能不向“专政”的幽灵求救，我感到很难为社会主义“优越性”作证明了。

三

十七、八岁时，听了中共开山人物之一的李汉俊，以“建设必先破坏”为题的一次热情洋溢的讲演，在纯净的心灵中，也曾引起一番震荡。李汉俊的讲题，由毛泽东彻底实现了。实现的结果，破坏是真的，建设却是假的。而且在“破四旧”的大破坏中，有的中共今天还可以修修补补，有的则中共里面，也会有少数人感到是“万牛难挽”，“饮恨终天”的。

有的东西，在它形成时是一种罪恶；但形成以后，留到现在，便变成历史的标志，民族的资产，人类的资产。最大的罪恶产物，还有过于埃及的金字塔吗？但金字塔不仅在埃及，即在世界文化之中，也有非常重要的地位。把孔子的坟庙，把岳飞的坟庙也毁掉，累得今日勉强补缀一番，其他还说什么？

“中国菜”，乃至中国点心，是在官僚地主们的剥削生活中所渐渐积累而成的。但在世界食品中，却占有重要的地位。中共取得政权之初，除了高干们恣情享受外，已经没有社会市场，这便很难传下来了。再加以文化大革命，凡各行各业中手艺高明的，都被视为封建或资本主义的毒草，大力加以摧毁。现在感到应当恢复起来，但积累的基础没有了，从何恢复起？

中共年来特派出各地名厨到香港来表演，因定价贵得吓死人，我们小市民连“过屠门而大嚼”的资格也没有。湖北名厨来了，儿子为了表示行孝，请爸妈去吃午点，大概战前在武汉平民化的馆子里一元大洋可以吃到的，花了六百多元港币，而味道却大大地减色。我曾和派出来主理的同志聊过天，问到武汉过去连我们穷学生也可以去吃碗鲇鱼面，吃一碗牛肉豆丝的，他也以叹息之声说：“这些早都光了呀，老人家。”“谦记牛肉”，我从当师范生时吃起，一直吃到战后，其味道之鲜，价钱之廉，凡是去尝过一次的人，没有不留下深刻印象的，早已不知踪影了。这能责备派出来主理湖北菜同志学艺不精吗？

说到点心，中国地方太大了，历史太久了，各地都有各地的名产，尤以北京、苏州，尽南北之长，我一九六七年来港时，在国货公司里，还可看到若干面影。现在则不仅过去的名点已失了踪，已变了色，连普通点心的水平也降低得不像样。最使我感叹的是日本的传统点心，加以现代包装后，在香港大有取中国点心而代之之势，这真叫人从何说起。大陆即使急起直追，也要追多少年，但他们在文化学术上，还要继续做这种破坏工作。“要建设，先保存”，这是全中国人应提出的新口号。

一九八一年十二月十六日《华侨日报》

# 港居琐谈（之二）

## 一

据报载，英国掌玺大臣上月到北京会见赵紫阳，对香港问题，得出三点暗示，其中有一点是中英双方，在香港问题未达成协议以前，都不做损害香港繁荣的事，这是应当的。但在我看来，双方实际都是做着损害香港繁荣的事。

香港繁荣的条件，首先是多数居民对香港前途的信心，由信心以建立每一个人生活的蓝图。而这种信心，不是光头滑面的语言所能达到的，恰恰相反，光头滑面的语言越多，引起居民的疑虑越大。这种疑虑，随一九九七年的迫近，势必使多数人对在港生活的蓝图缩水，这怎能不损害香港的繁荣？香港今日的繁荣，不仅是赵紫阳们所承认的“自由港”的条件，主要是建立在香港自由社会体制之上。这一点是中共目前不愿承认，但不能不承认的根本问题。中共对这种体制，如接受，则接受的保证是什么？如不接受，则代替品是否即今日大陆的社会主义？九龙租期届满时，中共即将统治权完全接收过去？还是让英国人在某种条件之下继续代劳？或是二者之间另有一种过渡形态？这都是多数市民所要确切知道的。

此外则都是空话废话，空话废话，都会损害香港的繁荣！但中共目前谁人敢作这种软不得、硬不得的决定呢？越是四人帮的余孽，对外的态度会越顽固；因为这是他们难倒邓小平一派的重要手段。邓小平派对四人帮余孽的顾忌越来越多，不仅使他们对内政策陷于窘境，也使他们的对外政策陷于窘境。

英人统治香港，发现了他们许多智慧和效能。但英人最对香港居民不起，损害香港繁荣的，莫过于贵地价政策。他们因为对香港前途没有信心，不声不响地采取“脱货求现”的手段，贵地价是脱货求现手段的中心。因为支持贵地价政策，便纵容房地产的投机，纵容少数人从投机中获取暴利。在这种暴利鼓荡之下，发生三种恶劣影响：第一种，鼓动自己有厂房的工业制造者放弃工业制造，将厂房加入到房地产投机的行列。第二种，自己没有厂房的，因租金太贵，不关门，也得大量提高生产成本，减低了国际市场上的竞争能力，怎能进一步提高生产技术水准，作产品更新的勇力呢？第三种，市场房租因不合理的加租所引起的物价过分上涨，小市民，尤其是工人，受到了生活压力。

假定中共和英方，以双方不透露香港前途的真消息为不损害香港繁荣，我认为是大错特错的。

二

据传统“十二生肖”的说法，去年是鸡年，今年是狗年，鸡狗连年，难怪去年有一阵子报纸上喧嚷着“鸡鸣狗盗之徒出其门，此士之所以不至也”的声音。但大家只要想到这是由“生肖”而来的天命，便也安之若素了。

狗是一种很难定性的动物，因为它是以养它的主人的性为自己的性。所以许多讨厌的狗，依然可以原谅，甚至值得同情。但有一种狗却很难原谅：它偶然自作聪明地“桀犬”而不“吠尧”，甚至与尧表示一番亲热，却发现主人的面孔有些不妙，便冲出去见人便咬，表现它正在戴罪立功，而这些被咬的人，简直莫名其妙，这怎样去谅解它呢？

《三字经》上说“犬守夜，鸡司晨”，都是站在人的立场来说明鸡狗的价值，这种说法并不算坏。现时只养两种狗，一种是当作“宠物”来养的狗，这种狗可以慰藉精神失调的主人，而与他人无损；但住在高楼像蜂窠样的房子里还要保持这种“宠物”，便常成为破坏环境卫生的‘“厌物”；所以我一看到抱着宠物坐电梯的人，就不知觉地发生反感。

另一种是住独立花园洋房养的作自卫之用的狗，及治安机关养的帮助破案的攻击性的狗，这是“犬守夜”的老传统的发挥，无可非议。但屈原已经慨叹地说“岂不郁陶而思君兮，君之门以九重，猛犬狺狺而迎吠兮，关梁闭而不通”。韩非曾指出有一家卖酒的因养了一只猛狗致使酒酸了无人去买。由此进一步点出，因“国亦有猛狗”，使有道之士不敢前，“人主所以蔽胁”。这只要想到毛泽东养了太猛太多的狗，所以造成空前的大浩劫，则凡是有资格养狗的先生们，不必养见人就咬的又猛又瞎的狗。

## 三

最近报载，苏联第二号人物，同时又是理论家的苏斯洛夫，于一月廿七日逝世，并以隆重仪式，葬在红场里面；因此，引起我“什么是理论家”的反省，真不易解答。就共产党说，马克思发现了人类社会发展的规律，因而得出人类前进的必然性的道路，以指出人类最后的必然性的归宿，而将其写了出来，这便是“理论”。拿马克思的理论来解答现实问题，推动现实问题，这便是“理论家”。假定我说得大体不错，则世界尚未得到政权的共产党里面，应当有理论家；共产党取得政权以后，则势必只有骗子兼刽子手。中共的康生、陈伯达、张春桥、姚文元，不是骗子兼刽子手是什么？这都是从苏联移植过来的。苏联不甘心当骗子的理论家，乃至稍稍说点真话的知识分子，早被斯大林杀光了，也和中国稍有良心，敢说点真话的知识分子，在反右及文革中都被蹂躏尽净了一样，只能留下骗子兼刽子手。苏斯洛夫，正是骗子兼刽子手中的顶尖人物。工人阶级、农民阶级，都反对共产党，但还要有声有色地描写出共产党是无产阶级的先锋队，而无产阶级的自身却成为十恶不赦的反革命，这不是廉耻丧尽，心狠手辣的老骗子兼刽子手，如何能说得出口？其实，骗子的伎俩早经揭穿了，现在只靠手上的钢刀作维护。有一天，钢刀掉在地下，人们便不会再称他为理论家而直呼之为骗子了。康生们正是如此。

一九八二年二月二日《华侨日报》

# 《历代诗论》序*

近百年来，国家社会的变动，不可谓不大。但不仅没有出现一个能与时代变动相匹敌的诗人，并且也找不出一部能了解古代诗人的诗史，这岂不是一种很奇怪的事？

我的想法，就人文现象来说，有一种是平面的广度的学问，有一种是立体的深度的学问。广度的学问，是把许多事物，在排列中发现其相互关连的学问；这是以归纳方法为主所得出的学问。深度的学问，则是由人生内部所发出来的学问；这也可以分为两种：一是把广度的学问，作思辨与实践，交织在一起的反省，因而迫进于人生之内，取证于人生之内的学问，这可用宋明理学作代表。一是由生命自身的感动，用文字或其他媒体加以表现，并能与人以共感共鸣的学问；诗与其他艺术，即属于这一类。这类学问，是人的潜伏精神，因受外界刺激而向上涌起，可以称之为生命整体的自我呈现。若稍作分解，则此时生命中的情与意，常居于主导的地位。情与意的本身，是幽暗浑沌的；但要把涌起的情与意，使其得到某种形象，以作为由内到外，由个人到社会的

* 编者注：本文原为《历代诗论》（香港，民主评论社，一九六二年三月初版）序言，题目系编入《徐复观杂文补编·思想文化卷》（上）（黎汉基、李明辉编）时所加。

桥梁时，生命中理性之光，也自然而然的，从情与意中透出，因而使情与意也得到一种不知不觉的反省。情与意，便在反省中纯化、升华；同时，这也是整个生命的纯化、升华。我国过去常说："发乎情，止乎义"；义并不是外铄，而是情与意在表现时的自律作用。现代有许多立意要向黑暗中沉淀下去的诗与艺术，这是世纪末日感的诗与艺术。人类如有前途，一定还要在情与意的纯化、升华中创作、创造。我国过去，对这一方面的学问，常用"性情"二字加以概括。

从满清乾嘉朝代一直到现在，为时流所夸称的训诂考据之学，其中除极少数人，精勤严谨，可称为朴学而外，大多数在本质上只是攀援门户、标榜声气的名士清客。其中尤以阮元的一帮，更是以乖戾之气，为抄胥之学，作浮诞之文；既无思想，亦无性情；嗣响承风，以迄今日。这些人，不仅没有人生问题，没有社会问题，也没有学问本身的问题。若说这类的东西，便足代表中国的人文科学，那未免太辱没了中国，太辱没了人文科学了。这种只有散乱的"点"，还不能把散乱的"点"，构成有广度的"面"，但攀援标榜者流，却不知天高地厚地说，这便是最大最高的学问。这一代人的学术良心，我真不知道到什么地方去了；如何能有深度的学问？又如何能了解有深度的学问？这是没有思想，没有性情的一代，当然没有诗，没有诗史。

金君达凯，民国三十八年，由湖北逃难来港，余识之于难民群中。见他的年纪很轻，文章很条畅，便请他到《民主评论》社担任编辑工作。十二年来，金君独居苦学，精进不已。所为诗，都清婉可诵。论列历代诗学，取材较博，观点亦较广；平典笃实，殆远出时流这类著作之上。这是因为他忧患之境，孤寂之情，使其不能向外发抒的生命力，于沉潜往复中，得与古诗人的心魂相遇，所以叙述评骘，也便较旁人为深切了。

孟子说："孤臣孽子，其操心也危，其虑患也深，故达。"我和达凯，在社会与学问上，都是这一代的孤臣孽子。或者天是要我们困心衡虑于颠危变幻之中，使郁而不发的内潜的生命，得以契古人之心，通天下之志，以为重启深度学问之门，先投下一个渺小的基石。不过我已垂垂老去，一无所成。达凯正年富力强，当不以今日所已成者自限，而期大成于二十年、三十年之后，这才算不辜负我们今日的处境。

达凯将平日所写的有关诗史的文章，编印成集，要我写几句话在前面，爰就我平日感念所及的写了出来，还以质之达凯，不知以为何如？

一九六〇年九月一日徐复观于东海大学

# 《庄子艺术精神主体之呈现》前言*

东海大学的学报，据说是得到哈佛燕京社的经济支持的。本年度我先为它写了一篇《韩偓诗与〈香奁集〉论考》的纯考据性的文章，结果，为了顾虑他们的人事关系，只好抽回由《民主评论》发表。接着我又为它（《学报》）写了这篇文章；因为这完全是一种新地开辟，所以准备了半年以上，执笔写了两个月；为了使论证能够站得住，便写了五万字左右。但送去后，此学报因为只能印一万五千字左右的文章，只好又转托《民主评论》发表，以便向有关的学人请教。老实讲，假定不是我的个性顽强，及《民主评论》还未完全关门，则年来所作的一点学术研究工作，早已被环境扼杀了。不过，扼杀是一种大势，所以个人的顽强总会随时倒下来的。

作者谨志　一九六四年四月十五日

* 编者注：本文原载《民主评论》第十五卷第十一期（一九六四年六月一日），题目系编入《徐复观杂文补编·思想文化》（上）（黎汉基、李明辉编）时所加。

# 《王充思想评论》序 *

我们学术界，肯从事于研究中国文化工作的人，多承乾嘉饾饤考订之余弊，一生毕力于古典之校勘、训诂，而不肯深入到古典中的思想问题。他们表面上很谦虚的说法是“这为我的力所不逮”；而实际则是守着一种错误观念，以为一涉及思想，便玄虚而不合于科学。实则古典是古人为了表达自己的思想所说出、所写成的，其中有的偏重在事实的记载，但事实依然织入了关涉者的思想在里面。所以由校勘、训诂以进入到思想，乃研究工作自然的顺序。不仅校勘、训诂，是把握古人思想的工具，并且把握古人的思想，也为确定校勘、训诂所不可缺少的条件。治学的方法，开始是由局部的积累以成全体；接着也要由全体的观点、脉络，以检证局部，判断局部。局部与全体，是在不断的交互参验之下，以得出某种可靠的结论的。校勘、训诂，是对局部的了解；思想则是全体的把握。排斥思想性的研究工作，必然也会影响到他们所作的校勘、训诂这类的工作，因其过于零碎、浅薄，常常流于虚妄。所以这一派人士所作的研究工作，往往是以科学的口号开

---

* 编者注：本文原为陈拱《王充思想评论》（台中东海大学，一九六八年六月初版）序言，题目系编入《徐复观杂文补编·思想文化卷》（上）（黎汉基、李明辉编）时所加。

始，以不科学、反科学的收获告终。这只要稍稍了解我们学术界的实情，便不应以我的话为过当。

由校勘、训诂而进到思想，在治学上固然是一种自然的历程。但是校勘、训诂的心智活动，和进入到思想研究时的心智活动，实属于高低两种不同的层次。没有由思想的探求以得到思想训练的人，当他在不能不牵涉到思想问题时，便会陷入混乱支离，缺乏起码的由逻辑推理而来的条贯性。清代的焦循、阮元这一辈人，已经是如此；在今天则更不堪闻问。若从此一角度看，则不谈思想问题，倒反而可以减少混乱。但世界上怎会有没有思想的学问？

治思想史，是要以历史的线索，时代的背景，古人个别的置境和性格，来解答古人所遭遇，和想解决的是什么问题。他们在思考过程中，运用了什么方法？遇到了什么曲折？受到了什么限制？得到了什么效果？还遗留下了什么问题？简言之，研究者的首要任务，是在站在古人的立场、时代，尽心加以疏导，在疏导中得出批评结论。治思想史的人，应该承认我们对古人的思想，几乎不可能作到全般的了解；所以疏导决不是一件容易的工作。西方有种说法是“只有哲学，没有哲学史”；这话的意思是在指出写哲学史的人，常在无意之中，把自己的哲学套在古人的身上去了。这是我们应当努力加以避免的。

陈君问梅，与余同事于东海大学中文系，忽忽已逾十年。好学深思，勇猛精进，以从事于思想史方面的工作，实为余之畏友。今其新著《王充思想评论》，即将刊行问世，嘱予以一言为序。余受而读之，觉其析义深刻，援引周详，庶几能先尽疏导之功，以举评论之实者。爰就时代学风，以略述余之所感；且以就正于问梅。

一九六八年徐复观谨序

# 按语汇编

## 按语：《有根柢的宪法》

**徐道邻译**

Mr. Dorsey 是耶鲁大学名哲学教授 Northrope 氏的高足。在美国圣路易华盛顿大学充副教授，以交换教授来台，在台湾大学法学院任教。承以此文见贶，原题为 Constitutions in Depth，并烦徐道邻先生代为译出。这是一篇对我们富于新的启示的好文章，特此志谢。

——编者[1]

一九五三年六月一日《民主评论》第四卷第十一期

---

① 原编者按：徐先生在《民主评论》上发表的编者按语，匿名者多，仅署以“编者”一名，要判断谁是作者，确非易事。编者幸得前《民主评论》编辑金达凯先生的提示，得悉徐先生所写的按语，皆属有内容、有指归的文字；而徐先生则是从一九五三年四月开始负起主编的职务（在此之前，分别是由张丕介、刘百闵二先生主持；参拙著《唐君毅书简系年献疑补订》，《中国文哲研究通讯》第廿七期，一九九七年九月，页一二六）。故自此时开始，加以检索、推敲，并向金先生求教，初步判断其中四十八则为徐氏手笔，今悉数收入本册之内。

## 按语：《李定一先生〈中国近代史〉之商榷》 **戴玄之著**

自由中国出版界之现时风气，每出一书，即找一与著者有关系之友人写篇文章揄扬一番。名为书评，实同广告。此正足以反映学术气氛之低落，大家不想求真，而只想延誉；于是学术界无是非，学术上无标准，社会上无策励。迷误读者之事还小，败坏一代学术风习之事实大。戴先生此文，言婉而意切，诚今日之凤毛麟角。甚望今后能多有名符其实之书评出现。

——编者

一九五四年四月一日《民主评论》第五卷第七期

## 按语：《朝气、暮气、死气》 **傅隶朴著**

此文用意颇佳，而行文亦清浅有致。爰刊出以供青年阅读。

——编者

一九五四年五月一日《民主评论》第五卷第九期

## 按语：《自由的讨论（续）》 **劳思光著**

本刊五卷六期发表《自由的讨论》后，接劳思光先生来函有所指正。劳先生为自由中国有数的青年学人；爰将来函刊出，并供读者参考。

——编者

一九五四年三月十六日《民主评论》第五卷第十期

## 按语：《从〈南京条约〉说起——附答戴玄之先生》

李定一著

本刊以提倡学术讨论之立场，故于五卷七期刊出戴玄之先生《李定一先生〈中国近代史〉之商榷》一文。现承李先生惠赐此文，对戴文作正面答复，辞气和平，正系学人风度。李先生此书，重在“论史”，其识见卓越，决非偶然，读者当以能读到此类讨论文字为快也。

——编者

一九五四年五月十六日《民主评论》第五卷第十期

## 按语：《对新政府之希望》

唐君毅著

此一短文，系唐先生应《中国一周》之约，为新政府成立而写的，但因稿挤未刊出。唐先生是现代“肫肫其仁”的真正学者；他对任何人，任何团体，都由其不容自已的悲悯之情，寄以最大的希望；你要他讲话，他便以最诚恳之心，讲最诚恳之话。他总以为只要是人，总会相去不远；他以为窥伺意旨地讲，不痛不痒地敷衍地讲，不仅是把自己不当人，也是把对方不当人。他的“居夷处困”，百折不回，说尽千言万语，所争的，归结起来，只要把人当人看待。他对政治的意见，在他这一代可能永远是废话；因为他是典型的不识行情的书呆子。但藏在书呆子里面的仁心，及由此仁心所流露出的恻怛之词，编者不忍加以埋没，爰转为刊出，以飨读者。

——编者

一九五四年七月一日《民主评论》第五卷第十三期

## 按语 :《权能划分与代议制度》 **邹文海著**

谨按：权能划分之说，在事实上如何实现，始不致在中国政治民主过程中发生夹杂作用，编者颇为怀疑。然邹先生此文精勤论证，仍值得参考。

——编者

一九五四年十二月十六日《民主评论》第五卷第二十四期

## 按语 :《记椿山庄》 **木下彪著**

木下彪氏，日本冈山大学教授，邃于中国诗、古文辞。近著《支那中国辨》，对“支那”一辞，考证详博。而其用心则在防止由称谓之误解，以致影响中、日两民族之感情；于中、日合作之前途，多致殷重之意。顷承寄《记椿山庄》一文，辞意渊懿苍凉，无愧于作者。爰刊出于斯文寥落之日，以谢木下君厚意，且以愧吾国人之菲薄不自珍惜也。木下君字周南。记中之山县公，盖山县有朋元帅。伊藤，则伊藤博文也。

——编者

一九五五年十月十六日《民主评论》第六卷第二十期

## 按语 :《续论简体字——答胡秋原先生》 **周法高著**

本刊一贯认为对于文化问题之讨论，只要够水准而不是出于变态心理的双方意见，都应有刊出之义务；这是我们和极权主义者的大分水岭。所以关于简体字问题，胡、周两先生的争论，在本刊上有同等发表的权利。惟此一问题，讨论至此，已可暂告一段落，一任社会之衡断。今后不再刊登此类文字。

——编者

一九五五年十一月一日《民主评论》第六卷第二十一期

## 按语：《简体字题外话》 徐芸书著

徐先生在这篇短文中，提出了教育中更真切的问题。这些问题随课本之硬性“标准化”而愈趋严重。为了抢救下一代，本刊希望多有这一类的讨论文章。

——编者

一九五五年十一月一日《民主评论》第六卷第二十一期

## 按语：《布尔塞维克策略根源》 戴重钧著

编者按：戴先生此文剖述布尔塞维克策略的根源，颇有独到见解，但其批评宗教部分，我们并不赞同。惟本刊向以学术自由为宗旨，故仍予刊出。

一九五六年五月十六日《民主评论》第七卷第十期

## 按语：《日本神武天皇世系考》 卫挺生著

卫挺生先生，为海内知名学者，治日本古史有年，所著《日本神武天皇开国考》一书，自出版以来，深获各国学术界重视。日本学术界虽有人反对其说，然迄今尚未有足以推翻其考证之论据。现卫先生已将其原著译成英文，将在英、美出版。承示本年六月在菲律宾上日本昭和天皇书及所制《自五帝至日本神武天皇之帝王世系图》原稿，俱为有关中、日历史关系之珍贵史料，爰特刊出，以飨读者。

——编者

一九五六年八月一日《民主评论》第七卷第十五期

## 按语：《政治风气与国运——奴役与谄谀是乱亡的根源》

**陈剑豪著**

按：此文系来自政府某一机关内的作者，故内容特具真切之感，可以帮助读者了解许多问题。同时也可以安慰读者，以见社会上尚有不少良心血性之士。但此种良心血性之士，恐为今日所不容；则此文之发表，编者又未尝不惴惴于怀也。

——编者志

一九五七年一月十六日《民主评论》第八卷第二期

## 按语：《通才教育目的之探讨》　朱有光著

台中东海大学创办伊始，欲为当前教育新趋向之通才教育，首先在我国作一实验，爰请朱有光博士自美返台，在教学方针及课程安排上，作周详之研究，为吾国大学教育，创一新纪元。现承朱博士将研究之结论，撰成此文，交本刊发表，借供海内共同研讨之资；此不仅本刊之幸，当亦为关心吾国文化前途者所乐读也。

——编者

一九五七年二月十六日《民主评论》第八卷第四期

## 按语：《论气节教育之重要》　张九如著

按：此文上下古今，虽颇有不尽恰当之处，然其欲司教育行政之责者，祛六蔽以崇气节，不因个人之私妄而决尽人心世道之大防，则言之痛切，可供知人论世之参考。

——编者

一九五七年三月一日《民主评论》第八卷第五期

## 按语：《哀中学国文教员》　屈万里著

按：台省教育，规模已立，而内部所孕育之问题仍然甚多，如去岁某教育行政当局，为欲实现其高小毕业生免试升学计划，数次宣称师资绝无问题，但事实证明师资实一绝大问题。稍有良识良心者，诚应面对各个实在问题，认真加以解决，乃能作坚实之进步。奈今日风云之士，率为龙虎山张天师之苗裔，镇日喷法水，拍令牌，追风逐电，意态万千；而对于教育中之真实问题，瞠目不睹；只有让好的学校一天一天的拖坏，坏的学校一天一天的更坏，太保学生不断地增加，纯良向上的学生愈陷于烦冤苦闷。屈先生为台湾大学教授及中央研究院历史语言研究所研究员，学术专精，著作宏富，堪称第一流之学人。更以其治学之谨严态度，注意现实问题，如本文所作之呼吁，此真足以表现学人之良心，真足以表现学人科学性的知识。甚望自由中国之知识分子，能多向此一方向努力也。

——编者

一九五七年三月十六日《民主评论》第八卷第六期

## 按语：《逻辑 · 语意学 · 科学方法论》 言衍著

正如本文作者所说，“糊涂狂热的科学迷或科学宣传家，只能有害于真正科学的建设”；这正是我国目前文化思想界中所遇的奇怪而严重的问题。作者此文，既可给那些糊涂狂热的科学迷以一顶门针；复可揭穿那些科学迷在纯洁青年面前所使用的一套装腔作势的骗术，使青年们去掉许多幻想，能以平实清明之心，接近各种学问。这实在是富有启蒙性质的一篇重要文章。

——编者

一九五七年十二月一日《民主评论》第八卷第二十三期

## 按语：《逻辑实证论试评》

言衍著

"不要让一些狂热而事实上却非常浅薄的科学宣传家，宣传得昏了头脑……宣传家的话，和真实究竟有多么大的距离，是否值得我们自己用头脑去想一想，这是今日真正有志于学问的青年所不能不首先冷静思考的问题。"本文揭发了那些狂热者的浅薄，可以帮助有志青年对此类问题的思考。

——编者

一九五八年一月十六日《民主评论》第九卷第二期

## 按语：《漫谈教育问题》

翟康著

本文作者系大陆沦陷后辗转前往西德，自力奋斗求学的一位青年学人。他因对故国的怀念，因而对祖国传统文化，流露深厚的感情，作不断的研究反省。他曾来信说，他曾把中国文化中的教育思想，转告许多德国有名的教授们，他们多为之惊喜不已。近又来信说："欧洲人之民族优越感现正在迅速消失中，意大利最近五年来对中国文化之感兴趣，为中西文化交流史上所仅见之现象。……但发扬祖国文化，不可靠外人，端赖自己之努力。"语重心长。爰将最近写来之文刊出，以志感念。

——编者

一九五八年二月一日《民主评论》第九卷第三期

## 按语：《中国与西方文明之比照》 林毓生译

罗素对中国文化，所了解的并不深切。但当有些人捧着罗素的招牌来不断诬辱自己文化的时候，我们感到发表这篇译文，以证明作为一个思想家的良心智慧，必须表现为对人类一切文化的珍重，是有其意义的。

——编者

一九五八年三月一日《民主评论》第九卷第五期

## 按语：《郑成功复国运动的检讨》 黄天健著

编者按：今日反共的内容与形势，与郑成功当年之反清复明的内容与形势，很难相提并论。所以就郑成功的往事来推论今后反共的行动，没有任何真切的意义。但此文对郑成功当日进兵南京一事，叙述简要，可供留心郑氏者之一般参考。

一九五八年四月十六日《民主评论》第九卷第八期

## 按语：《智识分子应有的反省（读者投书）》 李满康著

本社对读者同情作者的来信一向不公开发表，惟此信内容系反映出若干实际情况，故刊出作有心者之参考。

——编者

一九五八年十一月一日《民主评论》第九卷第二十一期

## 按语 :《达尔文的自然选择——一个重新估价》 言衍译

东海大学前理学院长伊礼克博士居台中市时，适与余为比邻，及迁居学校宿舍，又与余衡宇相望；余因不能英语，而博士之华语亦不甚流畅，故虽日夕相见，亦少接殷勤之欢。然其治学之严肃，对人之恳切，则固心折于语言之外也。识博士不久，偶于待车之际，请其为《民主评论》撰一文，略论生物学发展之趋向，彼谓当须稍候时日，始能报命。去岁，博士转教于香港之崇基学院，惜别之际，博士谓到港后仍当一酬宿诺。博士年且七十矣，余意谓科学性之论文，非凭思辨成篇者可比，博士对课务又非常负责，别后博士或亦将淡然忘怀耳。今日由吴校长转到博士此文，其对学术上之贡献，读者皆可承认，不待余之辞费。而其然诺不苟之精神，实合于孔子所谓“言忠信，行笃敬”之君子，尤使余感佩不已也。

一九五八年十二月二日　徐复观志于东海大学

一九五八年十二月十六日《民主评论》第九卷第二十四期

## 按语 :《哭母二首》 王琼珊著

王君琼珊，风骨峻洁，性情笃至。顷承寄示《哭母诗》二首，字字皆从肝肺中流出，非时下徒以藻饰为诗者可比。爰为刊出，一以寄同情之泪，一以舒王君之哀也。

徐复观谨志　一九五八年十一月十八日

一九五九年一月十六日《民主评论》第十卷第二期

## 按语：《谈科学方法》 刘全生译

本文好像恰是针对自由中国学术界中“科学啦啦队”的情形，而给以顶门一针似的。有志做学问的青年，应将此文细读。

——编者

一九五九年四月一日《民主评论》第十卷第七期

## 按语：《清代设置驻藏大臣纪要》 丁实存著

此为故友丁君实存投寄《学原》遗稿。《学原》于三十八年停刊，此稿遂久经搁置。今因西藏抗暴发生，西藏问题又为世人所注目。爰检寄《民主评论》刊出，聊供国人参考，且以纪念故人也。原文共分四段，第三段为“驻藏大臣简略事实”，暂略去。丁君湖北麻城人，卒业于北平师范大学。性质朴，治学勤苦。原供职于国立编译馆，后转国史馆任编修。民国三十七年夏，以被医药所误卒于南京，《学原》社为营其丧葬。无子，有一侄，其遗婺则不复知其流离何所矣。

徐复观谨志　一九五八年四月五日于东海大学

一九五九年四月十六日《民主评论》第十卷第八期

## 按语：《评毛泽东的新思想——评“不断革命论和革命发展阶段论的统一”》

**郑学稼著**

编者按：对共产党，可以从各个角度去加以分析批评。本刊一向是主张站在人类文化正统上，亦即站在人类的正常生活状态上去加以批评。在政治上，本刊是主张一切思想主义，都应成为人民现实生活要求的工具；而反对把人民作为某种思想主义的工具，因之，牺牲人民现实生活上的要求，以满足思想主义的概念上的要求。这是中国儒家对政治的最基本态度。本文作者，是以马列主义来批评毛泽东，似乎是说毛泽东还不是共产党的正牌，有拿“老王麻子”以证明其为冒充“王麻子”之意。这自然与本刊的旨趣不合。但作者是研究这一方面问题的权威。我们可以不同意他的基本观点，但也得承认其论证精密，可供参考之价值。

一九五九年五月十六日《民主评论》第十卷第十期

## 附：郑学稼来函及编者按

《民主评论》编者惠鉴：

拙作《评毛泽东的新思想》，蒙贵刊发载（十卷十期），感甚。但您所加的“编者按”，我有权利辩明。

拙作对于唯物史观、不断革命论和无产阶级专政论，都有批判，凡肯细心阅览该文的人，该会知道的。至于史达林主义中的“全民所有制”一点，拙作曾指出：真的实现，不过是建立“纯粹资本主义社会”。不仅如此，拙作最后一段，曾一再说写该文的目的，并宣称：“至于对‘不断革命论’和历史唯物主义……的批评，那是反共者的前提，当然不能构成本文的对象。”

可是，您在按语中说：“本文作者，是以马列主义来批评毛泽东，似乎是说毛泽东还不是共产党的正牌，有拿‘老王麻子’以说明其为冒充‘王麻子’之意。”我不只一次宣言：马克思主义是我婴儿时代的鞋子；至于列宁主义，我从未承认它的学术性。因此，对于“编者按”的那些话，我都不能接受。特辩明如上。

郑学稼启　五月廿二夜

本社同意郑先生之声明，并向郑先生深表歉意。

——编者

一九五九年六月一日《民主评论》第十卷第十一期

## 按语：《从英国当前形势看英国的大选》　刘道元著

编者谨按：在英国大选前夕，我们能刊出刘道元先生这篇大作，是非常有意义的。但今日所谓社会主义的政党与资本主义的政党，都是程度上的比较性的名词。不仅这两种政党在动乱时容易各走极端，在安定时便容易互相接近；并且今日大势，社会主义的政党中，渗和了资本主义政党的血液；资本主义的政党中，也渗和着社会主义政党的精华；决非两者各守住某一固定阵地，名符其实的抵抗不下。民主国家之所以能不断向这一方面演进，是因为人民手操有最后选择之权；人民不管你是什么党、什么主义，而只选择符合于他们国家社会实际利用的政策。于是政客们纵使是为了自己的利益，也不能不将就人民的要求，以改变在原有招牌下的货色。选举的成功与失败，只看谁能接受人民的要求，恰到好处。英国麦美伦最近的外交政策，实已接受了工党的许多要求；而工党左派领袖贝凡最近访苏的言论，也与保守党相去不远。倘使工党执政，更会进一步放弃它在野时的许多高调，而落到以现实利害为基础的外交政策。在内政方面，保守党也接受了工党的许多社会福利政策；而工党也要放弃大部分的产业国营。最有问题的政党，是在僵化了的招牌之下，装进固执不变的少数人权利欲的内容。在他们的僵化而空洞口号之下，早不知今是何世了。并且今后的大势，假定能不以战争解决问题，则两大阵营的观念、制度，恐怕也会走向互相渗和之路。这才是今后研究政治或国际政治者的真正课题。

一九五九年十月一日《民主评论》第十卷第十九期

## 按语：《衡山赵恒惕先生八十寿序》 周德伟著

此文颇关开国故实，其见解尤足为现时以浮薄子而好妄论史者之针砭，故乐与刊载。

——编者

一九六〇年一月十六日《民主评论》第十一卷第二期

## 按语：《日本现行教科书制度》 陈峰津著

谨按：编者因子女入学而有接触台湾现行标准国文教科书之机会，其内容之杂乱，鄙陋枯燥，使教者无可教，读者无可读之情形，真不能不令有良知之父母为之悲痛。文学所以启迪儿童青年之心灵，并训练其思考之秩序，与表达之方式。其材料须有以主题为中心之结构，及在结构中所表现之秩序与技巧，系其起码条件。凡不具备此种起码条件者，即不应选作国文教材，乃稍受教育者所能了解之事实。顾主持教育行政者，以编选稿费，为私人植党之私；而主持编务者，复以选文为接纳之具。甚且道路传闻，有因追求某女作家而选文之事。以一二人之私，戕贼千百万之青年儿童，伤天害理，此种人其尚能有后乎？补救之计：（一）废止标准本，使自由竞争。（二）不选现时还活着的人的文字。（三）教育厅、教育部，另主持大公无私之审议，而不专印刷发行之私利。其他教科书皆仿此。本刊面对此种事实，故乐于利用此文以供有良知良识之教育当局作参考，其亦稍能引起人人皆有之恻隐之心乎？

——一九六〇年二月编者

一九六〇年三月一日《民主评论》第十一卷第五期

## 按语：《评章太炎对中国文化的认识》　韦政通著

谨按：我在住湖北第一师范学校时，每听到几位教文史的老先生，提及“章太炎先生是一代通人……”时，心里发生无限的向往。不记得是民国十三年还是十四年，那时我正在国学馆读书。太炎先生到岳阳兵船上去看吴佩孚，从武昌经过，黄季刚先生率领我们二十几个人，欢宴太炎先生于黄鹤楼上，席间向我们作了简短的演讲，由黄先生翻译（当时我们听他老先生的话，也和听外国话差不多），大意是叫我们学文章，还是从桐城派下手，因为桐城派是高等白话文。以后也看过他的《国故论衡》之类，总是在懂与不懂之间表示一种莫名其妙的佩服。民国三十四年，有一次和熊十力先生谈天，熊先生说章氏除了文章写得好，及懂得一点小学外，并无学问。又听说熊先生在杭州时看到章氏谈佛学的文章，批上"尔放狗屁"四个大字，引起了我对熊先生的若干反感，觉得这是熊先生的自处过高。后来买到一部《章氏丛书》，从头到尾看了一遍，又觉得熊先生的话实在说得不错。有一次，我和牟宗三先生谈："想不到章太炎先生对中国传统思想的了解，是如此的幼稚。"牟先生当时也很不以我的话为然。去年暑假中，牟先生从孙克宽先生处借了章氏的著作去看，之后对我说："果然太幼稚了。"十年以来，我常感到由乾嘉以迄现在，讲考据的人标榜太过，把考据抬得太高（在现代人文科学中，这到底能占什么地位？），使一般读书人，失掉了思考的能力，因而对于过去有条理，有系统的东西，都不能作相应的了解。加以因乾嘉以来，由反宋明而反整个文化中的道德价值观念（这在五四运动以前，是出于不自觉的反），而中国文化，却系以道德价值判断为核心，这更接触不到中国文化的自身。因此，以章太炎先生为一标志，讲中国文化的人，早经讲到绝路上去了。所以几十年来，对中国文化的赞成或反对，都是在一条黑巷子中混战。现在要使这条黑巷子能通进阳光空气，希望治国学的人，能从西方的学术训练中，训练自己的思考能力；能从现实的人生社会的体验反省中，恢复自己的价值意识，才能在现代学术的基础上重新来讲中国传统的学问，这是一件艰巨而长期的工作。韦君此文，有的地方说得不圆、不透，我并不是完全赞成。但由此而指出章氏对中国文化之实无所知，因而他是一个极为有害的国学大师的偶像，这是完全正确而且值得提出来的。

一九六〇年三月十四日徐复观志于东大

一九六〇年五月一日《民主评论》第十一卷第九期

## 按语：《论国会议员之待遇》　　侯绍文著

谨按：本文内所提到的国大代表的待遇问题，来台之初，系救济性质；三选后不经立法院同意所增加之部分，是政治上长期的贿赂性质。以一群游手好闲之人，坐领高过于任何军公教人员之待遇，这真是创古今中外任何国家未有的恶例。可惜台湾的地面太小了。

徐复观谨志　七月廿九日

一九六〇年八月十六日《民主评论》第十一卷第十六期

## 按语：《就“十九点计划”再论台湾的经济发展》

范廷松著

这只算是一篇报导性的文章，而不是一篇研究性的文章。但鉴于过去政府的“几年经建计划”，说过了就算数，以至对社会并无印象，所以便把这篇文章登出来，以便热心人士，可执券以待。

——编者　七月廿八日

一九六〇年八月十六日《民主评论》第十一卷第十六期

## 按语：《心灵发展之途径——东风社讲演纪录》

**牟宗三著**

我在七月十八日由日本返到台北时，有负责的朋友告诉我，东海大学里面，有人报告牟宗三教授在一次公开讲演中，竟然宣传共产主义，为匪张目，并经负责者的复查属实；大家很重视此事，希望我回到学校后，问个清楚。我回到学校后，问了吴校长及张训导长，都不知道此事。牟先生自己当然更不知道。问暑期在校的当时听过讲的学生，及主办讲演的《东风》社负责的学生，大家也都觉得很意外；当时更没有人向他们问过底蕴。牟先生与时代有关的思想，有东海大学为他印的《道德的理想主义》一书，可作最具体的说明。大学应代表一种品格与智慧，尤其是东海大学，似乎更没有误会牟先生的理由。同时，讲演是一种公开活动，假定有了误会或有欠妥之处，应当公开提出，以求得到解释或纠正；因为大学本是对学术思想作研究讨论的地方。幸而牟先生的治学作人，非一朝一夕，党政方面许多负责的先生们，都对他有信心与敬意，得以平安无事；这正是自由中国最可宝贵的一点。今天《东风》社负责的学生，把当时讲演的纪录稿送给我，希望我在《民主评论》上刊出，以供大家研究；我对牟先生在本讲演中的看法，并非完全赞成，因为我不是哲学家。但我一向主张作人应光明正大，尤其是作为一个大学。东海大学自成立以来，我曾竭心尽力地去爱护它，也同我爱护过许多朋友一样，我恳切希望今后不会再有人用这种方式作人事斗争的手段，而宁愿说这次事情，只是一个小小的误会，此误会应随本讲演稿之公刊而告一段落。至于我在日本期间，有人用来对付我的一套，我将在稍迟的时候（因为我目前正忙于写书）把它公布出来，并把我五年来在东海大学教书的情形，向关心东海大学及我个人的朋友作一报导。忧患余生，只希望大家能在青天白日之下，各尽本分，和平共处。其他还说得上什么呢？

一九六〇年八月廿八日　徐复观谨志

一九六〇年九月十六日《民主评论》第十一卷第十八期

## 按语：《〈论语里几处衍文的测议〉之商榷》　严灵峰著

按：对古书任意增减字句，皆系妄人。此种妄人，在文章上，常以自己的文章作标准去改窜古人的文章，在思想上常以自己的程度与角度为标准去变乱古书的次序、构造……这种人不知道阙疑与求证，在求知中的重要性；更不了解读书是要先忘掉自己，才能钻入到书中去以求如实的了解，然后才能下判断，论是非。此种人读书，不是把自己的知识扩大到书中去，而是削减变乱书中的内容，以适合自己的程度与味口。这种人常常觉得自己读了很多书，一切书的内容只不过如此；其实，这种人的读书，读来读去，只是读他自己，把自己的浮浅，投射为书中的浮浅。如果受过儒家道统沾染的人，反对此类妄人任意增减古书字句，即可证明在儒家道统中包涵有严谨的求知精神，当然不能为此种妄人所喜的。

——编者

一九六〇年十月一日《民主评论》第十一卷第十九期

## 按语：《肯尼第论》 徐泽予著

此次美国大选结果，肯尼第当选，今后肯氏与其民主党之决策，将影响于世界全局，乃为必然之事，徐泽予先生特为文分析，足为本刊读者了解此一巨大政治人事变换之良好参考。

——编者

一九六〇年十二月十六日《民主评论》第十一卷第二十四期

## 按语：《从一首诗看杜甫沉郁的境界》 洪铭水著

洪生铭水，系东海大学中文系四年级本省学生，性情笃实，好作深思。初入校时，文理不甚通顺，然眉宇间时有英气，余固期其能有所成也。此文乃在教室应孙克宽先生“杜诗”期中考试之作，孙先生谓其极为难得，嘱转以示余。文艺欣赏，其事至难；而生竟能将原作分解深入，以把握作者之心灵，则孙先生之指导有方，洪生之好学不倦，真可谓相得益彰矣。爰推荐刊出，期生之能精进不已，卜成功于异日也。

徐复观　十二月二日于东海大学

一九六一年一月一日《民主评论》第十二卷第一期

## 按语：《〈梁任公年谱长编初稿〉纠谬》　　黄宝实著

谨按：余在国学馆时，另有一位王先生，其名字似为仲附，系罗田县城人，教《文献通考》，态度甚顽固；闻于民十五年冬，坐孔庙骂党人而死。任公书中所云，或系由此误传，然亦不能记忆清楚也。

徐复观谨志　一九六一年三月廿六日

一九六一年四月十六日《民主评论》第十二卷第八期

## 按语：《美国和尚苏悉啻自述信佛经过》

**《自立晚报》记者著**

此为台北《自立晚报》四月七、九、十三天所刊有关一位美国和尚所发表的信佛教经过的谈话，本刊所以将它转载，并不是说他从正面解决了什么问题，而是觉得他从反面真正提出了若干问题。他从反面提出的问题有两点：第一，天主基督的教义及其传教徒，是否武断而迷信？第二，欧、美教徒，在亚、非的猛烈传教活动，是否系因其教义不能受人类智慧的考验，因而只好向知识落后的地区进军。有如在台湾传教的，在高山族中收效最大一样。我们一向对任何宗教，都保持善意，所以并不完全同意这位美国和尚的观点。但若否认他所提出的不是问题，那才是真正愚昧自私的表现。

至于这位和尚说许多人信天主、基督教，是为了爱摩登，恐怕不见得都是如此。教会今日之在亚、非落后地区，乃是一种很大的权势。权势，永远对人是一种吸引力量。但若问题能在权势中解决，则基督教早被罗马人消灭了。我们觉得基督教徒，只有从他们内心的深处，真正忘记他们是一种有组织、有背景的权势，更不加以玩弄时，才能发现他们宗教的真生命。

至于这位和尚谈到宗教信仰中的自由与智慧问题，这只有在要把“唯我独尊”的释迦“一棒打与狗子吃”，并“呵佛骂祖”的中国化了的佛教中，才真正发挥到高峰。所以能有这种精神大解放的境界，是因为能把印度神秘性的修持，转化为内在的精神的实践。这在今天的和尚，很少能接触到这里。而许多西方人士，又转而向印度的瑜珈神秘中讨生活，这便如驴旋磨，旋不出什么了。但若宗教之对于人生，好像是一副药，则佛教倒真是西方文化的一副良药；而佛教之大行于西方，或者不是完全不可能的。

——编者谨志

一九六一年五月一日《民主评论》第十二卷第九期

## 按语：《现代艺术》　　萧欣义译

现代美术，是现代精神的一种表现。凡是从事于文化工作，乃至关心现代运命的人，都应当与以关心，并应当作适应地了解。本文条理清楚，内容充实，而态度客观；兹由萧欣义君译出，可以供关心现代文化者的参考。译文除极不重要的，如一开始讨论 modern art 一辞的日译问题等，稍加删略外，余均保持原有篇幅。

——徐复观附志

一九六一年十一月十六日《民主评论》第十二卷第二十二期

## 按语:《一件伟大传记文学的诞生》

徐均琴译

均琴儿正在大学里念化学，有一天，在吃饭时告诉我：这两天偶然翻到这样一部传记，对于其中的主人，及作者写作的经过，都使她非常感动。我随便说："你把他的序言译给我看看。"过了两天，她果然拿译稿来，要向我抵押一百元台币的稿费。我看过后，真是一桩令人感动的故事；译得有无错误，我不知道，但译笔到还流畅，所以便推荐给《民主评论》的编者。

伦布兰（一六〇六至一六六九），是十七世纪，生于荷兰的一位伟大画家。有人说他是"意大利文艺复兴的叛逆者"，又有人说他是"意大利文艺复兴之发展的最后一人"。实际，应把这两种不同的说法结合在一起，才能了解他在艺术史上的地位。他在画的对象上，是最大的写实主义者；在光的表现上，却是最大的理想主义者。留在今日的，不仅有约六百件的油画，一千三百余件的素描；并且在技术上由他所开始，也是由他所完成的铜版画，也留下将近三百件。

伦布兰在一六三〇年代，已经负了很大的声名，有了很好的收入。这种生活的黄金时代，以一六三四年和他第一位妻子莎斯克亚的结婚，而达到顶点。但自此以后，他对投合世好的写真的人像画，发生怀疑。于是他开始向人生内面发掘，不顾世俗的好恶，只画自己所想画的东西。可是，艺术的成就日高，在世俗里的声名日退，金钱的收入也一天减少一天。但他抱着"声名重于金钱"、"自由重于声名"的决心，坚定走自己的路；这便使他更陷于孤独、穷困。再加以第一位妻子的死，第二位妻子的死，儿子的死，自身沦于贫民窟中，过着悲惨的生活，却依然是创造、发掘。等到自己死时，只留下一点画具，几件内衣，及一个愚蠢而自私的媳妇。

亲身收拾这幕凄凉结局的伟大艺术家的友人——乔尼斯·房龙医生，深深感到当时既富且强的荷兰，为什么实际只是一个“海军防卫着的账房”，而不能做一点有意义的事？眼看着这样一位伟大的画家，磨折以死；还有一位伟大的诗人——范得尔，又在困阨而生。他因此忧伤、悲愤，快要进入精神病院。后来接受当时尚是青年的哲学家斯宾诺沙的劝告，认为不如把自己所知道的这位伟大艺术家的生平，写了出来，反可以保持精神的安定；于是他在过两星期便是七十之年，写成这部传记。

正如乔尼斯·房龙医生自己说的，他不是作家；他自认为自己所写的，决不能印出行世。所以他写这部传记，只是为了艺术，为了良心，向卑俗的时代，提出不能自已的申诉、抗议。他写这部传记之心，和司马迁作《史记》，曹雪芹写《红楼梦》，并无两样。他是把那位伟大艺术家及其相关时代，于不知不觉之间，融入到自己的精神里面，再从自己精神中，表现出来。谁能想到这一断简残篇经过二百六十年之后，居然有人加以整理，印行问世呢？把时间拉长了看，可以证明人类伟大心灵之光，毕竟不会熄灭掉而可以永垂不朽的。

徐复观　一九六二年八月廿六日于东大

一九六二年十月一日《民主评论》第十三卷第十九期

## 按语：《如何发扬学术讨论的精神——由中西文化论战谈治学之道》张益弘著

我向《民主评论》社推荐这一篇文章时，引起了若干感想。首先是许多人说台湾在这一年中，发生了“中西文化论战”，这完全是受了骗的说法。台湾文化界，有什么人反对西方文化？在主张彻底铲除中国文化的阵营中，又有什么人懂得西方文化？其中有用逻辑作招牌的，好像这是用西方文化来打中国文化。但讲中国文化的，有谁在反对逻辑？而他们有目的、有计划地所作学术的诬赖和人身攻击，未必就算是逻辑。在幕后供给这种“武器”的人，我曾看到他不止一次地在学术上说谎，以欺骗对现实上不满的年轻人。试问，存心说谎说到学术上面来了的人们，假定一朝取得了政治权力，现实上又将变成什么样子？若追溯这些人所信奉的逻辑实证论的本身，则照他们（指维也纳学团）的看法，除了他们所依附的自然科学以外，西方其他学术的传统，也应一扫而光，又何论于东方文化？把“东方文明有无灵性”的争论，说成“中西文化论战”，其本身即是一大阴谋，一大骗局！但许多人，因为没有勇气把问题的本质加以澄清，所以大家陷于这一骗局之中而不自觉。我愿借此机会，再一次地声明一下，我只能面对一样样的具体文化问题，以讨论其异同得失；既不曾，也永远不会参加笼统的所谓“中西文化论战”。我正以我的余年，用感激之情，来读西方学人有关的著作；同样用感激之情，来读中国的古典。袁子才有两句打油诗是“双眼自将秋水洗，一生不受古人欺”，我愿在“古人”二字之下，更以括弧加上“洋贩子在内”五个字，借作我自己的打油诗。我看张先生大文的副标题，觉得连张先生也有些受骗了。

张先生大文的第二段是“双方应守的规则”。这应当是他大文中很重要的部分；但我非常僭妄地把它删去了；这并不是说张先生这段文章不好，而是觉得张先生找错了说话的对象。张先生提到的某年轻人，完全是干学术诬赖，人身攻击，及政治罗织倾陷的人；干了第一次，向他指破了，他便更神气地干第二次、第三次……最后从胡秋原氏一九五一年十月十二日的一篇文章中截取八个字，又从胡氏三十四年四月八日的一篇文章中，截取了挖去中间所拼成的两句，罗织起来，认为“在警备司令部面前，涉嫌的人（意指胡秋原），都要被客观判断该戴不该戴红帽子”。他并判决说：“这顶帽子，他（胡秋原）算戴定了。”胡秋原氏若如这位年轻人的判决，便非被枪毙不可。这在专制时代，弄臣、太监，用以罗织正人君子入罪的方法，恐怕尚未到这种程度！但另一面又有人在青年群中散播谣言说：“胡秋原是勾结政府，压迫自由势力，压迫青年。”张先生还要面对这些人谈“讨论的规则”，未免太浪费了。

这次在幕后策动的人士中，有的只要提到他的姓名，社会便可断定他是何等人物。有的在学问上虽然看不出什么成就，但平日大家却说他是老实人。这种老实人之所以如此作，是因为他曾突然得到一个“恩赐翰林”的头衔，所以他便觉得应不择手段地尽一番愚忠愚孝。一个老实点的知识分子，他的人生不能在知识上生根，便只有在私情私恩上生根；他对学术，对由学术所关涉到的国家社会，感不到有责任，便只感到在私情私恩上有责任。中国历史中像这种知识分子，多得是，本不足为怪。不过由此所暴露出的另一意义是：为报私恩而指使自己的学生干上述的勾当，这只证明了胡适氏所种的种子之坏，及今日大学教育之坏。“天下之恶一也”，这种年轻人，当他还没有踏出学校门时，便以文字侮辱到自己校长的夫人，说她是“用行动拥护胡适”，并指名骂尽受过业的老师，而不以为异。他们为了要报私恩，用尽了一切的方法。当胡适氏初死时，他们便宣布胡氏的全部遗产，不到一百美元；于是便有人写出痛哭流涕的文章，说这个国家对于这样一位空前伟大的学人的待遇，是如此之薄！结果，胡适的遗嘱，在美国公布了，除了留在北平的一百零二箱书。及运到台湾的书以外，还有美钞存款一万五千元；这当然不算太多。但作上述宣传的人，再用什么东西去为那些痛哭流涕过的人拭干眼泪呢？我又联想到，在胡氏的遗嘱中，说因为北大总会得到学术自由，因而把他在北大的一百〇二箱书赠给北大；此一处置，得到美国某人士的大大赞扬。今日在台湾或在美国的中国人，都有或多或少的财产在大陆；假使大家效胡氏的办法，以大陆毕竟会得到自由为理由，发动向大陆作一次精神的捐赠运动；这位美国人士，也将不觉得过于滑稽，而大大地加以赞扬吗？我的另一联想是，中央研究院，是蔡元培先生创办的。蔡氏对中国学术、教育的贡献，最低限度，未必较胡氏为少；中央研究院的当局，原定以纪念蔡氏的方式纪念胡氏，这应当算是得体。但一下子，八十群众的抗议宣言发出来了，当局在群众压力之下，只有低头，而社会也立刻把这八十群众捧为“英雄群像”。在他们的宣言中，举出了外国纪念大学者的例子来作论证。我想：这总会有些脸红吧！一九六二年，是台湾的文化的黑星期日。追溯此种黑星期日的来源，而仅把责任放在几个年轻人的身上，从文化的观点说，这不算是太公平的。因为首先受这种学术的诈术之害的，还是这几个年轻人。

如上所说，我对张先生此文，不认为能向历史交代清楚这一年来在台湾文化上所发生的问题的真相。但张先生的文章是充满了善意的文章。连这样一篇充满善意的文章，在今日的台湾也发表不出来，所以我便乐于接受张先生的嘱托，向《民主评论》社的编者先生推荐。同时，我也清清楚楚地知道，上面所说的话，会把“乱箭”引到自己身上来。但我认为要便不谈，谈便应讲若干自己所要说的真话。假使大家感到对这一年的文化界的情形，须要作一番反省，则我的话或者可以供给一点参考。生当乱世，乱箭之来，有时是无从逃避的。

一九六二年十二月四日夜　徐复观于东大灯下

一九六三年一月一日《民主评论》第十四卷第一期

## 按语：《覆蒙文通书》　欧阳渐著

欧阳渐，字竟无，江西宜黄人；承杨仁山之后，立支那内学院，弘扬佛学中之唯识宗。其重要著作有《藏要经叙》、《大涅槃经叙》、《大般若经叙》、《瑜伽师地论叙》及《内学院院训释》等，一时学者，称为“欧阳大师”。兹从其杂著中，录出此书刊布，以见先生晚年祈向之所归。先生因遘家难而归心宗教，因遘国难而回向孔、孟；其间亦可窥文化之微义矣。

一九六四年　徐复观志

一九六四年三月一日《民主评论》第十五卷第五期

## 按语：《从基督教观点看中国人文思想中的人性论及其对教育思想的影响》 **萧欣义著**

这是一个年轻的基督教徒向一群基督教徒所作的一个讲演。以一个基督教徒讲中国文化，纵使态度极为客观，然在先天上毕竟不能不有所委曲。此文对中国文化的陈述略为真切，而在其委曲处仍可见其苦心所在。更重要的是，他向中国基督徒很明确地提出了这一问题，故可供参考。

——编者

一九六四年四月十六日《民主评论》第十五卷第八期

## 按语：《参加台湾大学毕业典礼有感》 **郑震宇著**

这里是转载《征信新闻报》六月十七日读者论坛上的一篇投书。台湾大学的风景，可以用“乱糟糟”三字加以概括。但他们的医学院，乃至医学院以外的数学系、化学系及若干留日出身的先生们，却是在埋头教学，埋头研究。尤其难得的是他们中间有许多人可以到美国去赚美金，却守住自己的工作岗位，挨穷忍气不去。最大的问题，是出在以胡适为衣食父母的少数两三人的身上。他们没有读通过一部书，没有开好过一门课；整天以内拍外骗的方式，在校内校外，当文化界中的土豪劣绅。他们中间之一，曾特别飞到东京去出卖自己的朋友，出卖自己的灵魂，换到另一个刊物作拍骗的工具。用戴帽子的方法，诬陷看穿了他们的把戏的人，例如说某些研究中国学问的人是复古派，是义和团，以便在外国人面前证明自己是最忠实的洋奴，可以换来一些好处。其实他们不仅对西方文化，是漆黑一团；并且逢迎老佛爷、大阿哥的正是此辈。但他们实在是才疏气短，力不从心，达不到他们的愿望；于是又豢养一两条小疯狗，传授以“只咬无权无势的人”的心法。凡是无权无势的读书人，无不受到这条小疯狗的栽诬辱骂。现在有一批汉奸们，正在制造台湾人和大陆人是属于两个不同民族的说法，以便使台湾再度殖民地化。这种小疯狗年来便一口骂尽中国文化，一口骂尽讲中国文化的人。说是义和团，意思要请洋人来开刀，以便在精神上完全切断民族团结的纽带，完成他们“是汉奸的奴才”的目的。这才是台大问题真正之所在。求其不乱糟糟，得乎？郑先生的大文，只不过是在偶然一瞥中的片断感想而已。

徐复观谨志　一九六四年六月十八日

一九六四年七月一日《民主评论》第十五卷第十三期

## 按语：《美国政党政治的底流》　杨绍震著

本刊据作者来函，略谓“《美国政党政治的底流》一文，七月底即寄到《中央日报》，八月中旬刊出，被割裂甚多。将高华德之生世、思想及演辞均略去，使全文似与现实不发生关系。其实刊登竞选者的思想演辞，为正当报导所应尔。希《民主评论》将原文刊出”。按：杨先生此文甚为精密，本刊乐于刊用。

编者一九六四年八月卅一日

一九六四年九月十六日《民主评论》第十五卷第十七期

## 按语：《苏联的歧途——共产主义？资本主义？》

**张健雄著**

经济问题必须以经济法则来解决，假借僵化的政治教条处理，徒见治丝益棼，使问题更趋严重。共产主义不能挣脱教条之束缚，蔑视个人追求利益动机，遂致自食恶果。

多年来苏俄虽不断玩弄数字魔术，夸耀其经济成就；骨子里却百病丛生，史达林时代如此，赫鲁雪夫时代亦复如此。因为共产主义的膏肓之疾，在于重全体，轻个人，高成本，低效率，结果外不见锦绣，内实一片败絮。赫鲁雪夫固曾学习资本主义之长，期以打开经济困局，但“壮志未酬”，黯然去位。

克姆林宫易主，并不能使苏俄的经济夙疾霍然而愈。所以，本文虽成于赫鲁雪夫去职之前，其所列述诸问题依然存在；尤其是苏俄的工厂如续维持现有操作状况——生产额低于生产能力，不问人民真正的需要，亦不计成本，仅为交卷报销，达成其计划数字，则苏俄仍将困于歧途。故本文之价值，自不因俄政局之变而逊色。

——编者

一九六四年十一月二日《征信新闻报·学艺周刊》第五期

## 按语：《西方的一〇二个大观念》

**许文雄著**

台湾目前似乎很重视观念问题，并且大家好像一提便提出了不少的“新观念”。这是很好的事情，但这也并非如一般人所想象的是那样简单、容易的事情。本文似乎可供热心此种问题的人士以参考。

——编者

一九六五年一月二十五日《征信新闻报 · 学艺周刊》第十七期

## 按语 :《永忆录》 韩国钧著

江苏韩国钧氏自传之《永忆录》油印本，余偶得之于友人处，其中有关民国以来故实者不少；惧其久而湮没，故托由《民主评论》分期刊出，供留心现代史者之参考。韩氏乃《史》《汉》中《循吏传》型之人物，其所言多可征信，非如一般夸毗者之比也。

徐复观志于东海大学　一九六四年六月十二日

一九六五年八月《民主评论》第十六卷第十四期

## 按语 :《记重庆联中几个少年朋友》 唐君毅著

本文为唐君毅先生为台湾《四川文献》所写的一篇文章，文中记述作者在故乡中学时代与一些同学少年交往的往事，反映出当日青年性格之笃朴纯真，与其彼此间友谊之深厚，值得今日年青一代的借鉴。故加转载，以飨读者。

一九六六年三月《民主评论》第十七卷第三期

## 按语 :《大陆反毛运动与镇压反毛运动》　　李天民著

谨按：目前中共的思想大整肃运动，开始大家推测这是因为毛泽东快死时的继承问题的权力斗争。等到此一说法的前提已经失效了，但有的专家为了保持自己的面子，仍不惜多方傅会来维持自己的说法。有的报纸在报导陶铸接长“宣传部”的外电中，捏造陶铸与林彪有特殊关系，乃至是林彪所推荐的虚伪新闻。对于与此种说法相反的消息，甚至不敢报导。另一方面，美国的姑息分子，必坚持这是派系的权力斗争；因为不如此，则大陆目前彻底反传统文化的事实，便把他们这几年虚构的理论，完全推翻了。人类有时须要以自欺欺人的方法，来维持自己的地位，这不知道是聪明还是愚蠢。天民兄的大文，似乎还在二者之间作弥缝。但搜集资料之细密，至可钦佩。

徐复观谨志　一九六六年七月十九日

一九六六年八月《民主评论》第十七卷第八期

## 按语 :《徐复观名字说》　　熊十力著

谨按：余原名秉常，十六七岁时，阅《大乘起信论》，自取佛观以为字，民国十六年入军中为书记，委任状写为佛观；尔后秉常之名，遂少为友朋所知。民国三十七年，熊师为易佛观为复观，并特撰《名字说》以张其义。熊师已于去岁溘逝上海；检读遗文，为之慨叹、惭汗不已。

一九六九年八月卅一日谨志

一九六九年九月二十四日《自由报》第九九五期

## 按语：《先世述要》　　熊十力著

顷接熊世菩世兄六月二十一日来信说："最近找出先父最后遗作《先世述要》一篇，系于一九六五年开始。后因病，随后又因文化大革命之故，未能完成。但先父之思想，亦可从中窥见一二。现已复写好，另寄上。"隔一天，遗著也收到了。奉读一过后，稍稍了解此篇有三种意义。第一，读者可由此了解熊师的家庭背景，及其幼年少年生活，此为迄今为止，研究熊师的学者们所从来没有看到的材料。第二，熊师在述其先世中，特彰显庶民在穷苦中的志气与品德，对今后写"庶民史"的人有很大的启发性。与数十年来，鲁迅等人笔下的庶民，除愚蠢外无所有的情形，成一极明显的对照。第三，熊师实欲以此文为其政治思想作最后总结。他的哲学思想，实归结于政治思想之上，此乃中国文化传统及所处时代使然。所以，这也是他的整个思想的总结。他的政治思想，又镶入于历史之中，在历史中求根据，并以此转而批评历史，形成他独特的"史观"。他的未"写完"，不是他的总结性思想未写完，而是他要由自己的"史观"赋予历史以新的解释未写完，这本是不能写完的。他的政治思想，是民主政治与社会主义的结合。若仅以思想的形型表达出来，我感到是极为完善的。问题是他老人家一定要镶在历史中去讲，便不能不引出若干纠葛。凡是讲形而上学的人，皆不适于讲历史，此不仅熊师为然。读者在这种地方，应作有分际的了解。而此文的刊出，对研究熊师思想，及由他的思想所反映出的时代的苦闷与挣扎，有莫大的意义，是可以断言的。

徐复观谨志　一九八〇年七月二日

一九八〇年八月《明报月刊》第十五卷第八期